云制造服务技术

肖 刚 张元鸣 刘文超 高 飞 程振波 著

科学出版社
北 京

内 容 简 介

本书系统介绍云制造服务的概念、原理、技术与应用，包括云制造产生的背景、定义和云制造服务建模、组合、评估方法的研究现状与发展趋势，云制造常见应用模式和面向产业联盟的云制造应用模式，云制造资源的类型、特点和数字化表达、功能模块资源规划与结构参数化构建模型，云制造服务类型、服务划分与描述方法，云制造服务流程定制、网络模型、流程划分与流程执行，云制造服务组合匹配模型、自适应机制与评价，云制造服务组合演化模型、演化过程、演化推理与评价，云制造数据服务抽取、封装、组合、视图与更新方法，并以典型特种设备电梯产品作为应用对象，将理论研究与实际应用相结合，为云制造服务提供可借鉴的应用示范参考。

本书可供云制造、数字化设计与制造、智能装备与制造服务等领域的工程技术人员和研究人员阅读，也可供高等院校计算机应用、机械工程、人工智能等相关专业和多学科交叉领域方向的研究生和高年级本科生阅读。

图书在版编目(CIP)数据

云制造服务技术/肖刚等著. —北京：科学出版社，2024.3
ISBN 978-7-03-076906-0

Ⅰ. ①云… Ⅱ. ①肖… Ⅲ. ①计算机网络-应用-制造工业
Ⅳ. ①F407.4-39

中国国家版本馆CIP数据核字(2023)第216667号

责任编辑：朱英彪　罗　娟／责任校对：任苗苗
责任印制：赵　博／封面设计：无极书装

科学出版社 出版
北京东黄城根北街16号
邮政编码：100717
http://www.sciencep.com
北京华宇信诺印刷有限公司印刷
科学出版社发行　各地新华书店经销
*
2024年3月第 一 版　开本：720×1000 1/16
2024年10月第二次印刷　印张：15 1/4
字数：307 000
定价：128.00元
(如有印装质量问题，我社负责调换)

前 言

以云计算、大数据、物联网、人工智能等为基础的新一代信息技术的快速发展及其与制造业的深度融合,引发了制造业发展理念、制造模式、技术体系和价值链的重大变革。通过用制造资源代替计算资源,用"制造即服务"代替"软件即服务",一种面向服务、高效低耗、基于知识的网络化制造新模式——云制造应运而生,它通过对云计算、大数据、物联网、人工智能等技术的融合与模式创新,支持制造业在互联网环境下实现制造资源的共享服务与协同创新,有效提升制造业利用互联网的能力,助推"互联网+"在制造业的创新发展和制造强国建设。

本书系统阐述云制造服务技术,包括云制造背景、云制造应用模式、云制造资源表达与规划、云制造服务建模、云制造服务流程建模、云制造服务组合自适应、云制造服务组合演化、云制造数据服务集成等内容,并以典型特种设备电梯作为应用对象,将理论研究与实际应用相结合,为云制造服务实践提供可借鉴的应用参考。第1章介绍云制造背景、定义以及云制造服务的建模、组合和评估方法的研究现状;第2章介绍云制造常见应用模式,重点介绍面向产业联盟的云制造应用模式;第3章介绍云制造资源表达与规划,包括制造资源概念、制造资源数字化表达、功能模块资源规划和产品设计资源数字化等;第4章介绍云制造服务建模,包括云制造服务的类型、特点和云制造服务划分、描述方法等;第5章介绍云制造服务流程建模,包括云制造服务流程定制、服务网络模型、服务流程划分、服务组合执行等技术;第6章介绍云制造服务组合自适应,包括云制造任务与云制造服务匹配模型、自适应机制和自适应模型等;第7章介绍云制造服务组合演化,包括基于全局依赖网的组合演化模型、演化过程及其演化推理等;第8章介绍云制造数据服务集成,包括云制造数据服务抽取、封装、组合和视图表达、更新方法;第9章以典型特种设备电梯为例开发面向电梯产业联盟的云制造服务平台,包括开发背景、总体架构、制造服务管理、设计计算服务、制造服务组合、制造数据服务等,为读者提供可供借鉴的应用案例。

本书是作者团队近年来对云制造服务技术研究成果的系统总结,相关研究得到国家自然科学基金项目(61976193)和浙江省重点研发计划项目(2014C01048)的资助。全书由肖刚统稿并审定,张元鸣、刘文超、高飞、程振波等分别承担部分章节的撰写工作。章振杰博士、徐雪松博士等研究生参与了本书相关研究工作,在此表示感谢。

由于作者水平有限,且互联网和云制造服务技术发展迅速,书中难免存在疏漏和不足之处,敬请读者批评指正。

目 录

前言
第1章 云制造概述 ·· 1
  1.1 云制造背景 ·· 1
  1.2 云制造定义 ·· 2
  1.3 云制造服务 ·· 4
  1.4 云制造服务建模方法 ·· 7
  1.5 云制造服务组合方法 ·· 8
  1.6 云制造服务评估方法 ·· 10
  参考文献 ·· 15
第2章 云制造应用模式 ·· 22
  2.1 云制造应用模式的类型 ·· 22
  2.2 面向中小企业的云制造应用模式 ·· 25
  2.3 面向集团企业的云制造应用模式 ·· 27
  2.4 面向产业联盟的云制造应用模式 ·· 29
    2.4.1 产业联盟 ·· 29
    2.4.2 CMIA 应用模型 ·· 31
    2.4.3 CMIA 服务平台框架 ·· 33
    2.4.4 CMIA 服务平台运行机制 ·· 38
  参考文献 ·· 40
第3章 云制造资源表达与规划 ··· 43
  3.1 制造资源概念 ·· 43
    3.1.1 制造资源类型 ·· 43
    3.1.2 制造资源特点 ·· 46
  3.2 制造资源数字化表达 ·· 47
    3.2.1 制造资源数字化描述 ·· 47
    3.2.2 制造资源建模方法 ·· 49
    3.2.3 制造资源组织过程 ·· 52
  3.3 功能模块资源规划 ·· 55
    3.3.1 产品功能模块划分 ·· 55
    3.3.2 产品功能结构表达 ·· 57

3.4 产品设计资源数字化 ··· 62
　　3.4.1 三级驱动建模 ··· 62
　　3.4.2 结构参数转换 ··· 63
　　3.4.3 设计知识提取 ··· 64
　　3.4.4 结构参数表达 ··· 65
　　3.4.5 几何性能验证 ··· 67
　　3.4.6 应用实例 ·· 68
参考文献 ··· 70

第4章 云制造服务建模 ·· 72
4.1 领域驱动的云制造服务 ·· 72
　　4.1.1 领域工程概念 ··· 72
　　4.1.2 云制造服务开发模式 ·· 74
　　4.1.3 云制造服务开发流程 ·· 75
4.2 云制造服务类型 ··· 80
4.3 云制造服务划分方法 ··· 84
　　4.3.1 基于多粒度的云制造服务划分 ······································· 84
　　4.3.2 基于多粒度的云制造划分流程 ······································· 86
4.4 云制造服务描述方法 ··· 89
　　4.4.1 基于OWL-S的服务描述 ·· 89
　　4.4.2 基于REST的服务描述 ·· 92
参考文献 ··· 94

第5章 云制造服务流程建模 ·· 96
5.1 云制造服务流程定制 ··· 96
5.2 云制造服务网络模型 ··· 98
　　5.2.1 任务复杂网络模型 ··· 98
　　5.2.2 服务复杂网络模型 ·· 100
　　5.2.3 服务流程复杂网络 ·· 100
5.3 云制造服务流程划分 ·· 102
　　5.3.1 服务流程复杂网络划分过程 ·· 102
　　5.3.2 服务流程复杂网络划分算法 ·· 104
5.4 云制造服务组合执行 ·· 107
　　5.4.1 服务组合描述文件 ·· 107
　　5.4.2 云制造服务组合执行时对象 ·· 110
　　5.4.3 服务组合执行引擎 ·· 112
　　5.4.4 服务流程执行规则 ·· 114
　　5.4.5 应用实例 ·· 116

参考文献 118

第6章 云制造服务组合自适应 120
6.1 云制造服务匹配网络 120
6.2 云制造服务组合自适应机制 122
6.2.1 制造服务组合动态变更感知 122
6.2.2 制造服务组合匹配过程 123
6.3 云制造服务组合自适应模型 124
6.3.1 制造任务复杂网络自适应 124
6.3.2 制造服务复杂网络自适应 126
6.3.3 制造服务组合自适应算法 127
6.4 实验评价 130
参考文献 138

第7章 云制造服务组合演化 139
7.1 云制造服务组合演化模型 139
7.1.1 服务接口依赖关系 139
7.1.2 演化模型形式化 140
7.2 云制造服务全局依赖网 141
7.3 云制造服务组合演化过程 143
7.4 云制造服务组合演化推理 145
7.4.1 反向演化推理 146
7.4.2 正向演化推理 147
7.5 实验评价 148
参考文献 156

第8章 云制造数据服务集成 158
8.1 云制造数据服务抽取 158
8.1.1 数据依赖图 158
8.1.2 数据服务抽取算法 160
8.2 云制造数据服务封装 162
8.2.1 数据服务封装框架 162
8.2.2 数据服务封装算法 164
8.2.3 数据服务封装评价 166
8.3 云制造数据服务组合 168
8.3.1 数据服务依赖图 168
8.3.2 数据服务组合算法 169
8.4 云制造数据服务视图 171

8.4.1　视图表达操作……171
　　　8.4.2　视图表达算法……172
　　　8.4.3　视图表达评价……175
　8.5　云制造数据服务视图更新……179
　　　8.5.1　视图更新获取……179
　　　8.5.2　视图更新策略……183
　　　8.5.3　视图更新算法……184
　　　8.5.4　视图更新评价……186
　参考文献……189
第9章　面向电梯产业联盟的云制造服务平台……190
　9.1　服务平台开发背景……190
　9.2　服务平台总体架构……191
　9.3　制造服务管理……193
　9.4　设计计算服务模块……195
　　　9.4.1　设计计算服务建模……196
　　　9.4.2　设计计算服务管理……200
　　　9.4.3　设计计算服务应用……219
　9.5　制造服务组合模块……225
　　　9.5.1　服务需求定制……225
　　　9.5.2　服务复杂网络管理……228
　　　9.5.3　服务动态匹配……230
　9.6　制造数据服务模块……231
　　　9.6.1　数据服务生成……232
　　　9.6.2　数据服务依赖图……233
　　　9.6.3　数据服务组合……234
　　　9.6.4　数据视图表达……234
　参考文献……235

第1章 云制造概述

随着云计算、大数据、物联网、人工智能等技术的快速发展，制造业信息化正在从集成化、数字化、网络化向智能化、服务化等方向发展。云制造作为互联网背景下一种服务型制造的新模式，得到国内外学术界和产业界的广泛关注，已成为信息技术与制造业深度融合研究领域的前沿热点之一。本章介绍云制造的背景和概念，描述云制造服务的定义、内容、类型等，重点对云制造服务建模方法、云制造服务组合方法、云制造服务评估方法等研究现状进行阐述。

1.1 云制造背景

随着信息技术的快速发展，经济全球化、市场一体化，以及世界范围内的市场竞争进一步加剧，传统的通过规模提高竞争力的方法已难以满足快速多变的市场需求，全球性的竞争要求制造企业对市场变化做出迅速、精准的反应，从而以最短的时间开发和生产出高质量、低成本的产品，并能提供优质个性化服务。企业市场竞争的焦点已经从规模、成本、质量转移到时间(time)、质量(quality)、成本(cost)、服务(service)和环境(environment)。快速多变、不断细分的市场以及多样化、个性化的需求形成了新的动态竞争环境。

(1) 全球买方市场形成。当前世界经济变化的特点之一是全球买方市场的形成。在买方市场条件下，消费市场已由过去卖方主导的市场转变为买方主导的市场，制造企业为了争夺市场份额，对买方市场需求信号的反应更加敏感，竞争更加激烈，生产越来越紧密地围绕买方需求的变动而变动。

(2) 需求多样化和个性化。用户需求的多样化和个性化使得市场趋于动态多变、不可预测，这是买方市场的标志性特征。人们不再满足于功能单一的标准化产品，常常以挑剔的眼光去选择购买产品，制造企业为了满足用户多样化和个性化需求，必须采取创新产品、降低价格、提高服务等多种措施。

(3) 产品更新换代快速化。全球化市场与买方市场的形成，客户需求的多样化和个性化，导致企业为了满足这一需求的变化而不断研发新产品，企业研发新产品的周期越来越短，产品更新换代的速度日益加快，生命周期进一步缩短。以最快的响应速度、最低的制造成本、最好的服务，生产出满足用户个性化需求的产品已成为企业生存和发展的关键。

互联网技术的快速发展为制造业转型升级带来了新的契机。借鉴云计算的思想,以制造资源代替计算资源,以"制造即服务"代替"软件即服务",为制造业从信息化走向服务化提供了新思路。未来的制造业将依托物联网、大数据、高性能计算和服务架构等技术,逐步完成服务化转型。云制造[1]作为制造服务化的应用新模式,正是在这样的背景下应运而生的。

尤其是国际金融危机发生后,发达国家纷纷实施"再工业化"战略,塑造制造业竞争新优势,加速推进新一轮全球贸易投资。一些发展中国家也在加快谋划和布局,积极参与全球产业再分工,抢占制造业新一轮竞争制高点。2011年和 2012 年,美国先后提出了《先进制造业伙伴计划》和《先进制造业国家战略计划》,旨在发展高新技术产业,采用先进的数字化制造技术改造传统制造业的结构,提升产业竞争力,以持续保障美国未来在全球的领导地位。2013 年,德国提出了《德国工业 4.0》战略,以信息物理系统(cyber physical system,CPS)为基础,促使生产高度数字化、网络化、机器自组织,从而优化整个生产流程,最终建成智能工厂、实现智能生产。同年,英国也提出了《英国工业 2050 战略》,致力于复苏制造业和经济,该计划指出未来制造业的趋势是日益增长的个性化低成本产品需求、生产的再分配和制造价值链的数字化。法国也公布了《新工业法国》战略,希望通过创新驱动,改变法国去工业化的现状,实现再工业化。2015 年后,法国又启动了《未来工业》计划,明确提出以数字技术完成工业的转型升级任务。2014 年,韩国提出了《制造业创新 3.0 战略》,针对当前韩国制造业在工艺、设计、软件、研发、人才储备等领域的薄弱环节,加速智能工厂的改造和建设,力争取得核心智能制造技术突破。2015 年,我国提出了《"互联网+"行动计划指导意见》等,全面实施制造强国战略,优化产业结构,进一步促进信息技术与制造业的深度融合,实现制造业网络化、数字化和智能化,明确指出发展云制造等基于互联网的制造新模式。2016 年,日本提出了《社会 5.0》战略,构建超智能社会,促进产业升级,支撑智能制造的发展,并将其推广到社会的各个领域。

这些战略计划为云制造的产生发展创造了良好的环境和条件,国内北京航空航天大学李伯虎院士团队率先提出云制造概念并开展了相关研究[1]。随后,国内外众多高校和科研机构积极参与云制造理论和应用研究,云制造已成为信息技术与制造业深度融合的有效途径,也成为工业界、学术界和政府部门等共同关注、共同推动的前沿研究热点之一。

1.2 云制造定义

李伯虎院士在论文《云制造——面向服务的网络化制造新模式》中将云制造定义为:云制造是一种利用网络和云制造服务平台,按用户需求组织网上制造资源(制造云),为用户提供各类按需制造服务的一种网络化制造新模式[1];在论文《再论云制造》中将云制造定义为:云制造是一种面向服务、高效低耗和基于知识的网络化、敏捷化的智能制造新模式和技术手段[2]。

2013 年发布的国家标准《云制造 术语》(GB/T 29826—2013)将云制造定义为:云制造是一种基于网络的、面向服务的智能制造新模式。它融合发展了现有信息化制造(信息化设计、生产、试验、仿真、管理、集成)技术与云计算、物联网、服务计算、智能科学等新兴信息技术,将各类制造资源和制造能力虚拟化、服务化,构成制造资源和制造能力的服务池,并进行统一的、集中的优化管理和经营,从而用户只要通过网络和终端就能随时随地按需获取制造资源与制造能力的服务,进而智能地完成其产品全生命周期的各类活动。

上述关于云制造概念的表述各有不同,但其核心理念都是通过按需组织网络制造资源并按需提供制造服务,实现制造资源的集中管理和分散服务,达到资源优化配置,同时为多个用户提供服务。其概念模型如图 1.1 所示,云制造服务提供者是制造资源和制造能力的供方主体,通过将制造资源和制造能力以云制造服务的形式发布于云制造服务平台中,供需求者使用;云制造服务使用者是制造资源和制造能力的需方主体,通过使用云制造服务平台的云制造服务,满足自身在产品全生命周期中的个性化制造需求;云制造服务平台运营者是制造资源和制造能力供需双方之间的一类中介主体,主要负责经营管理云制造服务平台,可以是服务于中小型企业用户的第三方实体,也可以是服务于集团公司内部企业用户的某个独立部门。

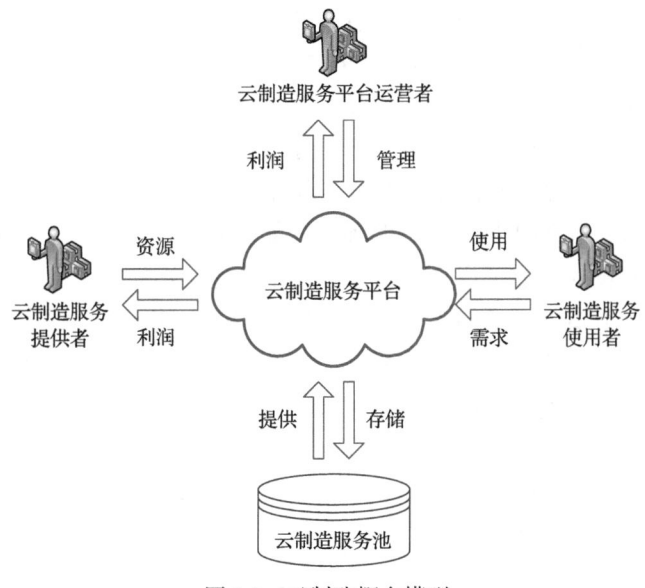

图 1.1 云制造概念模型

云制造是现有网络化制造与服务技术的延伸和变革，通过网络为制造全生命周期过程提供可随时获取的、按需使用、安全可靠、优质廉价的服务，具有以下特点。

(1) 从界定范围的角度。云制造所涉及的制造资源和制造能力覆盖产品的全生命周期，构建的制造服务也包含了产品制造过程的各个阶段。

(2) 从支撑技术的角度。云制造涉及云计算、服务计算、物联网、高性能计算、面向服务架构、安全技术等相关的计算机技术。随着互联网技术，特别是人工智能、大数据、区块链等新兴技术的快速发展，云制造的技术内涵也在不断丰富、不断拓展。

(3) 从资源管理的角度。云制造的核心是制造资源的集中管理和制造资源的分散服务，制造资源具有多变性和动态性的特征。

(4) 从实现目标的角度。云制造按需提供廉价的、高质量的制造服务，实现制造资源的全面、方便、高效、敏捷和智能共享，最终达到资源优化配置，实现多方共赢。

1.3 云制造服务

云制造服务是虚拟化的制造资源，从一般意义上来说制造资源是指客观存在的，具有静态传输介质的资源形式，如软件资源和硬件资源；从广义的角度，制造资源还包括制造能力，是一种无形的、动态的、以制造物理资源为载体的主观资源形式，如设计能力、仿真能力、管理能力等。由于制造资源的多样性，制造服务也是多种多样的，除了包含传统云计算中提到的基础设施即服务(infrastructure as a service, IaaS)、软件即服务(software as a service, SaaS)和平台即服务(platform as a service, PaaS)之外，云制造中制造即服务的理念还具有自己的特色，如按需动态构架、互操作、协同、异构集成、产品全生命周期智能制造等，通过标准化、规范化形式将制造资源和制造能力发布在云制造服务平台上，并且能够组合形成新的制造服务以满足需求方的个性化制造需求。

国家标准《云制造 术语》(GB/T 29826—2013)将云制造服务定义为：基于云制造技术的制造服务，服务内容包含论证服务(argumentation as a service, AaaS)、设计服务(design as a service, DaaS)、生产加工服务(fabrication as a service, FaaS)、试验服务(test as a service, TaaS)、仿真服务(simulation as a service, SimaaS)、维护维修服务(maintenance repair as a service, MRaaS)、经营管理服务(management as a service, MaaS)、集成服务(integration as a service, InaaS)等，如图1.2所示。

第1章 云制造概述

```
                    ┌─ 论证服务(AaaS)  → 为产品规划、营销战略等业务提供辅助决策,对可行的方案进行论证分析
                    │
                    ├─ 设计服务(DaaS)  → 将各种计算机辅助设计功能封装为云服务,提供产品设计所需的多学科、跨领域的智能服务
                    │
                    ├─ 生产加工服务(FaaS) → 根据生产加工任务需求快速构建一个虚拟生产单元;提供诸如生产物流跟踪、任务作业调度、设备状态采集和控制等云制造服务,进行智能监控
                    │
云制造服务主要类型 ──┼─ 试验服务(TaaS)  → 根据试验所需的软硬件制造资源建立一个虚拟实验室,动态感知试验中各项参数变化
                    │
                    ├─ 仿真服务(SimaaS) → 动态构建虚拟化的协同仿真环境,将所需的各种专业仿真软件、仿真模型、数据库和知识库等封装为云仿真服务,并自动部署到虚拟计算节点中
                    │
                    ├─ 维护维修服务(MRaaS) → 包括维护保养、备品备件供应、故障诊断与修理、回收再制造等
                    │
                    ├─ 经营管理服务(MaaS) → 根据不同的管理需求定制个性化的业务流程,业务流程的各个节点与流程控制均可以通过在线租用所需的服务来实现
                    │
                    └─ 集成服务(InaaS) → 实现异构系统并以即插即用的方式智能接入云制造服务平台中
```

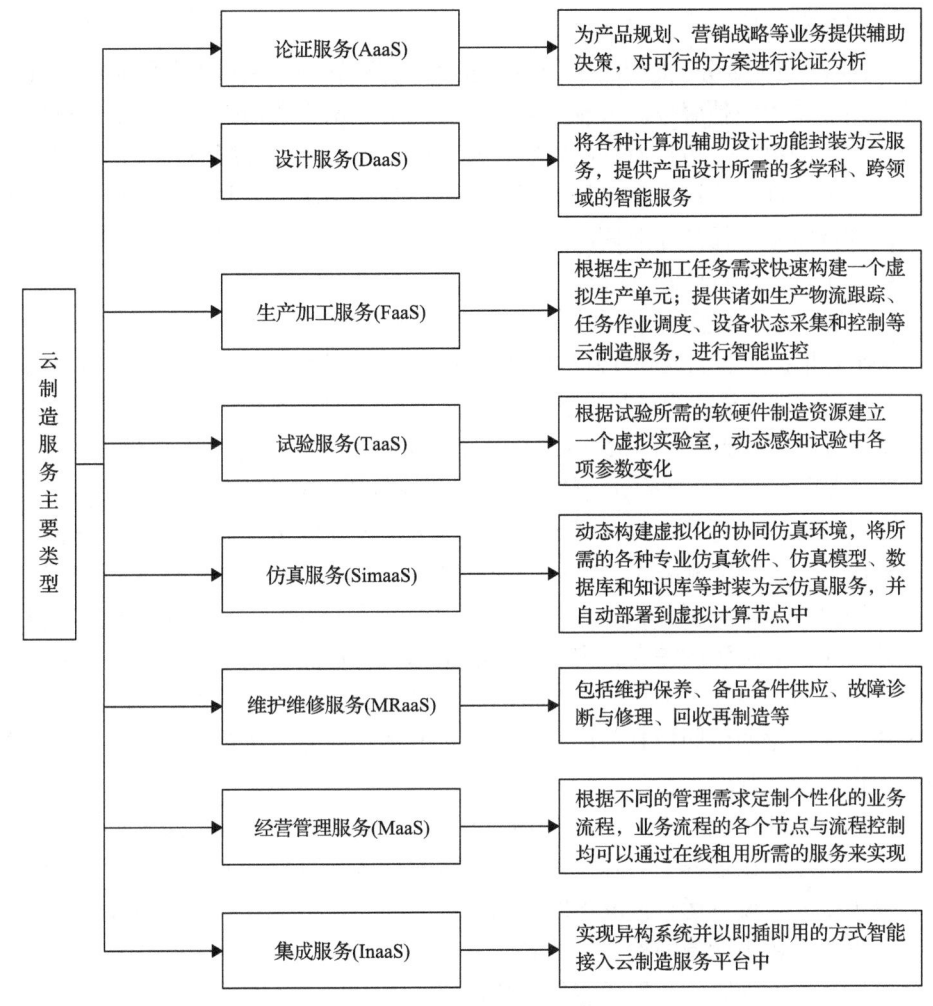

图1.2 云制造服务内容

(1)论证服务。把对产品规划、营销战略等企业业务的论证过程作为一种服务。利用云制造服务平台中用于辅助决策分析的模型库、知识库、数据库等,将决策分析软件等制造资源封装为云制造服务,实现对各种规划、战略方案可行性与预期效果的论证分析。

(2)设计服务。把产品设计过程中的各种设计计算资源和应用业务等作为一种服务。云制造服务平台将提供产品设计所需的多学科、跨领域知识,并在产品设计的各个环节提供智能化的设计帮助和服务。例如,当用户需要计算机辅助设计工具时,云制造服务平台将各种计算机辅助设计软件功能封装为云制造服务提供给用户;当产品设计过程中需要进行有限元分析、三维可视化等复杂计算任务时,云制造服务平台可以动态组建高性能计算设备和软件平台,作为虚拟机提供高性

能计算服务和支持。

(3)生产加工服务。把产品生产加工过程中各种软硬件制造资源的调度配置和生产使用等作为一种服务。云制造服务平台能够根据市场加工任务需求快速构建一个虚拟生产单元，包括所需的物料以及机床、加工中心等制造设备，也包括制造执行系统软件、知识库和过程数据库等软件制造资源。云制造服务平台可以提供生产物流跟踪、任务作业调度、设备状态采集和控制等云制造服务，辅助用户对生产加工过程进行监督与管理。

(4)试验服务。把产品试制的试验、检测与分析评估等过程作为一种服务。云制造服务平台根据所需的软硬件制造资源建立一个虚拟实验室，其中封装了各种用于试验分析的软件功能作为云制造服务；同时也提供了对于各种试制设备、检测设备、试验平台等硬件制造资源的状态采集服务。云制造服务平台能够动态感知试验过程中的各项参数，并结合试验分析软件服务，实现对产品试验情况的分析与评估。

(5)仿真服务。把产品仿真环节中需要的大量软硬件仿真资源及其仿真过程作为一种服务。云制造服务平台将所需的各种专业仿真软件、仿真模型、数据库和知识库等封装为仿真服务，并自动部署到虚拟计算节点中，虚拟计算节点则根据仿真计算对计算资源的需求，定制相应的运算器、存储、操作系统和计算平台等硬件仿真资源并封装为虚拟机，为仿真服务提供支持。根据仿真任务的需求能够动态构建虚拟化的协同仿真环境，并通过智能感知服务、状态采集服务等对仿真环境进行监控和管理。

(6)维护维修服务。把产品全生命周期过程中的设备维护、维修业务作为一种服务。为保障制造过程中各种设备的正常运行，云制造服务平台为设备的维护、维修提供服务。设备运行情况诊断采用远程检测与现场检测相结合的服务方式，云制造服务平台为设备的检修寻找并匹配合适的维护、维修服务提供者，服务提供者通过在线远程协作与现场修理相结合的方式为客户提供服务。

(7)经营管理服务。把产品全生命周期过程中的各项经营管理活动，如销售管理、客户关系管理(customer relationship management, CRM)、供应链管理(supply chain management, SCM)和生产计划管理等业务作为一种服务。云制造服务平台能够提供客户关系管理、供应链管理、产品数据管理(product data management, PDM)、企业资源规划(enterprise resource planning, ERP)等服务，用户可以根据不同的管理需求定制个性化的业务流程，业务流程的各个节点与流程控制均可以通过在线租用所需的服务来实现。

(8)集成服务。把产品全生命周期过程中的异构系统之间和平台与系统之间的数据、功能及过程的集成作为一种服务。例如，云制造服务平台可通过采用接口适配、数据转换和总线等技术，实现异构系统以即插即用的方式智能接入云制造服务平台中。

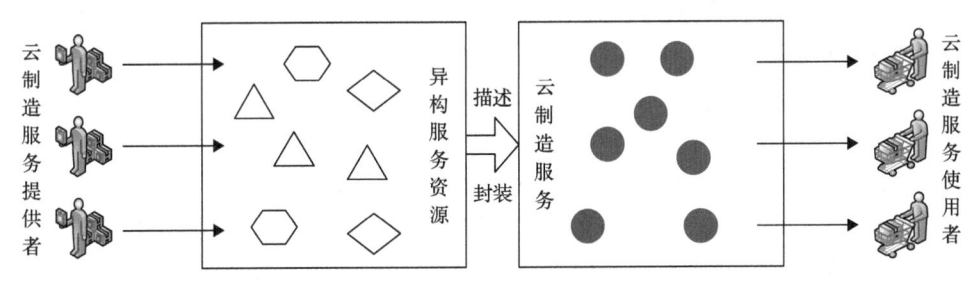

1.4 云制造服务建模方法

云制造服务建模就是云制造资源虚拟化的过程,是指通过一定的描述方法和封装技术,把跨域异构的制造资源或制造能力抽象成制造服务,从而屏蔽制造资源的异构性和耦合性,实现物理资源到制造服务的转变过程,供云制造服务使用者方便地调用。如图 1.3 所示,云制造服务建模主要包括云制造服务描述和云制造服务封装。

图 1.3 云制造服务建模

1. 云制造服务描述

云制造服务描述主要采用本体理论和语义方法。在云制造服务建模过程中,外协加工资源存在异构性和互操作问题。尹胜等[3]通过 Web 服务建模本体实现了制造资源的语义描述。黄沈权等[4]研究了基于本体的云制造服务语义模型,并通过演化过程模型实现了云制造服务的动态建模。郑浩等[5]将可扩展标记语言(extensible markup language, XML)数据模型与网络本体语言(ontology Web language, OWL)语义模型结合,实现对虚拟制造资源的协同描述。李向前等[6]研究了云制造服务流程驱动的集团企业知识的服务化方法,利用多领域本体技术实现了静态知识和动态知识的描述。李孝斌等[7]基于语义服务建模本体构建了一种机床装备资源的语义描述框架。汤华茂等[8]针对制造资源底层数据结构的差异性,通过语义网络构建了制造资源的虚拟化描述模型。白洁等[9]引入标准服务清单的概念,并结合本体建模技术,通过制造服务标准化表述模板,实现了云制造模式下产品全生命周期的云制造服务规范化建模。杨腾等[10]提出了一种包含制造资源实时状态的动态服务能力建模方法,通过语义 Web 和本体建模技术,实现了制造设备的动态建模,提升了云制造服务的主动发现能力。周竞涛等[11]构建了制造资源-虚拟能力-制造服务的同态映射函数,保证了云制造资源服务化过程中的语义一致性。除了制造资源的服务化,制造能力的虚拟化和服务化也是一个重要的研究方向。Luo 等[12]构建了制造能力的多维信息模型,包括综合要素、关联关系和综合评估三个维度，基于该模型给出了制造能力的描述框架。郑军等[13]构建了基于制造活动和制造周期的制造能力评价模型，并从需求层面建立了制造能力增值度量模型，实现了制造能力的量化评估。

2. 云制造服务封装

在云制造服务封装研究方面，朱李楠等[14]提出了基于 Web 服务资源框架的云制造资源封装方法，包含云制造服务的封装和属性的封装。尹翰坤等[15]针对制造资源不同的封装需求，提出了高度封装、部分封装和近零封装三种云制造服务封装模式。谭伟等[16]提出了一种具有强竞争力的云制造服务建模方法，该方法基于优势业务片段提取核心制造资源，构建制造资源的信息模型，从而实现云制造服务的建模，提高了制造服务的利用率。Zhang 等[17]针对硬件制造资源，提出了一种底层加工设备的服务化封装与云端化接入方法，对制造资源的主动感知、制造设备的封装等关键技术进行了研究。对于软件制造资源，Hu 等[18]对 ANSYS 软件的服务化进行研究，建立了统一的软件制造资源描述模型和接口。在一些云制造服务建模的研究中，粒度思想得到应用。董元发等[19]提出了一种粒层化制造服务封装方法，该方法以制造单元为中心，采用熵空间粒计算理论实现制造能力的逐层封装，可以提高检索的查准率和效率。Liu 等[20]针对复杂制造任务和底层制造资源的匹配问题，提出了一种多粒度的制造资源建模方法，并从工作流、业务活动、资源三个角度对不同粒度的制造资源进行聚类，以更好地满足复杂制造任务。

1.5 云制造服务组合方法

云制造服务组合是通过组合多个功能简单的制造服务构建复合服务，能够满足用户复杂的制造需求，是实现异构制造资源的协同、整合、共享和增值的核心技术，是云制造实现资源协同和共享的关键。云制造服务组合的原理如图 1.4 所示。首先根据制造任务流程(T_i)从云制造服务平台中得到对应的候选制造服务集(C_i)，然后从候选制造服务集中筛选出合适的制造服务(MS_i)来完成制造任务。

云制造服务组合的概念来源于服务计算领域，目的是通过组合多个功能简单的服务构建复合服务，以满足复杂的用户需求。云制造服务组合借鉴了这一思想，它是完成制造任务协同、满足复杂制造业务需求、实现制造资源增值的关键，也是云制造理论研究的重点、热点和难点。

研究者提出了多种服务组合方法，典型的如基于形式化的组合方法[21]、基于图论的组合方法[22]、基于人工智能规划的组合方法[23]等。在服务组合的过程中，用户的非功能性需求也非常重要，如响应时间、成本、可靠性等，需要在众多的可行方案中选取最优或较优的组合方案，这一过程称为服务组合优选，是服务组

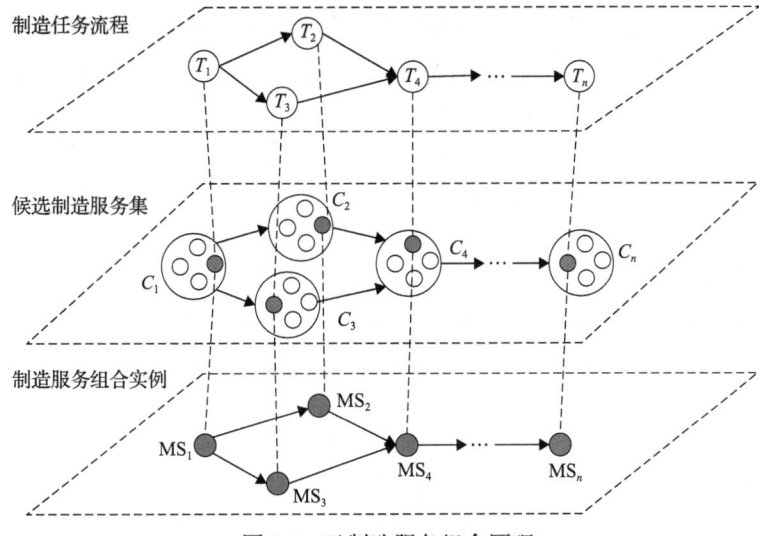

图 1.4 云制造服务组合原理

合研究的热点，目前已产生了丰富的研究成果，如整数规划算法[24]、启发式智能优化算法[25]、时序约束算法[26]等。服务计算领域的组合方法理论为云制造服务组合的研究提供了理论支持和借鉴。

云制造模式下，对于云制造服务组合的研究是面向全生命周期的，涵盖了制造服务组合设计阶段、制造服务组合部署阶段、制造服务组合执行与监控阶段和制造服务组合评价阶段[27]，如图 1.5 所示。

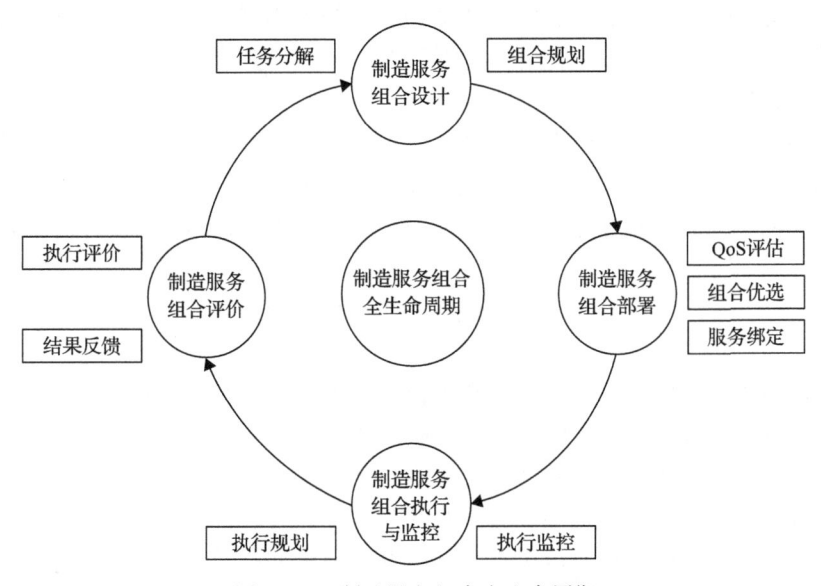

图 1.5 云制造服务组合全生命周期

目前，云制造服务组合全生命周期下的理论研究主要集中在云制造服务组合方法研究和云制造服务组合优选研究两大类。前者侧重于满足用户的功能性需求，后者侧重于满足用户的非功能性需求。

对于云制造服务组合方法的研究，主要考虑满足用户的功能性需求。贺东京等[28]针对复杂的产品设计协同过程，提出了一种基于事件驱动服务模型和语义服务逻辑图的云制造服务组合方法。其中，事件驱动服务模型用于完成制造任务的分解，语义服务逻辑图用于描述制造服务之间的逻辑关系和时序关系。Lu 等[29]提出了一种基于语义制造服务的组合框架，首先将工程知识转化成资源匹配过程中的规则，然后将得到的候选服务进行筛选，提高用户请求响应的准确性。刘卫宁等[30]考虑了制造过程的层次化特性，提出了一种层次化的云制造服务组合方法。李永湘等[31]提出一种基于扩展进程代数的云制造服务组合建模与验证方法，相比当前其他服务组合方法，该方法能满足更多的组合需求。Li 等[32]提出了基于工作流中资源服务之间依赖程度的两阶段组合方法，在构建阶段算法中，根据任务相关性和资源服务之间的时间依赖性来解决初始组合，然后通过在工作流运行阶段挖掘工作流日志来计算使用频率，此后又进一步考虑了组织间合作关系的服务组合优化方法。Xiang 等[33]针对制造服务组合面临搜索空间大的问题，提出了基于案例库的制造服务组合方法，提高了制造服务组合构建的效率。林廷宇等[34]针对传统静态的云制造服务组合方法，采用规划方法实现模型的动态行为组合，排除组合过程中的冗余和排斥，保证了组合的时序动态特性。

除了面向单任务的云制造服务组合，还有面向多任务的云制造服务组合。Liu 等[35]提出了一种面向多任务并发的服务组合和规划模型，考虑了制造任务的任务量和物流影响，对服务时间、物流时间和等待时间进行规划。由于某些制造任务具有较强的制造服务质量(quality of service, QoS)约束需求，Liu 等[36]提出了多对一型组合模式的服务组合与优化技术，使整体的服务质量最佳以及尽可能覆盖最多的制造任务。Tao 等[37]提出了面向复杂任务请求的服务组合优化策略，解决了传统面向单任务以及任务请求只允许一个服务来执行(服务独占性)的难题。

1.6 云制造服务评估方法

云制造服务评估包括云制造服务组合 QoS 评估、交易主体信用评估、云制造服务综合评估、云制造服务生命周期管理体系评估等。云制造服务组合 QoS 评估主要负责对云制造服务的有效性、可靠性、容错性等 QoS 指标进行评估；交易主体信用评估主要依据规范的指标体系和科学的评估方法，以客观公正的立场，对云制造服务交易主体可信程度进行评估，并以一定的符号表示其信用等级；云制造服务综合评估主要根据云制造服务使用者对云制造服务的主观评估、云制造服务平台对云制造服务的客观评价,以一定的计算模型进行综合评估;云制造服务生命周期管理体系评估包括监督评估和管理机制,主要包括对云制造服务的审核、验证、分级、运行、评估、考核、审计、监督等机制,侧重于对云制造服务过程的引导、监督、考核、评估、反馈、调整等。下面主要就云制造服务组合 QoS 评估相关内容进行介绍。

1. 云制造服务组合 QoS 评估指标

QoS 是指云制造服务组合的一类非功能属性,常常当作云制造服务组合优选的重要依据。常用的 QoS 指标分为消极指标和积极指标两类,消极指标包含响应时间、成本等,在服务组合中需要最小化;积极指标包括可靠性、可信度等,在服务组合中需要最大化。云制造服务平台中往往存在大量功能相同或相似,但服务质量不同的云制造服务。因此,制造服务组合优选的关键是根据云制造服务的 QoS 选取最优的云制造服务,得到最优的组合方案。

当前对于 QoS 评估指标体系的研究还未形成统一的标准,在不同的应用场景下,研究者采用的指标通常是不一样的。表 1.1 给出了一些比较常用的 QoS 评估指标计算方法。

表 1.1 云制造服务组合 QoS 评估指标计算方法

QoS 评估指标	串行结构	并行结构	选择结构	循环结构
服务时间 T	$\sum_{j=1}^{N} T(S_i^j)$	$\max(T(S_i^j))$	$\sum_{j=1}^{N} (T(S_i^j) \cdot p_i)$	$K_c \cdot \sum_{j=1}^{N} T(S_i^j)$
服务成本 C	$\sum_{j=1}^{N} C(S_i^j)$	$\sum_{j=1}^{N} C(S_i^j)$	$\sum_{j=1}^{N} (C(S_i^j) \cdot p_i)$	$\sum_{j=1}^{N} C(S_i^j)$
服务质量 Q	$\sum_{j=1}^{N} Q(S_i^j)/N$	$\sum_{j=1}^{N} Q(S_i^j)/N$	$\sum_{j=1}^{N} (Q(S_i^j) \cdot p_i)$	$\sum_{j=1}^{N} Q(S_i^j)/N$
可用性 A	$\prod_{j=1}^{N} A(S_i^j)$	$\min(A(S_i^j))$	$\sum_{j=1}^{N} (A(S_i^j) \cdot p_i)$	$\min(A(S_i^j))$
可维护性 Ma	$\prod_{j=1}^{N} Ma(S_i^j)$	$\min(Ma(S_i^j))$	$\sum_{j=1}^{N} (Ma(S_i^j) \cdot p_i)$	$\min(Ma(S_i^j))$
可组合性 Co	$\prod_{j=1}^{N} Co(S_i^j)$	$\min(Co(S_i^j))$	$\sum_{j=1}^{N} (Co(S_i^j) \cdot p_i)$	$\min(Co(S_i^j))$
可持续性 Su	$\sum_{j=1}^{N} Su(S_i^j)/N$	$\sum_{j=1}^{N} Su(S_i^j)/N$	$\sum_{j=1}^{N} (Su(S_i^j) \cdot p_i)$	$\sum_{j=1}^{N} Su(S_i^j)/N$
可靠性 St	$\sum_{j=1}^{N} St(S_i^j)/N$	$\sum_{j=1}^{N} St(S_i^j)/N$	$\sum_{j=1}^{N} (St(S_i^j) \cdot p_i)$	$\sum_{j=1}^{N} St(S_i^j)/N$

续表

QoS 评估指标	串行结构	并行结构	选择结构	循环结构
可信性 Tr	$\sum_{j=1}^{N}\mathrm{Tr}(S_i^j)/N$	$\sum_{j=1}^{N}\mathrm{Tr}(S_i^j)/N$	$\sum_{j=1}^{N}(\mathrm{Tr}(S_i^j)\cdot p_i)$	$\sum_{j=1}^{N}\mathrm{Tr}(S_i^j)/N$
准确性 Ac	$\sum_{j=1}^{N}\mathrm{Ac}(S_i^j)/N$	$\sum_{j=1}^{N}\mathrm{Ac}(S_i^j)/N$	$\sum_{j=1}^{N}(\mathrm{Ac}(S_i^j)\cdot p_i)$	$\sum_{j=1}^{N}\mathrm{Ac}(S_i^j)/N$
创新性 In	$\sum_{j=1}^{N}\mathrm{In}(S_i^j)/N$	$\sum_{j=1}^{N}\mathrm{In}(S_i^j)/N$	$\sum_{j=1}^{N}(\mathrm{In}(S_i^j)\cdot p_i)$	$\sum_{j=1}^{N}\mathrm{In}(S_i^j)/N$

由于云制造服务组合的 QoS 评估指标具有多样性，且单位、物理意义和范围差别较大，为了方便对不同的 QoS 进行评估，通常需要将 QoS 评估指标值进行归一化处理，即 QoS 效用。QoS 效用是目前公认有效的且应用最广泛的一种处理方法，具体计算方法如式(1.1)和式(1.2)所示：

$$U(S_{ji}) = \sum_{k=1}^{r}\frac{Q_{j,k}^{\max}-q_k(S_{ji})}{Q_k^{\max}-Q_k^{\min}}w_k \tag{1.1}$$

$$U(S_{ji}) = \sum_{k=1}^{r}\frac{q_k(S_{ji})-Q_{j,k}^{\min}}{Q_k^{\max}-Q_k^{\min}}w_k \tag{1.2}$$

式中，w_k 为 QoS 各项属性值的权重，表示用户对各属性的偏好程度；$Q_{j,k}^{\max}$ 为候选制造服务集 SC_j 中 QoS 第 k 维属性的最大值；$Q_{j,k}^{\min}$ 为候选制造服务集 SC_j 中 QoS 第 k 维属性的最小值；$Q_k^{\max}$ 为所有候选制造服务集中 QoS 第 k 维属性的最大值；$Q_k^{\min}$ 为所有候选制造服务集中 QoS 第 k 维属性的最小值；$q_k(S_{ji})$ 为候选服务 S_{ji} 中 QoS 第 k 维属性值。

2. 云制造服务组合 QoS 评估模型

云制造服务组合优选通常考虑用户的非功能属性，基于不同的评估模型和优化算法，从众多的可选方案中得到最优的组合结果，通常被视为一个多目标优化问题，许多智能优化算法先后被提出，如混沌控制优化算法[38]、混合人工蜂群算法[39]、差分进化增强的情境感知人造蜂群算法[40]、考虑 QoS 和能耗的多目标人工蜂群算法[41]、考虑服务之间影响关系的混合式教学的服务组合优化算法[42]。

云制造服务的 QoS 广泛地应用在云制造服务组合的评估模型中，主要可以分为基本 QoS 模型、扩展 QoS 模型、模糊 QoS 模型、QoS 关联模型等。对于基本 QoS 模型，尹超等[43]提出了一种面向新产品研发的云制造服务组合优选模型，该模型包含服务时间、服务质量、可用性等八大常见的优选指标。Que 等[44]提出了制造商对用户(manufacturers to users, M2U)模式,用于云制造中 QoS 感知服务组合优选,提高了制造资源的动态优化配置能力。蔡安江等[45]提出了一种知识服务组合方法,将时间、成本、可用性、准确性、创新性、可信性作为服务组合的优化目标。

对于扩展 QoS 模型,敬石开等[46]设计了执行可靠性最优的云制造服务组合方案,能在恶意服务较多的情况下保证服务组合的有效性。管力明等[47]提出了一种综合信誉度的制造服务组合方法,通过计算时间、成本和质量的重视度及期望值计算得到服务组合的综合信誉度,以此构建优化模型。Xie 等[48]也提出了以信任度为优化目标、QoS 评估指标为约束的制造服务组合优化方法,提高了制造服务组合的成功率和效率。此外,由于制造资源是分散的,在评价模型中物流成本和转移成本也是经常考虑的因素[49]。对于模糊 QoS 模型,蔡坦等[50]运用直觉模糊算法对云制造服务质量的不可量化指标进行分析,并提出了制造服务有效期的概念来描述服务质量的动态性。Zheng 等[51]提出了基于模糊理论的 QoS 评估方法,并考虑了组合过程中的 QoS 偏好。对于 QoS 关联模型,Jin 等[52]考虑 QoS 评估指标之间的关系,提出了一种关联感知的云制造服务描述模型,用于表征单个服务对其他相关服务 QoS 的依赖性,基于该模型提出了一种服务相关映射模型,用于自动获取服务之间的相关 QoS 属性值,提高了服务组合的质量。

此外,一些研究者从不同的角度对 QoS 评估模型进行了改进。

(1) 从能耗的角度。Xiang 等[53]考虑了制造服务组合过程中的能耗问题,对能耗和 QoS 进行优化评估。Zheng 等[54]提出了基于能耗的制造资源分配方法,综合考虑了制造服务的 QoS 和能源消耗。

(2) 从供需匹配的角度。Li 等[55]提出了基于制造任务与制造服务匹配度、服务组合和谐度以及服务组合复杂度三项评估指标的制造服务组合方法。苏凯凯等[56]运用非合作博弈决策数学模型研究了云制造资源的优化配置,该模型将供需双方作为博弈决策的主体,给出了该模型的 Nash 均衡评价标准。陈友玲等[57]构建了由服务需求方和资源提供方组成的双方约束模型,作为服务组合的优化模型。

(3) 从制造服务关系的角度。任磊等[58]提出了基于加权协同网络的制造服务组合方法,通过服务之间的社会关系衡量协同效应,以 QoS 和协同效应为优化目标,采用改进的引力搜索算法完成模型的求解。陈友玲等[59]也考虑了制造服务组合的协同效应和 QoS,基于此构建了评估模型,采用反向学习和局部学习法改进了蚁群优化算法求解最优服务组合。Liu 等[60]针对原子制造任务和原子制造服务之间一一映射导致的全局 QoS 难以达到最优以及执行成功率低的问题,提出了基于协同原子服务组的服务组合方法,并设计了一种具有协同进化种群的矩阵编码遗传算法来完成求解。Zhang 等[61]在制造服务组合中考虑了服务的内部关系和外部关系对 QoS 的影响。

3. 云制造服务组合自适应方法

制造服务组合自适应是指为了针对外界环境发生的变化，能够通过预先规划的策略或者动态调整策略(如重新规划、服务替换等方式)，维持制造服务组合的可用性、可靠性和可信性。

针对动态多变的运行环境，研究者从不同的角度提出了相应的服务组合自适应方法。Chafle 等[62]针对执行过程中服务的失效和 QoS 的变化，设计了一种服务组合和执行的自适应方法，通过为服务组合提供多个备选方案来提高对动态环境的应变能力。Zeng 等[24]提出了基于整数规划的重规划思想用于应对服务组合运行时出现的异常，保证 QoS 的最优性，但是重规划会带来额外的开销。为此，Dai 等[63]提出了一种服务组合自愈方法，通过性能预测减少重选取的次数，提升自适应性能。尚宗敏等[64]认为当服务发生异常时，可以采用向前恢复或向后恢复的策略对异常进行处理，向前恢复是指选择合适的服务替换异常服务，向后恢复是指对已执行的服务进行补偿，提高服务组合执行的可靠性和一致性。杜玉越等[65]提出了一种基于服务簇的服务替换方法，当服务失效时能够实现快速替换，保证服务组合的顺利执行。

张明卫等[66]提出了一种基于环境质量规则(environment quality rules, EQ 规则)的服务组合自适应方法，通过对服务组合运行环境进行建模分析，能够准确预测出备选服务的 QoS，提高服务组合的稳定性。刘志忠等[67]通过服务 QoS 的历史数据信息来预测 QoS 的自适应阈值，减小自适应的开销，提高服务组合的可用性。吕晨等[68]利用服务依赖图，提出了一种基于事件驱动机制的复合服务自适应方法，可实时处理多种不同类型的动态服务，自动对复合服务进行检查和更新。

针对服务组合执行效果的不确定性，Wang 等[69]提出了基于图规划的自动服务组合方法，降低了服务组合执行的失败率。朱勇等[70]则考虑负载对 QoS 的影响，提出了一种负载等级模型的动态 QoS 评估方法，实现服务的动态选择，该方法的优势在于服务的在线选取，能够解决服务设计阶段就确定组合方案带来的负载适应性不足的问题。

但是，以上 Web 服务组合自适应方法并不能很好地应用于云制造服务组合。第一，其自身方法不够完善，并没有提出一种系统的方法同时考虑需求和服务变更；第二，相比传统 Web 服务的运行环境，云制造环境的复杂性和不确定性更加突出；第三，制造资源的种类更加复杂多样，加之某些硬件制造资源(如机床)具有独占性，即一个制造服务只能被一个任务占用。因此，云制造服务组合的自适应问题研究主要集中在两个方面。

(1) 在云制造服务组合规划阶段，通过提升服务组合方案的柔性来提高其动态适应能力。Guo 等[71]对云制造服务组合的柔性度量方法进行研究，包括制造任务柔性、制造服务柔性、QoS 柔性、制造服务关系柔性和工作流柔性，并验证了具有柔性的制造服务组合具有更高的执行成功率。苏凯凯等[72]也提出了制造服务组合柔性指标，包括应对制造任务变化的能力、应对制造服务变化的能力和服务评价三个柔性指标，并通过双层规划模型对制造资源进行优化配置。Liu 等[73]构建了面向制造资源的 CPS 框架，利用及时感知制造资源的服务能力，并通过目标效能与实际效能偏差触发自适应机制，实现制造资源的重新组合。郑炜等[74]针对加工顺序唯一确定导致的制造服务组合动态适应性不足的问题，建立了工艺逻辑约束矩阵，并引入加工顺序交换机制，然后以时间、成本、能耗和可靠性作为服务的评估指标，采用双层蚁群优化算法完成最优服务组合的求解。Chen 等[75]针对用户期望 QoS 与服务组合实际 QoS 之间的偏差，提出了基于 QoS 性能或 QoS 风险的服务组合多目标优化方法，方便用户更灵活地做出决策。用户的需求往往处在动态环境下，Wang 等[76]提出了一种基于两阶段（服务组合和服务重组）的生物地理学优化方法，用于紧急制造任务变更的服务组合。

(2) 在制造服务组合执行阶段，通过合适的策略对制造服务组合进行动态调整。Mourtzis 等[77]提出了一种事件驱动的自适应框架，通过云制造车间的实时监控，实现工艺规划的动态调整。马文龙等[78]构建了云制造服务组合异常处理模型，将异常分为任务需求变化、任务挂起、服务过载、服务故障、服务退出、QoS 异常六大类，通过模型对不同类型的异常进行捕获，并给出了相应的调整方法。邱丽君等[79]根据制造环境下的扰动事件，提出了一种遗传蚁群优化算法动态资源优化调度技术，能够应对制造环境的动态变化。李京生等[80]针对车间生产中频发的突发事件，建立了快速响应机制，提出了基于时间容忍度最小化和移动处理方式的动态方案调整技术。然而，这些自适应方法孤立地考虑各个制造服务组合进行动态调整，自适应策略很可能会失败。

参 考 文 献

[1] 李伯虎, 张霖, 王时龙, 等. 云制造——面向服务的网络化制造新模式[J]. 计算机集成制造系统, 2010, 16(1): 1-7, 16.

[2] 李伯虎, 张霖, 任磊, 等. 再论云制造[J]. 计算机集成制造系统, 2011, 17(3): 449-457.

[3] 尹胜, 尹超, 刘飞, 等. 云制造环境下外协加工资源集成服务模式及语义描述[J]. 计算机集成制造系统, 2011, 17(3): 525-532.

[4] 黄沈权, 顾新建, 张勇为, 等. 云制造环境下支持演化的制造云服务元建模[J]. 计算机集成制造系统, 2012, 18(6): 1327-1336.

[5] 郑浩, 冯毅雄, 谭建荣, 等. 一类制造资源的协同建模、优化与求解技术[J]. 计算机集成制造系统, 2012, 18(7): 1387-1395.

[6] 李向前, 杨海成, 敬石开, 等. 面向集团企业云制造的知识服务建模[J]. 计算机集成制造系统, 2012, 18(8): 1869-1880.

[7] 李孝斌, 尹超, 尹胜. 云制造环境下机床装备资源特性分析与语义描述方法[J]. 计算机集成制造系统, 2014, 20(9): 2164-2171.

[8] 汤华茂, 郭钢. 云制造资源虚拟化描述模型及集成化智能服务模式研究[J]. 中国机械工程, 2016, 27(16): 2172-2178.

[9] 白洁, 方水良, 彭皓珂, 等. 云制造服务规范化标准服务清单建模方法[J]. 计算机集成制造系统, 2017, 23(10): 2279-2290.

[10] 杨腾, 张映锋, 王晋, 等. 云制造模式下制造服务主动发现与敏捷配置方法[J]. 计算机集成制造系统, 2015, 21(4): 1124-1133.

[11] 周竞涛, 杨海成. 基于同态映射的制造资源虚拟化机制[J]. 计算机辅助设计与图形学学报, 2014, 26(9): 1528-1535.

[12] Luo Y L, Zhang L, Tao F, et al. A modeling and description method of multidimensional information for manufacturing capability in cloud manufacturing system[J]. The International Journal of Advanced Manufacturing Technology, 2013, 69(5-8): 961-975.

[13] 郑军, 王黎航. 基于制造活动的制造能力建模及其度量模型[J]. 计算机集成制造系统, 2018, 24(12): 3038-3049.

[14] 朱李楠, 赵燕伟, 王万良. 基于RVCS的云制造资源封装、发布和发现模型[J]. 计算机集成制造系统, 2012, 18(8): 1829-1838.

[15] 尹翰坤, 尹超, 王伟, 等. 基于Multi-Agent的制造资源云服务化封装方法及适配器研究[J]. 计算机集成制造系统, 2014, 20(12): 3182-3188.

[16] 谭伟, 董守斌, 梁兴建. 云计算环境下强竞争力制造资源构建及其云服务建模[J]. 小型微型计算机系统, 2015, 36(12): 2634-2638.

[17] Zhang Y F, Zhang G, Liu Y, et al. Research on services encapsulation and virtualization access model of machine for cloud manufacturing[J]. Journal of Intelligent Manufacturing, 2017, 28(5): 1109-1123.

[18] Hu D F, Ji Y H, Zhao Y. Research on software resources encapsulation technology based on cloud manufacturing service[C]. Proceedings of the International Conference on Sensor Network and Computer Engineering, Xi'an, 2016: 457-461.

[19] 董元发, 吴正佳, 杜轩, 等. 元活动模型驱动的多领域制造资源粒层化服务封装与检索[J]. 中国机械工程, 2018, 29(12): 1475-1484.

[20] Liu N, Li X P, Shen W M. Multi-granularity resource virtualization and sharing strategies in cloud manufacturing[J]. Journal of Network and Computer Applications, 2014, 46: 72-82.

[21] Zhovtobryukh D. A Petri net-based approach for automated goal-driven web service composition[J]. Simulation: Journal of the Society for Computer Simulation, 2007, 83(1): 33-63.

[22] Liu H, Zheng Z B, Zhang W M, et al. A global graph-based approach for transaction and QoS-aware service composition[J]. KSII Transactions on Internet and Information Systems, 2011, 5(7): 1252-1273.

[23] Lin S Y, Lin G T, Chao K M, et al. A cost-effective planning graph approach for large-scale web service composition[J]. Mathematical Problems in Engineering, 2012, 2012: 783476.

[24] Zeng L Z, Benatallah B, Ngu A H H, et al. QoS-aware middleware for web services composition[J]. IEEE Transactions on Software Engineering, 2004, 30(5): 311-327.

[25] Yu Q, Chen L, Li B. Ant colony optimization applied to web service compositions in cloud computing[J]. Computers & Electrical Engineering, 2015, 41: 18-27.

[26] 叶恒舟, 李陶深, 关云慧. 基于时序约束分解的 QoS 感知的 Web 服务组合[J]. 电子学报, 2017, 45(5): 1150-1157.

[27] 陶飞, 张霖, 郭华, 等. 云制造特征及云服务组合关键问题研究[J]. 计算机集成制造系统, 2011, 17(3): 477-486.

[28] 贺东京, 宋晓, 王琪, 等. 基于云服务的复杂产品协同设计方法[J]. 计算机集成制造系统, 2011, 17(3): 533-539.

[29] Lu Y Q, Xu X. A semantic web-based framework for service composition in a cloud manufacturing environment[J]. Journal of Manufacturing Systems, 2017, 42: 69-81.

[30] 刘卫宁, 马刚, 刘波. 基于层次化的云制造服务组合研究[J]. 中国机械工程, 2013, 24(10): 1349-1356.

[31] 李永湘, 姚锡凡, 徐川, 等. 基于扩展进程代数的云制造服务组合建模与 QoS 评价[J]. 计算机集成制造系统, 2014, 20(3): 689-700.

[32] Li H B, Liang M X, He T. Optimizing the composition of a resource service chain with interorganizational collaboration[J]. IEEE Transactions on Industrial Informatics, 2017, 13(3): 1152-1161.

[33] Xiang F, Jiang G Z, Xu L L, et al. The case-library method for service composition and optimal selection of big manufacturing data in cloud manufacturing system[J]. The International Journal of Advanced Manufacturing Technology, 2016, 84(1-4): 59-70.

[34] 林廷宇, 李伯虎, 柴旭东, 等. 面向云制造的模型自动组合技术[J]. 计算机集成制造系统, 2012, 18(7): 1379-1386.

[35] Liu Y K, Xu X, Zhang L, et al. An extensible model for multitask-oriented service composition and scheduling in cloud manufacturing[J]. Journal of Computing and Information Science in Engineering, 2016, 16(4): 041009.

[36] Liu W N, Liu B, Sun D H, et al. Study on multi-task oriented services composition and

optimisation with the 'Multi-Composition for Each Task' pattern in cloud manufacturing systems[J]. International Journal of Computer Integrated Manufacturing, 2013, 26(8): 786-805.

[37] Tao F, Laili Y J, Xu L D, et al. FC-PACO-RM: A parallel method for service composition optimal-selection in cloud manufacturing system[J]. IEEE Transactions on Industrial Informatics, 2013, 9(4): 2023-2033.

[38] Huang B Q, Li C H, Tao F. A chaos control optimal algorithm for QoS-based service composition selection in cloud manufacturing system[J]. Enterprise Information Systems, 2014, 8(4): 445-463.

[39] Zhou J J, Yao X F. Multi-objective hybrid artificial bee colony algorithm enhanced with Lévy flight and self-adaption for cloud manufacturing service composition[J]. Applied Intelligence, 2017, 47(3): 721-742.

[40] Zhou J J, Yao X F. Hybrid teaching-learning-based optimization of correlation-aware service composition in cloud manufacturing[J]. The International Journal of Advanced Manufacturing Technology, 2017, 91(9): 3515-3533.

[41] Zhou J J, Yao X F. Multi-population parallel self-adaptive differential artificial bee colony algorithm with application in large-scale service composition for cloud manufacturing[J]. Applied Soft Computing, 2017, 56: 379-397.

[42] Zhou J J, Yao X F. DE-caABC: Differential evolution enhanced context-aware artificial bee colony algorithm for service composition and optimal selection in cloud manufacturing[J]. The International Journal of Advanced Manufacturing Technology, 2017, 90(1): 1085-1103.

[43] 尹超, 张云, 钟婷. 面向新产品开发的云制造服务资源组合优选模型[J]. 计算机集成制造系统, 2012, 18(7): 1368-1378.

[44] Que Y, Zhong W, Chen H L, et al. Improved adaptive immune genetic algorithm for optimal QoS-aware service composition selection in cloud manufacturing[J]. The International Journal of Advanced Manufacturing Technology, 2018, 96(9-12): 4455-4465.

[45] 蔡安江, 郭宗祥, 郭师虹, 等. 云制造环境下的知识服务组合优化策略[J]. 计算机集成制造系统, 2019, 25(2): 421-430.

[46] 敬石开, 姜浩, 许文婷, 等. 考虑执行可靠性的云制造服务组合算法[J]. 计算机辅助设计与图形学学报, 2014, 26(3): 392-400.

[47] 管力明, 赵治稳, 叶岩明, 等. 云制造环境下信誉度服务组合算法研究[J]. 小型微型计算机系统, 2017, 38(8): 1778-1782.

[48] Xie Y Q, Zhou Z D, Pham D T, et al. A multiuser manufacturing resource service composition method based on the bees algorithm[J]. Computational Intelligence and Neuroscience, 2015, 2015: 780352.

[49] Lartigau J, Xu X F, Nie L S, et al. Cloud manufacturing service composition based on QoS with

geo-perspective transportation using an improved artificial bee colony optimisation algorithm[J]. International Journal of Production Research, 2015, 53(14): 4380-4404.

[50] 蔡坦, 刘卫宁, 刘波. 一种新的基于直觉模糊集的制造云服务优选方法[J]. 中国机械工程, 2014, 25(3): 352-356, 421.

[51] Zheng H, Feng Y X, Tan J R. A fuzzy QoS-aware resource service selection considering design preference in cloud manufacturing system[J]. The International Journal of Advanced Manufacturing Technology, 2016, 84(1-4): 371-379.

[52] Jin H, Yao X F, Chen Y. Correlation-aware QoS modeling and manufacturing cloud service composition[J]. Journal of Intelligent Manufacturing, 2017, 28(8): 1947-1960.

[53] Xiang F, Hu Y F, Yu Y R, et al. QoS and energy consumption aware service composition and optimal-selection based on Pareto group leader algorithm in cloud manufacturing system[J]. Central European Journal of Operations Research, 2014, 22(4): 663-685.

[54] Zheng H, Feng Y X, Tan J R. A hybrid energy-aware resource allocation approach in cloud manufacturing environment[J]. IEEE Access, 2017, 5: 12648-12656.

[55] Li Y X, Yao X F, Zhou J F. Multi-objective optimization of cloud manufacturing service composition with cloud-entropy enhanced genetic algorithm[J]. Journal of Mechanical Engineering, 2016, 62(10): 577-590.

[56] 苏凯凯, 徐文胜, 李建勇. 云制造环境下基于非合作博弈的资源优化配置方法[J]. 计算机集成制造系统, 2015, 21(8): 2228-2239.

[57] 陈友玲, 王龙, 刘舰, 等. 基于 i-NSGA-Ⅱ-JG 算法的云制造资源服务组合优选[J]. 计算机集成制造系统, 2019, 25(11): 2892-2904.

[58] 任磊, 任明仑. 基于加权协同网络的制造服务组合方法[J]. 机械工程学报, 2018, 54(16): 70-78.

[59] 陈友玲, 刘舰, 凌磊, 等. 基于协同效应的并行制造云服务组合算法[J]. 计算机集成制造系统, 2019, 25(1): 137-146.

[60] Liu B, Zhang Z L. QoS-aware service composition for cloud manufacturing based on the optimal construction of synergistic elementary service groups[J]. The International Journal of Advanced Manufacturing Technology, 2017, 88(9-12): 2757-2771.

[61] Zhang W Y, Yang Y S, Zhang S, et al. Correlation-aware manufacturing service composition model using an extended flower pollination algorithm[J]. International Journal of Production Research, 2018, 56(14): 4676-4691.

[62] Chafle G, Dasgupta K, Kumar A, et al. Adaptation in web service composition and execution[C]. IEEE International Conference on Web Services, Chicago, 2006: 549-557.

[63] Dai Y, Yang L, Zhang B. QoS-driven self-healing web service composition based on performance prediction[J]. Journal of Computer Science and Technology, 2009, 24(2): 250-261.

[64] 尚宗敏, 崔立真, 王海洋, 等. 基于补偿业务生成图的组合服务异常处理方法研究[J]. 计算机学报, 2008, (8): 1478-1490.

[65] 杜玉越, 薛洁, 李彦成. 基于服务簇的服务组合替换与分析[J]. 电子学报, 2014, 42(11): 2231-2238.

[66] 张明卫, 朱志良, 张斌, 等. 一种基于 EQ 规则的组合服务运行时自适应方法[J]. 软件学报, 2015, 26(4): 849-866.

[67] 刘志忠, 彭辉, 曹雷. 面向全局约束的 QoS 分解与服务状态监控机制研究[J]. 电子学报, 2016, 44(4): 886-892.

[68] 吕晨, 姜伟, 虎嵩林. 面向动态环境的复合服务自适应方法[J]. 计算机学报, 2016, 39(2): 305-322.

[69] Wang P W, Ding Z J, Jiang C J, et al. Automatic web service composition based on uncertainty execution effects[J]. IEEE Transactions on Services Computing, 2016, 9(4): 551-565.

[70] 朱勇, 李伟, 罗军舟. 一种面向多用户的负载感知动态服务选择模型[J]. 软件学报, 2014, 25(6): 1196-1211.

[71] Guo H, Tao F, Zhang L, et al. Research on measurement method of resource service composition flexibility in service-oriented manufacturing system[J]. International Journal of Computer Integrated Manufacturing, 2012, 25(2): 113-135.

[72] 苏凯凯, 徐文胜, 李建勇. 云制造环境下基于双层规划的资源优化配置方法[J]. 计算机集成制造系统, 2015, 21(7): 1941-1952.

[73] Liu W N, Liu B, Sun D H. A conceptual framework for dynamic manufacturing resource service composition and optimization in service-oriented networked manufacturing[C]. International Conference on Cloud and Service Computing, Hong Kong, 2011: 118-125.

[74] 郑炜, 王时龙, 康玲, 等. 基于双层蚁群算法的云制造服务组合研究[J]. 计算机集成制造系统, 2017, 23(10): 2269-2278.

[75] Chen F Z, Dou R L, Li M Q, et al. A flexible QoS-aware web service composition method by multi-objective optimization in cloud manufacturing[J]. Computers & Industrial Engineering, 2016, 99: 423-431.

[76] Wang Y, Dai Z W, Zhang W Y, et al. Urgent task-aware cloud manufacturing service composition using two-stage biogeography-based optimisation[J]. International Journal of Computer Integrated Manufacturing, 2018, 31(10): 1034-1047.

[77] Mourtzis D, Vlachou E, Xanthopoulos N, et al. Cloud-based adaptive process planning considering availability and capabilities of machine tools[J]. Journal of Manufacturing Systems, 2016, 39: 1-8.

[78] 马文龙, 赵燕伟, 王万良. 制造云服务组合异常自适应调整方法[J]. 中国机械工程, 2016, 27(6): 778-784.

[79] 邰丽君, 胡如夫, 赵韩, 等. 面向云制造服务的制造资源多目标动态优化调度[J]. 中国机械工程, 2013, 24(12): 1616-1622.

[80] 李京生, 王爱民, 唐承统, 等. 基于动态资源能力服务的分布式协同调度技术[J]. 计算机集成制造系统, 2012, 18(7): 1563-1574.

第 2 章　云制造应用模式

本章介绍云制造应用模式的类型，包括公有云、私有云、社区云、混合云和联邦云等；介绍面向中小企业的云制造应用模式和面向集团企业的云制造应用模式；详细介绍面向产业联盟的云制造(cloud manufacturing for industry alliance, CMIA)应用模式，包括产业联盟概念特征、CMIA 应用模型、CMIA 服务平台框架和 CMIA 服务平台运行机制。

2.1　云制造应用模式的类型

云制造应用模式界定了制造服务的适用对象、应用范围、建模方法以及资源使用策略，同时也影响云制造服务平台的有效性和实用性。

一般地，云制造应用模式可以分为公有云、私有云、社区云等多种类型[1]，如图 2.1 所示。其中，公有云云制造应用模式的制造服务是开放的，主要客户群是中小企业；私有云云制造应用模式的制造服务是封闭的，只向单个大型企业提供服务，一般是集团企业；社区云云制造应用模式的制造服务是面向某个特定的组织(产业联盟等)，该组织通常由一些目标一致或相似的企业组成，社区云具有鲜明的行业特色或区域特色；混合云是由私有云、公有云、社区云中的两种或者多种构成的，用户可根据需要切换不同的云模式。表 2.1 为不同云制造应用模式的代表性应用实例。

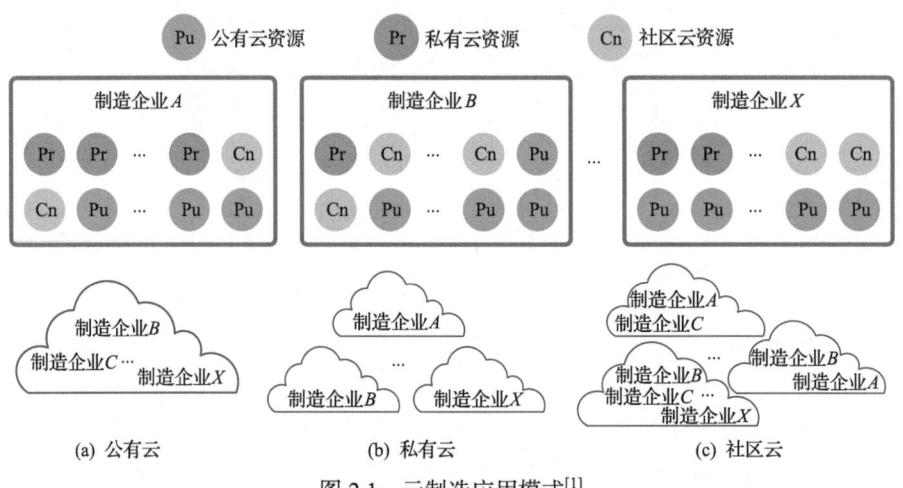

图 2.1　云制造应用模式[1]

表 2.1 云制造应用模式实例

模式类型	模式特点与面向对象	应用实例
公有云	制造服务是开放的,主要客户群是中小企业	中小企业云制造服务平台 模具行业云制造服务平台 汽摩零部件云制造服务平台 故障诊断云制造服务平台 非标准件云制造服务平台 锻造行业云制造服务平台
私有云	制造服务是封闭的,只向单个企业提供服务,一般是集团企业	北车集团云制造服务管理平台 航天云制造服务应用平台 新疆兵团节水装备云制造公共服务平台 面向电子元器件集团型企业的云制造服务平台
社区云	制造服务面向某个特定的组织(产业联盟等),该组织通常由一些目标一致或相似的企业构成	区域云制造服务平台 区域产业集群云制造服务平台
混合云	由私有云、公有云、社区云中的两种或者多种构成,用户可根据需要切换不同的云模式	不限定
联邦云	解决云制造服务平台之间的异构性和不相容性	云制造服务平台之间

1. 公有云云制造应用模式

在公有云云制造应用模式方面,尹超等[2]针对中小企业云制造服务平台共性关键技术做了相关研究,分析了平台的内涵特征,给出了平台共性关键技术体系框架,并建立了平台规范和标准总体框架结构模型;台德艺等[3]借鉴多功能开放型企业供需网思想,提出了基于企业合作的云制造服务模式,并设计了基于资源合作的中小企业云制造服务平台;李孝斌等[4]结合机床装备制造企业现状,提出了面向机床装备及其加工过程的云制造服务平台,对平台角色、平台体系结构、运行模式及机床装备云端化接入和服务能力建模等方面进行了研究;吉莉等[5]结合汽车电子标准和实时面向服务架构(service oriented architecture, SOA)对汽车电子技术行业的制造服务进行了研究,给出了云制造框架的设计过程;杨晨等[6]研究了仿真资源管理技术,提出了云仿真系统架构,并对应用过程进行了分析;唐燕等[7]分析了闭环供应链面临的问题和需求,结合云制造思想搭建了面向天津某循环经济产业区的再制造闭环供应链云制造服务平台五层框架;顾新建等[8]针对我国模具行业现存问题和需求,提出了一个社会与技术结合的模具行业云制造服务平台,并对相关技术做了探讨;李波等[9]针对我国模具行业的问题与需求,从协作的方面,提出了面向模具行业的云制造服务平台,并对平台的基础设备层、中间件层、表现层和平台关键技术进行了探讨；宋庭新等[10]针对中小企业云制造服务平台中的工作流程、交易过程进行了相关研究；熊永华等[11]针对钢铁行业，设计并实现了一种面向烧结过程的云制造仿真实验平台，并对烧结模拟过程中的资源虚拟化实现进行了探讨；潘变等[12]针对起重机行业，研究提出了一种起重机设计制造平台框架，并对起重机设计流程进行了探讨；张倩等[13]形式化描述了公共制造云服务平台，并对资源管理、协同设计、QoS 管理等关键技术进行了研究；尹翰坤等[14]针对汽摩零部件新产品，提出了一种面向该行业的云制造服务平台总体框架，并对该平台云制造服务描述方法和搜索策略进行了研究；李强等[15]针对故障诊断，提出了一种云制造服务平台，并对该平台的工作流程、访问权限和云诊断中心进行了探讨研究；闫洪波等[16]提出了一种面向非标准件的云制造服务平台，并对制造资源的接入、管理及安全问题进行了研究；骆天阳等[17]针对新疆生产建设兵团节水装备，设计提出了基于 SOA 的云制造服务平台，并对平台的设计构建过程进行了探讨；王倩等[18]结合我国锻造行业中制造资源和制造能力方面存在的问题，研究锻造云制造服务特点和模式，提出了面向锻造行业的云制造服务平台体系框架和平台的业务运作流程；赵淳等[19]针对云制造服务平台的交易过程，设计提出了一种面向不同交易模式的交易仿真平台。

2. 私有云云制造应用模式

在私有云云制造应用模式方面，战德臣等[20]在研究集团企业存在的资源和能力重复建设问题的基础上，提出设计了面向集团企业的云制造服务平台；吴晓晓等[21]面向航天领域，提出了基于资源整合集成、支持集团总部集中管理、成员单位可共享资源和协同研制、外协的云制造服务应用模式；周超超等[22]针对电子元器件行业中企业集团现存需求和问题，提出设计了面向电子元器件集团型企业的云制造服务平台，并对平台体系架构、运行模式及关键技术进行了探讨研究。

3. 社区云云制造应用模式

在社区云云制造应用模式方面，王时龙等[23]从云制造商业运营理念、平台开放维度、重构技术等方面进行了相关研究，提出了区域经济体云制造服务平台，结合齿轮制造行业建设云制造服务平台的可行性进行了探讨；盛磊等[24]针对我国东部沿海中小企业聚集地区的特点，研究构建了面向区域产业集群的云制造公共服务平台框架，并对以区域龙头企业为核心的运营模式及相应的服务模式进行了相关探讨。

4. 混合云云制造应用模式

在混合云云制造应用模式方面，Lu 等[25]提出了混合云云制造的概念，其由两种或多种云平台共同组成,以满足企业不同时期的不同需求,其平台架构除了基本的资源层、虚拟资源层、服务层、应用层等,还需要云平台管理引擎,以便用户在不同的云平台之间进行转换。

5. 联邦云制造应用模式

在联邦云制造应用模式方面,范文慧等[26]针对不同云制造服务平台之间存在的异构性和不兼容性等问题,提出了基于联邦模式的云制造;马成等[27]提出并构建了云制造服务平台联邦接入框架,并对相关技术进行了研究。

综上所述,国内学者采用不同的技术方案和技术路径,从理论上或结合实际场景对云制造应用模式展开了深入的研究,积累了丰富的经验,具有重要理论指导意义和应用示范价值。

2.2 面向中小企业的云制造应用模式

面向中小企业的云制造应用属于典型的公有云云制造应用模式。公有云基于互联网构成,强调企业间制造资源和制造能力的整合,提高整个社会制造资源和制造能力的使用率,实现制造资源和能力交易。

面向中小企业的云制造应用模式支持广域范围内制造资源与制造能力的自由交易,支持中小企业自主发布资源需求和供应信息,并实现基于企业标准的制造资源和制造能力的自由交易以及多主体间开发、加工和服务等业务协同,实现中小企业业务协作和产业集聚协作。图 2.2 为面向中小企业的云制造服务平台[1]。

平台参与角色包括资源提供方、资源需求方、云制造服务平台营运方等,通过平台服务门户获得平台所提供的应用功能支持。

(1) 资源提供方:负责向平台提供制造资源和制造能力等,通过制造平台实现面向中小企业的技术服务活动。

(2) 资源需求方:可以利用平台提供的资源和能力,更专注本企业核心制造活动,通过平台服务减少资源和提高能力,降低企业成本,提高企业竞争力。

(3) 云制造服务平台运营方:负责向资源服务提供者和使用者提供管理运营服务,服务和促进中小企业整体技术水平提高。

一方面,由于中小企业自身规模不大,人力、财力、资源等方面条件有限,没有足够的优势和能力,在生产条件上也比不上大企业的生产规模,中小企业大多会在制造工艺的层次上与外部资源进行协作。因此,外部资源的加工进度、加工质量与企业的核心制造流程必须紧密结合在一起,才能保证总体生产制造按期、高质量地完成。为此,在实现协作管理方面,平台需要为中小企业提供细致到工艺过程中各道工序的协同计划制定、任务指派和执行跟踪等管理能力。同时,考

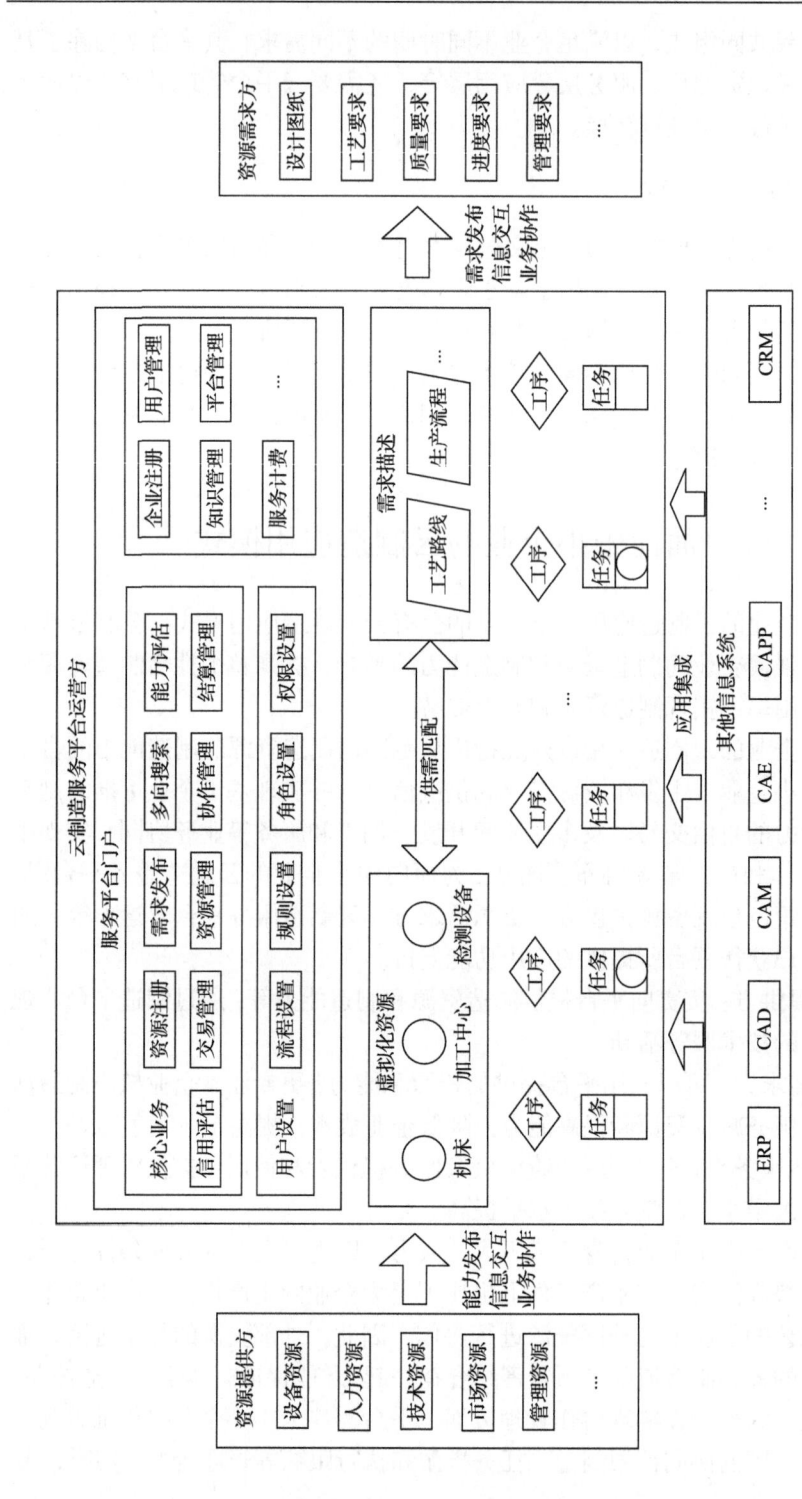

图2.2 面向中小企业的云制造服务平台[1]

CAD表示计算机辅助设计(computer aided design); CAM表示计算机辅助制造(computer aided manufacturing)
CAE表示计算机辅助工程(computer aided engineering); CAPP表示计算机辅助工艺规划(computer aided process planning)

虑到与中小企业核心业务流程管理的紧密结合，平台需要能与中小企业内部信息系统如 ERP 系统等集成，在数据上实现云制造服务平台与中小企业内部业务管理系统的互通。

另一方面，由于制造工艺、生产模式的区别，不同行业的中小企业对于外部资源的协作管理模式存在很大的差异，支持不同行业的中小企业用户在云制造服务平台中建立个性化定制的协同管理体系，是面向中小企业的云制造服务平台的一大特点。

面向中小企业的云制造服务平台主要关键技术包括以下方面。

(1) 行业制造资源共享及协同管理方法研究。
(2) 用户可自主构建个性化定制业务协作管理体系和配置方法研究。
(3) 面向中小企业行业制造知识库、标准库构建方法研究。
(4) 服务平台与行业典型产品设计工具、EPR 系统等集成技术研究。
(5) 面向中小企业的云制造服务平台服务体系架构和平台研发。

2.3 面向集团企业的云制造应用模式

面向集团企业的云制造应用属于典型的私有云云制造应用模式。私有云基于企业网构成，其构建与运行者、资源提供者和使用者是集团和集团企业下属单位及企业等，目的是强调集团企业内制造资源和制造能力的整合与服务，优化集团企业资源和能力使用率，减少资源和能力的重复建设，降低成本，提高竞争力。面向集团企业的私有云云制造应用模式的重点在于支持制造资源动态共享与协同，集团企业的制造资源包括设计分析软件、仿真试验环境、测试试验环境、各类加工设备、高性能计算设备和企业单元制造系统等。制造资源主要分为异构的硬件制造资源(底层制造设备、测试试验设备和计算资源等)和软件制造资源(制造过程模型、数据、知识和软件等)。从功能角度，又可分为设计信息化资源、仿真信息化资源、试验信息化资源、生产信息化资源、管理信息化资源、信息化基础环境资源和信息安全体系资源等。图 2.3 为面向集团企业的云制造服务平台[1]。

集团企业内部平台能够支持样机设计生产一体化，设计单位和生产单位通过集团企业的高速宽带网络随时随地按需获取云制造服务平台中的各类设计资源和生产服务资源，实现基于流程的跨阶段协同制造。面向集团企业的云制造服务平台关键技术主要包括以下方面。

(1) 集团企业内部制造资源和制造能力的虚拟化与服务化，包括异构制造资源和多领域制造能力的统一描述、广域网环境下异构制造资源和多领域制造能力的虚拟化、多主体异构制造资源和多领域制造能力的服务化。

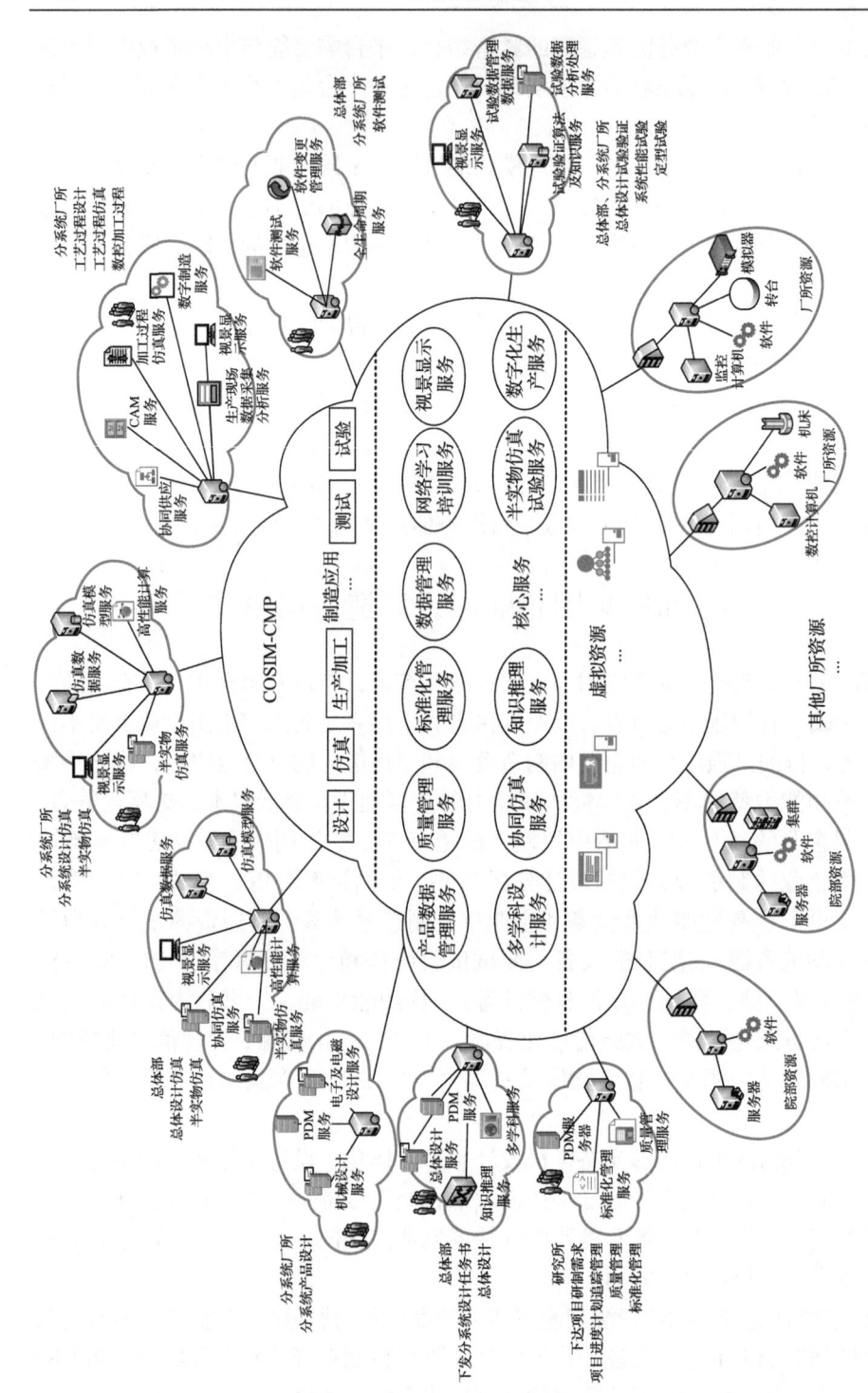

图 2.3 面向集团企业的云制造服务平台[1]

COSIM表示耦合仿真平台(coupling simulator)；CMP表示营销活动管理平台(campaign management platform)

(2)集团企业内部多主体云制造服务全生命周期管理技术,包括多主体云制造服务的发布、发现与智能化匹配,多主体云制造服务的按需敏捷聚合、高效协同与可信运行,多主体云制造服务(交易)的管理、监控与评估。

(3)集团企业内部多主体云制造服务平台的应用和运营技术包括:制造资源的按需获取与普适交互应用;制造能力的智能发现与交易应用;多主体云制造服务协同应用,如基于业务流程松耦合协同统一、集中的智能化管理和经营。

2.4 面向产业联盟的云制造应用模式

2.4.1 产业联盟

1. 产业联盟背景

全球经济结构的变化导致产业共性问题日益突出,单个企业的发展越来越依赖整个产业的发展水平和产业的发展环境。产业共性问题越来越受到产业界和政府的高度重视,主要表现在以下几个方面。

(1)共性技术的研发。全球化促使企业和政府重视联合研发共性技术,一些国家将共性技术研发作为产业政策予以支持,一些企业通过组建产业联盟开展共性技术联合研发,以提高产业国际竞争力。另外,企业参与产业联盟,开展共性技术联合研发不仅有利于降低技术创新成本,避免重复投入,也有利于降低创新不确定性带来的风险。

(2)技术标准的制定。标准是为了所有有关方面的利益,特别是为了实现最佳的经济性,并适当考虑产品的使用条件与安全要求,在所有有关方面的协作下,进行有秩序的活动所制定并实施的依据。技术标准涉及复杂的利益关系,其形成过程中需要经过利益相关者的充分协商,已成为产业竞争的重要武器。

(3)产业链配套。产业链配套指产业内企业通过产品上下游合作共同为用户提供产品或服务。由于产业分工越来越细,专业技术越来越深,技术投资越来越大,单个企业没有力量完成整个产业链投资。产业链配套是发展中国家企业的创新产品与发达国家的成熟产品进行竞争的重要保障。

(4)中小企业的市场门槛。中小企业的市场门槛指中小企业参与市场竞争获得生存的基本条件,包括企业是否达到必要的经济规模以完成规模采购或实现规模经济的生产或服务,企业是否具有必要的市场能力等。本地市场竞争的全球化压缩了本地中小企业的生存空间,境外市场的潜力也为本土中小企业的发展提供了巨大机遇。应对挑战和机遇的关键是中小企业是否能跨越市场门槛。

产业共性问题对产业联盟产生了客观需求。20世纪70年代,产业联盟开始在美国、欧洲、日本等发达国家和地区蓬勃发展。例如,1976年,日本政府支持富士通、日立、三菱电机、日本电气(NEC)和东芝五家主要的半导体公司组成超大规模集成电路技术研发合作产业联盟(VLSI Consortium)，帮助日本企业在 20 世纪 80 年代实现技术赶超。1987 年，美国政府支持 IBM、TI、Lucent(AT&T)、Digital Semiconductor、Intel、Motorola、AMD、LSILogic、National Semiconductor、Harris Semiconductor、Rockwell、Micron Technology 和 HP 共计 13 家半导体公司组建半导体技术研发合作产业联盟，帮助美国半导体企业重新回到世界第一的竞争地位。

进入 20 世纪 90 年代，产业联盟在我国也初见端倪，我国企业提出了第三代移动通信技术标准，即时分同步码分多址(time division-synchronous code division multiple access, TD-SCDMA)之后，其商业化过程就面临产业链的协调发展问题。移动通信技术标准的商业化要求整个系统同步推进，芯片、系统设备、终端、应用、测试设备等任何一个环节的滞后都会阻碍商业化步伐。2002 年，在政府有关部门的支持下，大唐电信、南方高科、华立、华为、联想、中兴通讯、中电信息、普天信息等企业联合组建了 TD-SCDMA 产业联盟，有力促进了 TD-SCDMA 的商业化。2008 年，科技部等六部门联合发布了《关于推动产业技术创新战略联盟构建的指导意见》，以国家战略产业和区域支柱产业的技术创新需求为导向，以形成产业核心竞争力为目标，以企业为主体，围绕产业技术创新链，运用市场机制集聚创新资源，实现企业、大学和科研机构等在战略层面有效结合，共同突破产业发展的技术瓶颈。一大批产业技术创新战略联盟应运而生，目前，产业联盟已然成为一种重要的产业组织形式，对产业发展、企业成长特别是高新技术企业的快速成长具有重要意义。

2. 产业联盟概念

产业联盟(industry alliance)[28-30]是指企业间结成的互相协作和资源整合的一种合作模式，广泛应用于工业领域，通过共同寻求新的产品标准、产品定位和产品协作，促进行业内部的健康发展。该模式能以行业之力降低潜在的风险，并有助于实现行业内部的资源调配优化，从而成为企业优势互补、拓展发展空间、提高行业竞争力、实现超常规发展的重要手段。

3. 产业联盟特征

产业联盟的主要特征包括以下方面。
(1)联盟成员的经济都是独立的。
(2)联盟成员具有跨区域性，能够实现更大范围的资源整合，范围可以跨越多个区域甚至国家。
(3)联盟成员具有动态性。产业联盟的结构是动态开放的，联盟会根据需求吸纳新成员，其成员也可以动态加入或退出。

(4) 联盟成员之间存在竞争合作关系。联盟成员的独立性决定了各成员具有不同的利益需求和价值取向，既有竞争，又有合作，这些不同的成员希望通过联盟获得更大的利益，最终达到多方共赢。因此，联盟通常需要制定相关规则来均衡多方利益。

(5) 产业联盟具有固定的共同机构和中间组织。产业联盟中通常有一个所有成员都认可的机构进行协调和管理，保持产业联盟的组织稳定，提高联盟的创新能力。

(6) 产业联盟有特定的产业目标。产业联盟是基于不同的产业目标构建的，有明确的共同目标，即需求具有一定的共性。例如，根据不同的产业目标，可以分为研发合作产业联盟、技术标准产业联盟、市场合作产业联盟等。联盟成员通过协同合作，获得单独研发得不到的成果和收益。

现有的云制造模式并不能很好地适应产业联盟企业的实际需求，主要体现在以下方面。

首先，产业联盟不适合采用私有云制造应用模式，私有云主要面向某个大型企业，其所提供的制造服务是相对封闭的，并且具有很强的针对性，而产业联盟企业之间是松散的关系，既有合作也有竞争，是独立的经济法人，私有云的方式将导致制造资源和制造能力的过度共享，不利于保护优势企业的积极性。

其次，产业联盟也不适合采用公有云制造应用模式，公有云中的制造服务是开放的，这意味着云制造服务主要是通用型的制造服务，难以集成可靠、完善和个性化的制造服务，这一特征往往使公有云制造演变为一般意义上的信息获取平台，难以有效满足产业联盟企业实际制造需求。

最后，由于产业联盟企业已经达成某种制度约束，共同致力于本产业的健康发展和制造水平的提高，这就决定了联盟企业具有共性的制造需求，使得制造服务更有价值。本质上，面向产业联盟的云制造是一种具有契约关系的基于互联网的制造服务平台，在范畴上属于限定范围的社区云制造应用模式。

面向产业联盟的云制造应用新模式的核心理念是能够集成产业联盟企业的各种优势制造资源，在产业内形成共享的资源池，并通过服务共享的方式为产业联盟企业提供按需的制造服务，这将进一步有效激发企业的积极性和能动性，有效提高产业联盟企业的制造能力和制造水平。

2.4.2 CMIA 应用模型

面向产业联盟的云制造(CMIA)[31]是以产业联盟企业为应用对象，根据联盟企业间既竞争又协作的特点，为联盟企业提供共性制造服务和个性化制造服务，以提升联盟企业整体制造水平,其定义如下。

定义 2.1 面向产业联盟的云制造。面向产业联盟的云制造是一种基于互联网的以服务产业联盟企业为主旨的制造模式,基于领域思想规划和建模制造服务,在提供优质共性制造服务的同时提供个性化制造服务,以提升联盟企业的整体制造能力和水平[31,32]。

CMIA 的目标是为产业联盟企业建立一个制造服务发布、制造服务获取、制造服务组合、制造服务使用、制造服务评价并且能够对制造服务进行监管的公共服务平台,不仅可以方便地获取共性制造服务,也可以获取适合企业特点的个性化制造服务。CMIA 使用角色可以归纳为以下四类。

(1) 云制造平台运营者:CMIA 的第三方,负责平台的维护和提供技术服务,监管制造服务的真实性和有效性,对注册的成员企业身份、发布的需求及所提供注册的服务(配合监管部门)进行审核认证,为成员提供信誉评价,同时对平台提供的有关技术和需求探讨进行维护。

(2) 云制造服务提供者:产业联盟企业拥有的制造服务经过审核后可以注册接入制造服务池中,并根据制造服务的价值和使用次数获取相应的收益。

(3) 云制造服务使用者:产业联盟企业可以使用平台中的制造服务,也可以根据本企业需求定制个性化制造服务,并按需为提供者支付一定的费用。

(4) 监管部门:实现对联盟企业的引导、监管、标准制定、联盟组织讨论等,对云制造服务提供者所提供的服务进行审核认证,通过 CMIA 平台获得联盟企业规定公开的产品审核数据。

根据以上成员角色,CMIA 的概念模型如图 2.4 所示。

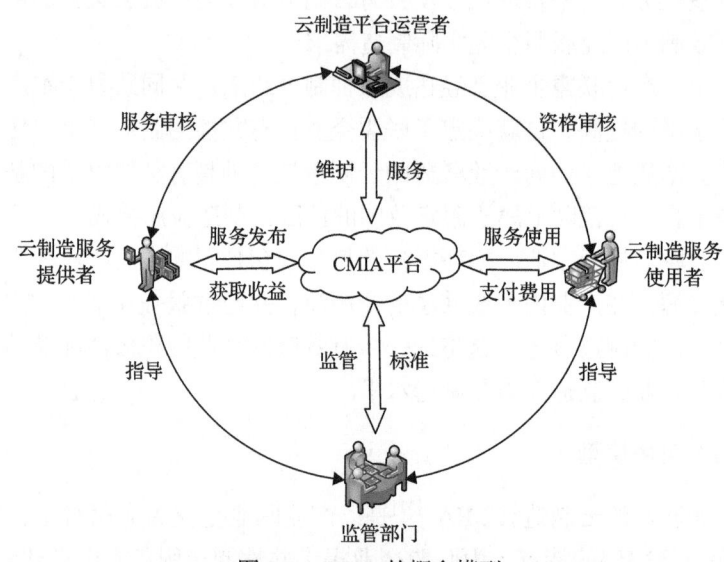

图 2.4 CMIA 的概念模型

CMIA是云制造模式在产业联盟企业中的延伸，除具有现有的云制造特点外，还具有以下特点。

(1)在制造服务方面，CMIA所研究的制造服务主要是服务于特定行业或产品，在行业或产品生产过程的全生命周期涉及的设计、制造、试验等资源都是基于产业链聚合在一起的，每一类资源在产业链上均起着不可或缺的作用，因此具有一定的相似性和高耦合性。

(2)在运行模式方面，产业联盟本身是各个具有相似需求的企业通过某种契约关系组建的，联盟中各技术活动服务对象统一，更加有助于产品技术的革新。同时，联盟企业的目标比较统一，在制造活动中的执行能力较强，这就使得CMIA运行更加高效、快捷、准确。

(3)在制造活动方面，CMIA能够解决产业联盟中资源共享、资源整合、设计周期等方面现存的若干问题，基于互联网技术将闲置资源进行整合，合理、高效地加以利用，大企业可以以服务的形式将产品研发技术租赁给自主研发能力薄弱的企业。此外，企业之间可以通过CMIA服务平台进行资源共享。因此，CMIA在产品制造活动方面更具有一定的实用性。

2.4.3 CMIA服务平台框架

CMIA服务平台是面向某个特定的具有一致或相似目标的组织(产业联盟等)，在形式上为横向可扩展的社区云云制造系统。图2.5给出了CMIA服务平台框架结构[32]。该框架结构包括六个层次：资源虚拟化层、服务资源层、服务管理层、服务引擎层和企业用户层，以及支持平台系统稳步运行的支撑环境层。

1. 资源虚拟化层

资源虚拟化层涵盖了分布在不同地理位置的制造服务硬件资源、制造服务软件资源、人力资源、信息资源及服务资源，通过2G/3G/4G/5G、有线网、无线网、传感器、条形码、二维码、射频识别(radio frequency identification, RFID)、摄像头等技术和设备对资源进行感知和描述；运用分布式技术、物联网技术、虚拟终端技术等中间件技术将感知的制造资源虚拟化[33,34]接入CMIA服务平台，以服务的形式注册到制造资源虚拟池中，实现制造资源物理的互联和互操作，供平台用户搜索、匹配、调用、组合和更新。对于AutoCAD、Solidworks、ANSYS、UG等制造服务软件资源，通过计算机技术进行二次开发，参数化接入平台系统Web端；对于加工设备、试验设备、仿真设备等制造服务硬件资源，可采用智能终端技术进行云端接入；对于人力资源、信息资源及服务资源，可采用知识的形式封装描述注册到云制造服务平台系统中。其中，在对制造资源进行感知描述时，需要根据资源的种类、零件-部件-产品层次化进行粒度划分，以方便服务组合和执

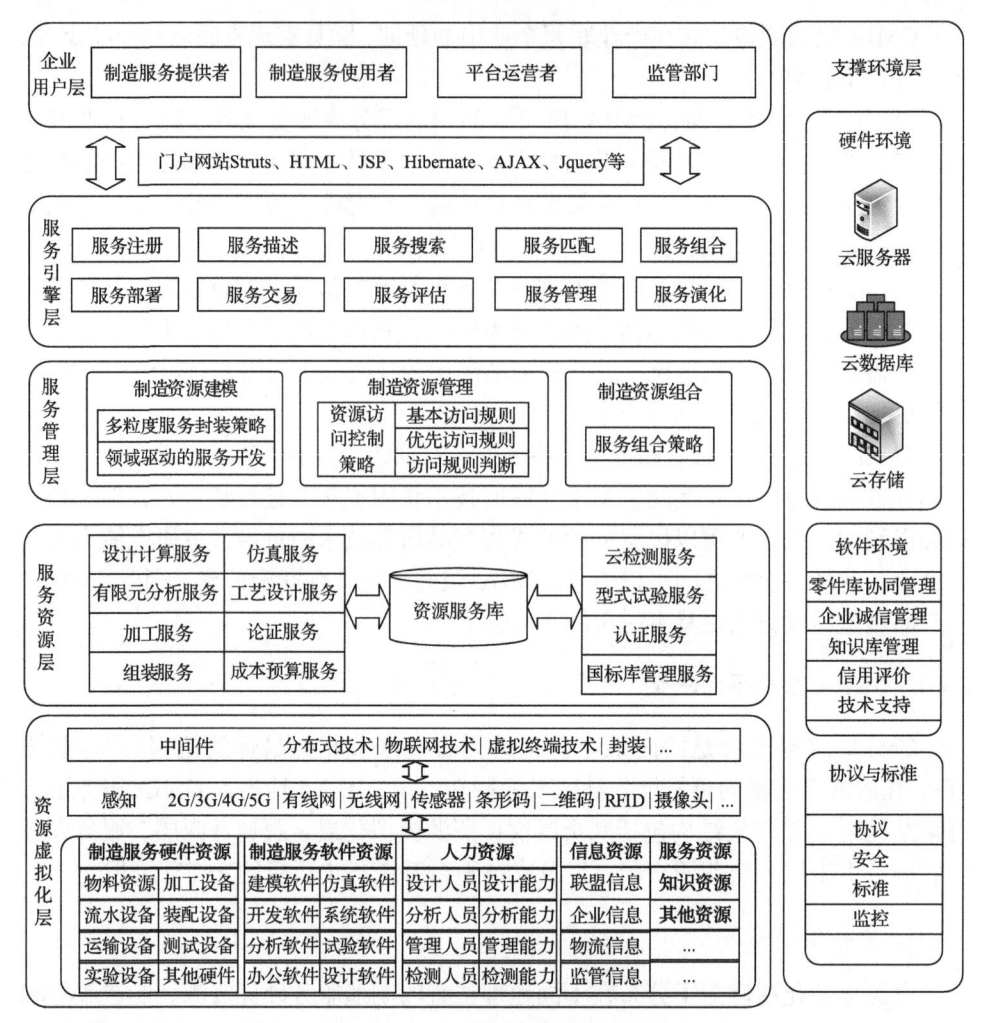

图 2.5 CMIA 服务平台框架结构

行。此外，为了保证制造资源被感知的实时性、被调用的灵活性、新旧制造资源替换的容错性，还需要提供一套云制造资源虚拟化环境下的实时监控、主动感知、动态调用、协同运行、容错迁移等技术。

2. 服务资源层

从服务的类别来看,制造服务包括与产品制造全生命周期相关的所有服务[35]。服务资源层存储了与本产业联盟企业相关的制造服务，包括共性制造服务和个性制造服务，如设计计算服务、有限元分析服务、加工服务、组装服务、仿真服务、工艺设计服务、论证服务、成本预算服务等，以及监管部门所提供的云检测服务、型式试验服务、国标库管理服务、认证服务等。这些服务根据产业联盟成员企业在云制造服务平台中的角色属性按照平台中的服务注册规则进行注册,形成制造服务库,由平台运营者对其进行管理。

3. 服务管理层

服务管理层主要对制造服务进行管理,包括制造资源建模、制造资源管理等功能。

在制造资源建模方面,采用多粒度服务封装策略和领域驱动的服务开发[36]。多粒度服务封装将制造服务按照其所归属的产品组织结构划分为原子服务、复合服务和产品服务,可以实时、准确、清晰地对制造服务进行搜索、查询、匹配、组合和调用。领域驱动的服务开发是领域专家对联盟业务产品的共性技术和个性技术进行充分分析和理解,抽象成一个面向产品的领域模型。该模型主要涵盖了在产品设计、计算和制造过程中的共性技术和特征,同时结合企业的个性化需求对模型进行弹性演化,实现个性化需求驱动下的共性技术复用,剔除了重复设计计算的成本,提高收益。

在制造资源管理方面,采用资源访问控制策略[37],即基本访问规则、优先访问规则和访问规则判断。在发生资源访问请求时,访问控制模块以拒绝优先的策略进行控制。图 2.6 为访问规则的判断流程,访问请求被转发给访问控制模块后,

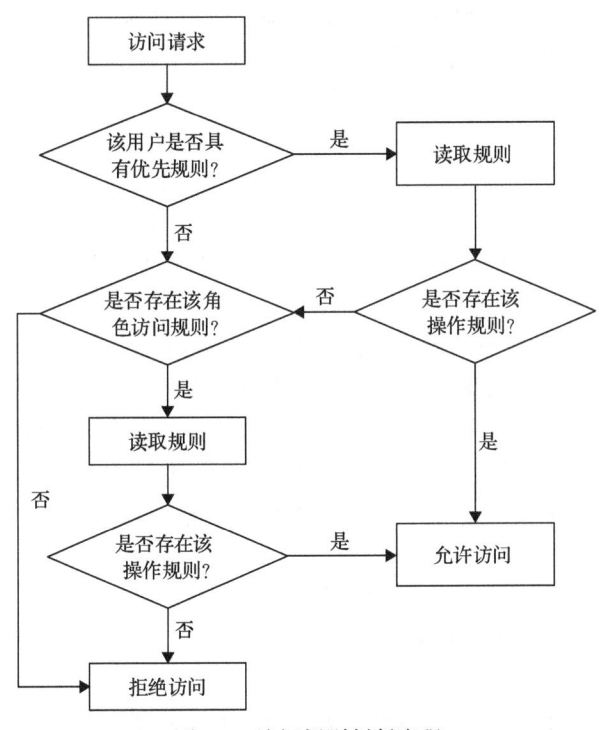

图 2.6 访问规则判断流程

访问控制器先访问规则库,查询是否存在所访问资源的优先规则;再查询是否存在当前请求操作的规则,若存在则允许执行访问;继续检查是否存在用户角色的访问规则,若存在则允许访问,否则拒绝访问。

4. 服务引擎层

服务引擎层主要包含服务描述、服务搜索、服务认证、服务组合、服务调用、服务交易、服务管理、服务评估等引擎,具体功能如下。

(1)服务描述引擎:根据制造资源服务描述规则方式对制造服务进行检查,保证服务搜索和匹配的准确性。

(2)服务搜索引擎:根据用户需求对制造服务进行匹配搜索,在搜索过程中优先搜索复合服务,若匹配的结果不符合要求,则进一步进行组合优化。

(3)服务认证引擎:对制造服务的功能正确性进行认证审核,对其注册的服务的封装描述方式的正确性进行审核。

(4)服务组合引擎:按照用户的需求对服务进行自动组合。

(5)服务调用引擎:对制造服务进行调度执行。

(6)服务交易引擎:对制造服务的合同、协议、价格进行管控,对交易过程进行监控,对违规用户进行处理。

(7)服务管理引擎:对制造服务更新和退出进行管理,为制造服务的查询、搜索、匹配、组合、调用、认证等模块提供支持。

(8)服务评估引擎:对交易完成后的制造服务进行评估,对云制造服务提供者的信誉进行评估。

5. 企业用户层

从平台运营者、云制造服务提供者、云制造服务使用者、监管部门四个方面深入分析服务平台的功能。

(1)平台运营者:服务平台为运营者提供了业务管理、用户管理、资源服务管理和云社区管理等主要功能。其中,平台的业务管理主要涵盖设计服务管理、分析服务管理、装配服务管理、测试服务管理、最新动态推送、组织线下活动、平台数据维护等;用户管理包括新用户注册、注册后的用户身份认证、统一用户管理、用户权限配置管理、违规处理、用户状态管理、企业用户信誉管理等;资源服务管理包括资源描述、资源封装、服务注册、服务组合、服务交易、服务评价、服务售后等;云社区管理包括对云社区的规范监控、对违规、无用、过期内容的删除,数据更新、对违规用户的处理(如警告、禁言、取消权限),以及对用户的权限升降管理等。

(2)云制造服务提供者:服务平台为云制造服务提供者提供了资源虚拟化、服务注册、服务业务管理、云社区管理、服务组合模型管理、服务封装管理、企业信息管理、服务售后等主要功能。资源虚拟化模块负责对传感器、摄像头、RFID等感知设备进行工作监控和对条形码、二维码等进行编码以将物理制造资源虚拟化云端接入 CMIA 服务平台资源池中。服务注册模块设计一套适合整个产业联盟的语法规则，根据服务的种类粒度加以区分，以完成制造服务的封装和注册。服务业务管理模块仅企业内部的管理员赋有权限，该模块包括服务中心、服务管理、服务调用、服务定制、服务发布。其中，服务中心涵盖整个产业联盟提供的所有服务，如设计服务、分析服务、装配服务、制造服务、测试服务等，以及企业用户已定制购买的服务。在服务中心中可对这些服务进行管理(开通、更新、删除等)，设计服务中包含由服务搜索、匹配得到的特定领域的原子服务，这些原子服务按照所归属的产品服务组成服务树。在原子服务被选定后，自动显示其所处的领域及来源。服务组合可视化编辑区选定原子服务，按照相应的规则进行服务的组合，完成组合的服务和选用的原子服务具体信息显示在服务信息显示区，显示区中包含服务的类别和描述信息；另外，服务调用、组合的日志打印在服务组合可视化调用日志区，通过日志区可详细地了解原子服务组合成复合服务的全部过程，以方便其他设计人员的协同设计。云社区管理模块包含对其他企业发布信息的评论、对产品技术方面的线上交流讨论、发布产品个性化或某一零部件设计的需求、投标招标、组织线上远程课堂进行学习培训以及对行业方向的实时把控等。企业信息管理模块则包含企业名称、规模、联系地址和方式、业务范围、在产业联盟所处的角色、在平台中所拥有的权限以及已发布的服务和需求等。服务售后模块支持在服务完成交易后的远程服务、申请或撤销服务售后以及交易完成后未按照合同出现违规现象发起投诉等功能。

(3)云服务使用者：服务平台为云制造服务使用者提供企业信息管理、服务组合模型管理、服务业务管理、云社区管理、服务交易管理、服务评价管理、需求管理等主要功能。其中，企业信息管理、服务组合模型管理、服务业务管理及云社区管理等模块与云制造服务提供者的相同或相近。服务交易管理模块设有第三方付款功能、售后申请、确认服务交易完成以及出现违规申请平台管理者介入等功能。服务评价管理模块可对完成交易的服务进行可信评价，并对制造服务提供企业的服务态度、信誉进行评价和追评。需求管理模块提供对已发布需求的修改、删除功能，同时还支持对新需求的发布。

(4)监管部门：这是产业联盟的引导者和监督者，提供了部门信息管理、服务质量认证、型式试验管理、领域模型管理、标准规范管理及技术管理等主要功能。部门信息管理主要包含检验单位的名称、地址、联系方式、检验的业务范围、下属部门的职能以及与检验相关的证书、执照等佐证材料，同时还应包含接收待检企业报送材料的接口。服务质量认证模块包含对待检企业报送材料的初审，对材料中数据的核算，对不合理之处的反馈和指导意见以及确认是否通过认证等功能。型式试验管理接口应包含检验人员现场试验的数据采集、试验过程与次数记录、试验录像等，通过互联网搭建的云检测实验室可实时监控产业联盟企业在本企业所在地进行的私密试验，以此维护企业隐私，提高企业积极性，还应包含对型式试验所产生的所有数据的整理计算以及试验结果报告的自动生成。领域模型管理模块支持产业联盟专家组对产品的共性特征和个性特点进行充分的研究分析，通过领域分析、领域设计、领域实现三个过程，最后完成产业联盟面向某产品的领域模型，以实现产品共性技术的复用，从而避免浪费，提高企业收益。标准规范管理模块对产品技术标准规范进行管理，通过对老标准革新、无用标准剔除、新标准制定以及对成员企业制定的标准进行认证等，形成适合整个产业联盟的标准规范库，以供企业中设计人员在设计产品时灵活调用，检验人员在试验测试时可随时随地进行参考。技术管理模块主要针对企业设计人员在设计时遇到的技术难题，监管部门专家组可通过此接口进行指导解答。

6. 支撑环境层

为保证平台能够正常灵活地运行，还需要若干支撑接口，如由云制造知识、管理知识、系统业务知识、计算机技术知识、专业技能知识组成的平台知识集合库；由设计计算标准、制造安装规范、设计手册等组成的标准规范库；由标准规范管理构件、设计计算管理构件、服务管理构件、门户管理构件、引擎管理构件、知识管理构件、算法管理构件等组成的平台支撑构件库。平台管理员可通过这些接口进行更新管理操作。

2.4.4 CMIA 服务平台运行机制

制造服务提供方企业、制造服务需求方企业、平台运营者、监管部门及研究院所、高等院校、信息技术公司等基于 CMIA 服务平台，进行产品的共性技术研发和个性化定制设计。图 2.7 给出了 CMIA 服务平台运行机制。

首先，企业通过产业联盟集团成员认证组的审核认证，注册加入产业联盟，成为产业联盟成员，获取使用 CMIA 服务平台相关服务的权限。联盟内资源提供者和资源使用者均需要通过统一用户管理模块进行注册，对企业基本信息、已订购的服务、已发布的服务进行维护。待登录平台以后，云制造服务需求者利用平台的需求发布模块按照平台定义的需求描述机制对所需的服务进行描述和发布；云制造服务提供者利用平台的服务发布模块按照平台定义的服务发布规则对所提供的服务进行封装、注册、发布；平台运营者利用平台中的服务管理模块对注册的企业身份进行审核，对退出联盟的企业进行身份注销，对服务的真实性、有效

图 2.7 CMIA服务平台运行机制

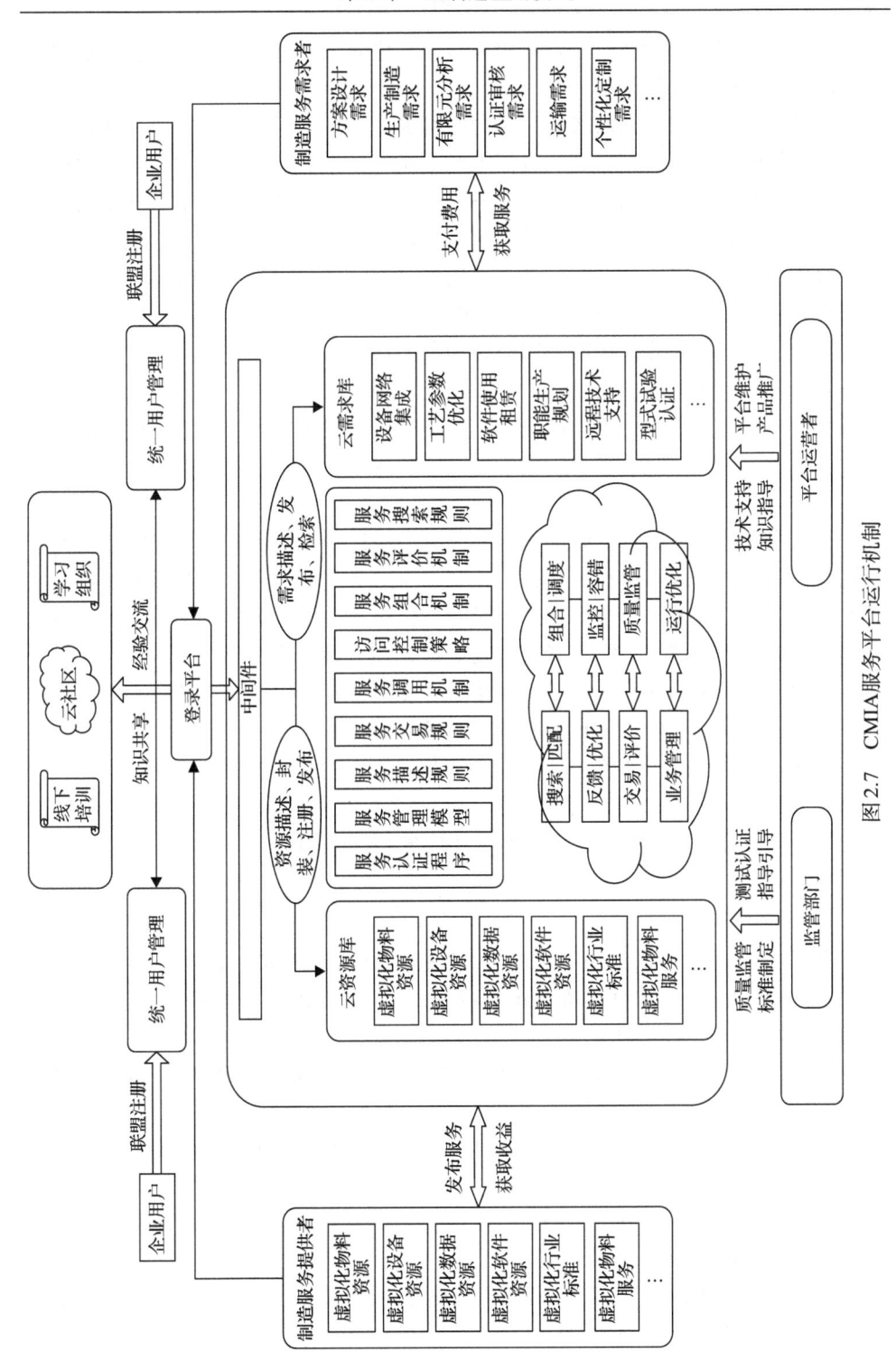

性进行维护；监管部门通过平台的服务认证程序对云制造服务提供者发布的服务从技术层面上进行审核认证。

随后，云制造服务需求者通过平台的服务搜索规则对服务进行搜索和匹配，利用平台的服务组合机制得到符合需求的最优解，接着通过平台的服务交易规则向平台提交服务使用申请。云制造服务提供者可通过平台的服务组合规则将分散的原子服务组合成复合服务和产品服务，构建对应产品的模块模型，也可利用平台的服务交易机制对云制造服务需求者的申请请求进行接受和确认。平台提供相应的合同协议，以便供需双方达成正式的合作。

当确定交易关系后，按照合同协议约定的期限，制造服务供需双方通过平台的服务管理机制和服务调用机制，对服务业务进行建模、使用、协同合作。同时，可通过平台进行可视化进度监控反馈，若制造服务供需双方有一方出现违约或未按约定完成任务的情况，平台运营者可立即利用平台的服务管理机制终止此次合作，并按照相关法规对违约方进行处理。

当完成服务业务后，云制造服务需求者可通过平台的服务交易规则和服务管理机制，对使用的服务进行付费，并根据整个服务交易过程，按照服务评价机制对本次服务进行有效、真实的评价，对云制造服务提供者的信誉进行评价。对已订购的服务，云制造服务需求者可对其进行管理，重复使用；云制造服务提供者按照合同协议规定的期限，提供相关售后。交易过程产生的知识按照企业的意愿可分享到云社区或平台，供其他成员企业学习、交流。

此外，监管部门、高校、研究所、IT公司等对整个产品服务交易过程提供相应的知识理论、技术支持。监管部门还应对服务的真实性和有效性进行审核认证，对新产品是否合格进行测试认证，制定相应的新标准等。

参 考 文 献

[1] 李伯虎, 张霖, 任磊, 等. 再论云制造[J]. 计算机集成制造系统, 2011, 17(3): 449-457.

[2] 尹超, 黄必清, 刘飞, 等. 中小企业云制造服务平台共性关键技术体系[J]. 计算机集成制造系统, 2011, 17(3): 495-503.

[3] 台德艺, 徐福缘, 胡伟. 云制造合作思想与实现[J]. 计算机集成制造系统, 2012, 18(7): 1575-1583.

[4] 李孝斌, 尹超, 龚小容, 等. 机床装备及其加工运行过程云制造服务平台[J]. 计算机集成制造系统, 2012, 18(7): 1604-1612.

[5] 吉莉, 王丽芳, 廖承林. 基于汽车开放系统架构的汽车电子云制造架构[J]. 计算机集成制造系统, 2012, 18(7): 1644-1649.

[6] 杨晨, 李伯虎, 柴旭东, 等. 面向云制造的云仿真支撑框架及应用过程模型[J]. 计算机集成制造系统, 2012, 18(7): 1444-1452.

[7] 唐燕, 李健, 张吉辉. 面向再制造的闭环供应链云制造服务平台设计[J]. 计算机集成制造系统, 2012, 18(7): 1554-1562.

[8] 顾新建, 黄沈权, 陈芨熙, 等. 模具行业需求驱动的云制造服务平台[J]. 计算机集成制造系统, 2012, 18(7): 1650-1657.

[9] 李波, 张国军, 施松新. 支持协作的模具行业云制造平台及关键技术[J]. 计算机集成制造系统, 2012, 18(7): 1620-1626.

[10] 宋庭新, 张成雷, 李成海, 等. 中小企业云制造服务平台的研究与开发[J]. 计算机集成制造系统, 2013, 19(5): 1147-1154.

[11] 熊永华, 许虎, 吴敏, 等. 一种烧结生产过程控制云制造仿真实验平台[J]. 计算机集成制造系统, 2012, 18(7): 1627-1636.

[12] 潘变, 王宗彦, 杨芬, 等. 基于云制造的起重机设计制造平台研究[J]. 机械设计, 2013, 30(1): 6-10.

[13] 张倩, 齐德昱. 公共制造云服务平台架构及其支撑技术研究[J]. 计算机应用研究, 2013, 30(8): 2266-2268, 2272.

[14] 尹翰坤, 尹超, 龚小容, 等. 汽摩零部件新产品开发云制造平台总体框架及关键技术[J]. 计算机集成制造系统, 2013, 19(9): 2332-2339.

[15] 李强, 于青, 闫洪波, 等. 故障诊断云制造服务平台的研究与应用[J]. 锻压技术, 2014, 39(2): 137-143.

[16] 闫洪波, 于青, 李强, 等. 面向非标准件的云制造服务平台的研发[J]. 机械设计与制造, 2014, 16(2): 262-264.

[17] 骆天阳, 李志刚. 新疆兵团节水装备云制造公共服务平台研究[J]. 机械设计与制造工程, 2015, 44(5): 44-48.

[18] 王倩, 童一飞, 李东波, 等. 面向锻造行业的云制造服务平台体系架构研究[J]. 机床与液压, 2016, 44(1): 5-9.

[19] 赵淳, 张霖, 任磊, 等. 面向云制造交易过程的仿真平台[J]. 计算机集成制造系统, 2016, 22(1): 25-32.

[20] 战德臣, 赵曦滨, 王顺强, 等. 面向制造及管理的集团企业云制造服务平台[J]. 计算机集成制造系统, 2011, 17(3): 487-494.

[21] 吴晓晓, 石胜友, 侯俊杰, 等. 航天云制造服务应用模式研究[J]. 计算机集成制造系统, 2012, 18(7): 1595-1603.

[22] 周超超, 袁庆霓. 面向电子元器件集团型企业的云制造服务平台[J]. 制造业自动化, 2013, 35(20): 148-152.

[23] 王时龙, 郭亮, 康玲, 等. 云制造应用模式探讨及方案分析[J]. 计算机集成制造系统, 2012, 18(7): 1637-1643.

[24] 盛磊, 林宏权, 刘继红. 面向区域产业集群的云制造服务平台架构与模式研究[J]. 科技管

理研究, 2012, 32(11): 206-209, 237.

[25] Lu Y Q, Xu X, Xu J. Development of a hybrid manufacturing cloud[J]. Journal of Manufacturing Systems, 2014, 33(4): 551-566.

[26] 范文慧, 肖田元. 基于联邦模式的云制造集成体系架构[J]. 计算机集成制造系统, 2011, 17(3): 469-476.

[27] 马成, 孙宏波, 肖田元, 等. 一种模型驱动的云制造联邦接入技术[J]. 计算机集成制造系统, 2012, 18(7): 1536-1546.

[28] 梁嘉骅, 王纬. 一种新的经济组织形态——产业联盟[J]. 华东经济管理, 2007, (4): 42-46.

[29] 杨敬博. 区域产业技术创新联盟政府管理机制研究[D]. 哈尔滨: 哈尔滨理工大学, 2012.

[30] 王纬, 梁嘉骅. 产业联盟组织形态的实证研究[J]. 科技情报开发与经济, 2007, (8): 118-120.

[31] Zhang Z J, Zhang Y M, Lu J W, et al. CMfgIA: A cloud manufacturing application mode for industry alliance[J]. The International Journal of Advanced Manufacturing Technology, 2018, 98: 2967-2985.

[32] 肖刚, 柯旭东, 张元鸣, 等. 面向产业联盟的云制造应用模式及关键技术研究[J]. 浙江工业大学学报, 2018, 46(1): 11-20.

[33] 柯旭东. 面向产业联盟的云制造服务平台框架研究及其应用[D]. 杭州: 浙江工业大学, 2017.

[34] 刘宁. 云制造资源虚拟化关键技术及应用[D]. 南京: 东南大学, 2015.

[35] 易树平, 刘觅, 温沛涵. 基于全生命周期的云制造服务研究综述[J]. 计算机集成制造系统, 2016, 22(4): 871-883.

[36] 胡燕, 崔华. 基于特征领域模型的精确建模过程研究[J]. 武汉理工大学学报, 2006, (5): 116-119.

[37] 吴迎红, 黄皓, 曾庆凯. 面向服务访问控制策略精化描述[J]. 计算机研究与发展, 2014, 51(11): 2470-2482.

第3章 云制造资源表达与规划

通过一定的服务描述方法和封装技术，把跨域异构的制造资源或制造能力虚拟化成制造服务，也就是云制造服务建模的过程，是实施云制造服务的重要基础。在利用服务描述和封装技术进行云制造服务建模之前，需要进行制造资源的表达与规划，这是实施高效虚拟化的重要前提。本章介绍制造资源概念、制造资源数字化表达、产品功能模块资源规划和产品设计资源数字化等。制造资源数字化表达包括制造资源数字化描述、制造资源建模方法和制造资源组织过程，产品功能模块资源规划包括产品功能模块划分和功能结构表达等，产品设计资源数字化包括三级驱动建模、结构参数转换、设计知识提取和结构参数表达等。

3.1 制造资源概念

制造资源指完成产品全生命周期所有活动的元素。通常，广义制造资源指完成产品全生命周期所有活动的软、硬件元素，包括设计、制造、维护等相关活动过程中涉及的所有元素，如加工设备、物料、仿真软件、模型知识、数据文档等。狭义制造资源指加工一个零件所需要的物质元素，是面向制造系统底层的制造资源，如机床、刀具、夹具、量具和材料等。

3.1.1 制造资源类型

1. 资源存在形式分类

按资源存在形式及使用方式，制造资源可分为软件制造资源、硬件制造资源、其他相关制造资源。

(1)软件制造资源主要为以软件、数据、知识为主的制造资源。

(2)硬件制造资源主要指产品全生命周期中的制造设备、计算设备、物料等。

(3)其他相关制造资源主要指除硬件制造资源、软件制造资源之外的制造资源集合，如各种服务培训、信息咨询、运输工具等。

制造资源也可以分为软件资源、硬件资源、知识资源、专家资源、云资源等五大类。

(1)软件资源包括设计、制造及生产相关的软件，如CAD、CAE、PDM等软件资源。

(2)硬件资源包括生产用机床、试验用检测设备等与制作密切相关的资源，把这些资源整合后，发布到网上，需求者就可以高效、合理地进行使用。

(3)知识资源包括设计、制造等相关知识。这些知识涉及多年实践积累的知识与经验，以及研制过程所需的标准、规范、专利、情报、文献等。

(4)专家资源包括设计制造分析技术人员、加工检测维修技能人员、生产管理销售服务人员等。

(5)信息技术相关的云资源。

2. 按资源属性分类

从资源提供者的角度，按照资源的属性、用户需求、使用方式以及在生产活动中发挥的作用，可将制造资源分为制造人力资源、制造设备资源、制造技术资源等九大类。

(1)制造人力资源：在整个制造系统全生命周期中具有丰富经验的领域专家。他们能够为资源使用者提供专家咨询、专家诊断等服务。根据制造系统的知识结构，可将人力资源细分为产品设计专家、制造工艺专家、产业技术专家、企业管理专家等。

(2)制造设备资源：在车间层具有具体制造能力的装备及其辅助性工具等，主要为资源需求者提供加工制造服务。可以根据功能将制造设备资源进一步细化为加工机床、刀具、量具以及工装等加工制造资源。

(3)制造技术资源：在企业制造过程中固化的设计制造、工艺技术、管理营销等技术知识的集合。它包括企业所拥有的设计技术、制造技术、工艺技术、企业产品知识库、实例库等技术资源。

(4)应用系统资源：在制造系统全生命周期中用到的所有应用系统资源的集合。它从功能的角度可细分为产品设计系统、性能分析系统和生产计划管理系统等，如CAD/CAM、CAE、CAPP等应用子系统。

(5)制造物料资源：在制造系统中制造某种产品所需的原材料、毛坯和成品等。

(6)客户信息资源：记录资源提供者和资源使用者的一些基本信息，如客户身份信息、权限以及资源访问的历史记录等，它为以后的资源评估、发现和调度提供依据。

(7)制造网络资源：网络化制造环境下企业的设计计算、仿真计算、存储器等。这些资源也将成为制造资源的一部分，因此将其划归为一类并统一归口到制造网络资源中。

(8)客户服务资源：为资源使用者提供各种信息的咨询、培训和售后服务等，以及系统和资源的使用帮助。

(9)其他相关资源：不属于上述资源的所有其他资源的集合，如用户自定义资源以及将来可能新增加的资源等，为系统的可扩展性提供保障。

这九大类制造资源共同构成了一棵以制造网络资源为根节点的、多层次的、动态的、分布异构的制造资源分类树。

3. 按产品建模分类

按照产品建模理论，产品形成过程就是从产品的功能模型到产品行为模型，再到产品结构模型的映射过程，因此也将产品制造资源分为产品知识资源、功能知识资源和结构知识资源等，如图3.1所示。

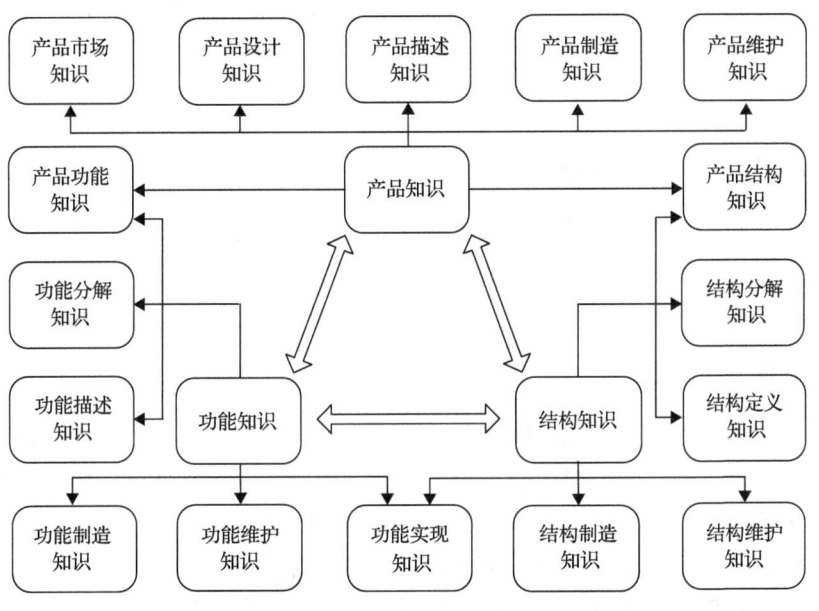

图3.1 产品知识、功能知识、结构知识关系图

产品知识是指产品市场、产品设计、产品描述、产品制造和产品维护等知识；功能知识是指功能分解、功能描述、功能制造、功能维护和功能实现等知识；结构知识是指结构分解、结构定义、结构制造和结构维护等知识。一般来说，一项功能属于某一个产品或多个产品，因此功能知识也属于某一产品知识或多个产品知识；一种结构也可能属于某一个产品或多个产品，因此结构知识属于某一产品知识或多个产品知识；一种结构可能支持一种功能或多种功能的实现，因此结构知识可能属于一个功能知识或多个功能知识。

4. 按全生命周期分类

产品全生命周期是指产品从产生到回收的整个过程。按照产品全生命周期建模理论，可以把产品全生命周期划分成产品设计、产品制造、产品维护和产品回收等四个阶段，同时，可以将产品资源划分为产品设计资源、产品制造资源、产品维护资源和产品回收资源等四类资源,如图 3.2 所示。

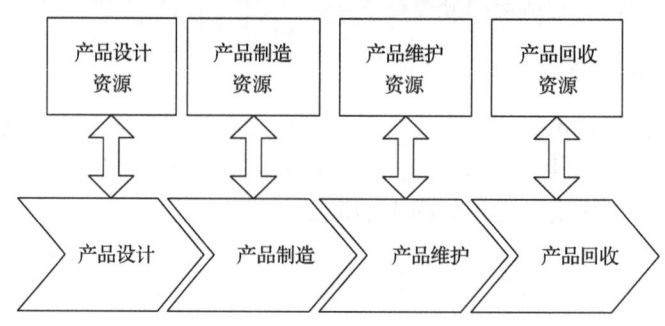

图 3.2 产品全生命周期资源分类

5. 按资源表现形式分类

任何资源都有其表现形式,可以通过这些资源的具体表现形式来认识资源和应用资源。根据产品资源的表现形式,可以将产品资源分为文档类产品制造资源、数据类产品制造资源、程序类产品制造资源和协同类产品制造资源等。

3.1.2 制造资源特点

云制造能够将分散的制造资源(如软件、数据、计算、加工、检测等)集中起来,形成逻辑上统一的资源整体,提高资源利用率,进而突破单一资源的能力极限。与传统制造资源相比,云制造模式下的制造资源通常具有以下几个特点[1]。

(1) 共享性。云制造模式下,企业之间以及行业之间,都能借助云制造服务平台进行资源共享。跨企业、跨行业的资源共享是云制造最显著的特征,也是最能发挥和体现的优势。

(2) 动态性。在云制造模式下,伴随着网络技术和制造技术的发展,制造资源从种类到内容都在不断地动态更新,云环境下信息流通的便捷性使得制造资源的更新速度大大加快。另外,制造资源的动态性还表现为制造资源变化的某种不确定性,制造资源与制造技术在保持一定同步性的同时,有其自身的发展方向。

(3) 复杂性。在云制造环境下,存在不同行业、不同企业、不同地域上的异构资源管理,涉及制造资源的数字化、同步性、协同性、时效性等问题。同时,制造资源的快速更新和新兴技术的不断融合,都使得制造资源分类管理等更为复杂。

(4) 数字化。云制造环境下的资源需要以数字化形式参与共享,制造资源必须通过数字化技术转变成虚拟数字资源,才能在网上实时流通,实现共享。由于云环境下制造资源十分庞大、分布广泛、内容丰富、形式多样、管理异构、技术差异较大等，资源数字化的难度大大增加。

(5)协作性。在云制造环境下完成某个制造任务的过程中将涉及不同行业、若干企业，跨行业、跨企业边界的制造子任务交互需要云制造服务平台来动态协作完成。另外，许多复杂的制造任务必须通过各种异构资源的协作才能实现。

(6)多样性。由于企业经营策略的不同、企业工艺水平的高低或人员技能的差异，同一种加工设备所能制造加工的零部件在加工精度等方面也有所不同。云制造环境下即便是相同的制造资源也具有多样性，对外所表现出来的制造能力也往往不尽相同。

设计资源是产品制造的核心资源，本章后续内容重点围绕产品设计资源的数字化表达和规划展开介绍。

3.2 制造资源数字化表达

3.2.1 制造资源数字化描述

产品制造资源由产品开发设计过程中所需和产生的各种产品信息组成，并包含产品变型种类、产品设计知识和设计对象关系等隐式信息，这些信息构成了描述产品资源的信息集：

$$E = \{e_i, i = 1, 2, \cdots, N\} \tag{3.1}$$

式中，N 为产品资源信息量。

无论是从产品结构(产品功能结构、零部件单元结构)，还是从产品所包含的性能(产品全局性能、零部件局部性能)方面考察，产品设计对象之间均具有层次结构关系。层次树节点即设计对象，设计对象层次关系模型称为产品主模型。

以 e_a^j 表示 j 个基本的产品信息，$e_a^j \in E$。由若干 $(j>1)$ 基本产品信息 e_a^j 通过一定意义的逻辑关系 R 组成产品信息集：

$$E_a^{ij} = \left\{ e_a^j, R(e_a^j) \middle| i > 1, j > 1 \right\} \tag{3.2}$$

式中，E_a^{ij} 为产品基本信息模型，如零件的三维几何模型、部件的特征属性表、产品的计算说明书、数字控制代码文件等。其中，j 反映了产品信息的规模或粒度大小，i 为组件或子模型的标号。产品基本信息模型一般与 PDM 系统集成或封装的应用工具有关，由应用工具内部数据模型所决定。

产品的基本组件或元素(如零件) S_a^i 可由产品基本信息模型来描述：

$$S_a^i = \left\{ \left(e_a^j, R(e_a^j) \right)_k \middle| 1 \leqslant k \leqslant K^i, 1 \leqslant j \leqslant n_k^i \right\} \tag{3.3}$$

式中，K^i 为 S_a^i 包含的产品基本信息模型数；n_k^i 为产品基本信息模型 k 中的信息量。

所有产品的基本组件或元素组成了一个无穷集：$S_a = \{S_a^i \mid i = 1, 2, 3, \cdots\}$，它随着产品的开发而不断完善和丰富，构成了产品零件库。

产品的装配件 S 由若干个基本组件或元素 S_a^i 和子装配件 S_i 组成，同时还包含其自身的基本信息模型（如需求规范、构型表、主属性表、装配图等）。S_a^i 和 S_i 统称为 S 的产品信息子模型 S^i。S 的信息子模型数学表达如下：

$$S^i = \left\{ \left(e_a^j, R(e_a^j)\right)_k, \left(S^i, R(S^i)\right) \mid 1 \leqslant k \leqslant K^i, 1 \leqslant j \leqslant n_k^i \right\} \tag{3.4}$$

式中，i 为组成装配件 S 的子模型数。

若将 S^i 看作组成 S 的一种特殊产品信息，则式(3.4)可写成

$$S^i = \left\{ \left(e^j, R(e^j)\right)_k \mid 1 \leqslant k \leqslant K^i, 1 \leqslant j \leqslant n_k^i \right\} \tag{3.5}$$

假定设计对象结构由 $L+1$ 层组成，顶层（即 0 层）代表整个产品信息模型，节点数 $n_0 = 1$；下一层（即 1 层）包含 0 层的若干产品信息子模型，设节点数 $n_1 = (1, 0)$，其中的 1 代表所在层，0 代表父节点；以此类推，可得不同层的节点数，如表 3.1 所示。

表 3.1 不同层的节点数目

层	节点数
0	$n_0 = 1$
1	$n_1 = n(1, 0)$
2	$n_2 = n(2, 1) + n(2, 2) + \cdots + n(2, i_2) + \cdots + n(2, n_1)$
⋮	⋮
K	$n_k = n(k, 1) + n(k, 2) + \cdots + n(k, i_k) + \cdots + n(k, n_{k-1})$
⋮	⋮
L	$n_L = n(L, 1) + n(L, 2) + \cdots + n(L, i_L) + \cdots + n(L, n_{L-1})$

这时，产品资源平台信息模型节点总数为

$$M = 1 + \sum_{k=0}^{L} \sum_{i_k=1}^{k-1} n(k, i_k) \tag{3.6}$$

若用 $S(k, r_k, t_{k-1})$ 表示 k 层 r_k 节点在 $k-1$ 层上的父节点 t_{k-1}，则产品主模型（节点层次关系）可描述为

$$S(k, r_k, t_{k-1}) = \{S(k+1, r_{k+1}, t_k) \mid r_{k+1} = m_0 + 1, m_0 + 2, \cdots, m_n\} \tag{3.7}$$

式中，$1 \leqslant r_k \leqslant n_k = \sum_{i_k=1}^{k-1} n(k, i_k)$；$m_0 = \sum_{i_{k+1}=1}^{k-1} n(k+1, i_{k+1})$；$m_n = m_0 + n(k+1, r_k) = \sum_{i_{k+1}=1}^{k} n(k+1, i_{k+1})$。

当 $k=0$ 时，令 $t_{k-1}=0$，$n_0=1$，$S(0,0,0)$ 为根节点。如果 $n(k+1, r_k)=0$，$S(k, r_k, t_{k-1}) \in S_a$，则 $S(k, r_k, t_{k-1})$ 为叶节点，即产品基本组件或元素。

如图 3.3 所示，设计对象节点自身属性信息(如节点代码、名称、版本、配置变量规则和条件等)构成了节点信息模型。每个节点可以用若干个子模型、基本信息模型和节点信息模型来描述，S^i 是 S 的产品信息子模型，E_a^i 是节点 i 的信息模型，S^{ij} 是节点 i 的第 j 个产品信息子模型，E^{ij} 是节点 i 的第 j 个产品基本信息子模型。

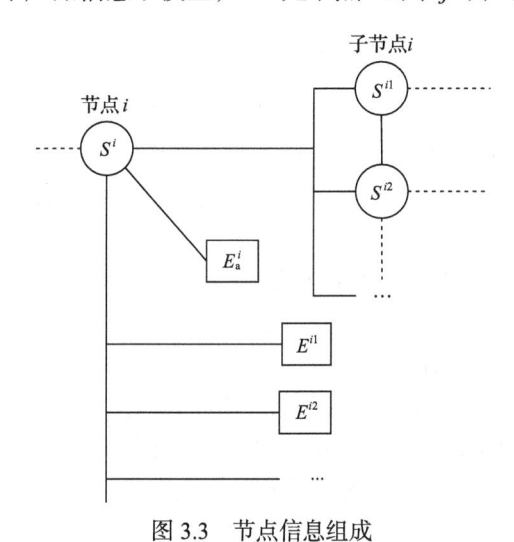

图 3.3 节点信息组成

因此，产品资源信息模型可由产品主模型、产品信息子模型、产品基本信息模型和节点信息模型等组成。在产品主模型框架下，产品信息以实例的方式得到有序组织，随着产品开发设计和变型的不断进行，产品信息不断丰富，直至扩展为产品资源库。

3.2.2 制造资源建模方法

制造资源中产品全生命周期涉及的资源类型众多，产品资源的分类应该满足产品资源的使用者搜索产品资源和应用产品资源的需求，具体分类原则如下。

(1) 自顶而下设计原则。产品的形成是从功能需求调研到功能设计再到结构设计的过程，因此产品资源分类应尽可能满足产品自顶而下的设计原则，以符合产品资源使用者对产品资源的认识，从而满足产品资源使用者在产品全生命周期中使用资源的要求。

(2) 全生命周期阶段划分原则。产品全生命周期各阶段产生的资源不同，各阶段所使用的资源也不一样，以产品全生命周期阶段来进行产品资源分类，便于产品资源的搜索和应用。

(3) 资源应用需求原则。不同类型资源的应用需要各不相同。对文档类型的资源只需要提供文档浏览的功能，对数据表示的资源需要提供数据查询功能，对程序表示的资源需要提供程序远程调用功能，对以人为载体的资源需要提供协同工作平台进行远程交互。

在产品全生命周期中涉及的资源类型众多，从不同的角度，产品资源也有不同的分类方法，因此要对这些资源进行存储以方便使用，就必须先构建产品资源的表达模型。

1. 面向对象技术的资源建模方法

面向对象是以对象作为基本的逻辑结构，用类来描述具有共同特征的一组对象，这些共同特征包括一组对象共同的属性和操作，用"继承"来共享类中的属性和操作。面向对象技术的两个基本特征是对象的封装和继承性。面向对象技术的资源建模方法的优越性在于以下方面。

(1) 从需求分析、详细设计到技术实施，采用一致的资源表示方法，消除因表达不一致而产生的各个阶段间的分歧，实现了阶段间的顺利过渡，从而支持资源基于各个生命周期维的建模。

(2) 通过属性和操作的封装，使资源对象和其他模型对象间的依赖性最小，形成一个更加稳定的模型，有利于资源建模方法与现有建模体系的集成。

(3) 封装和继承性有利于描述资源的多样化和复杂性，支持资源分类结构的表达。

下面以企业制造资源中的角色类为例，具体描述面向对象技术的资源建模方法。角色类作为某个类结构，是企业中所有人员的组合。角色类中用属性来描述该类的特征，如角色编号、角色名称、角色职称、角色职位和角色隶属组织等。属性的取值范围为值域。角色类中的操作用来描述对象具有的功能和处理能力，如设计某产品的能力。当属性取其值域内的具体值，且操作赋予具体内容时，就成为类的一个对象。确定了类及其属性、操作，可通过属性的不同取值和操作的不同内容映射到不同的具体实例，即不同的对象。这种映射结构能描述结构复杂、行为丰富多彩的对象。同时，把与其相关的属性和操作封装于内部，突出其外部特征和功能，弱化其内部复杂性。作为角色类的一个对象，如某一设计人员是一个复杂的实体，人们关心的只是该设计人员所能完成的功能，至于采用何种技术手段，经过哪些步骤完成，都作为操作封装在对象实体内部。

基于面向对象技术的资源语义描述如下。

资源对象实体 P[属性值 1, 属性值 2, $\cdots$, 属性值 N; 操作内容 1, 操作内容 2, $\cdots$, 操作内容 N]∈资源类 S[属性1, 属性2, $\cdots$, 属性N; 操作1, 操作2, $\cdots$, 操作 N]。当资源类 S 中的属性取具体值和操作赋予具体内容时，便产生了属于 S 的一个资源对象实体 P。面向对象技术的继承性体现在可共享父类数据结构的子类中；同时，可以根据需要扩展和特化父类的属性与操作，该特征有效地支持资源由高到低的分类结构描述。在企业制造资源中，具有相似特征的资源集合间，其相似性可用继承性体现。

2. 基于零部件关系的资源建模方法

为了保证产品零部件资源数据存储的合理性和完整性，将其分为零件、部件、产品三大类分别进行存储，并建立产品零部件关系，如图3.4所示。零件表 Component 存放零件的实例和一些基本信息，零件属性表 ComAttribute 存放零件

(a) 零件关系

(b) 部件关系

(c) 产品关系

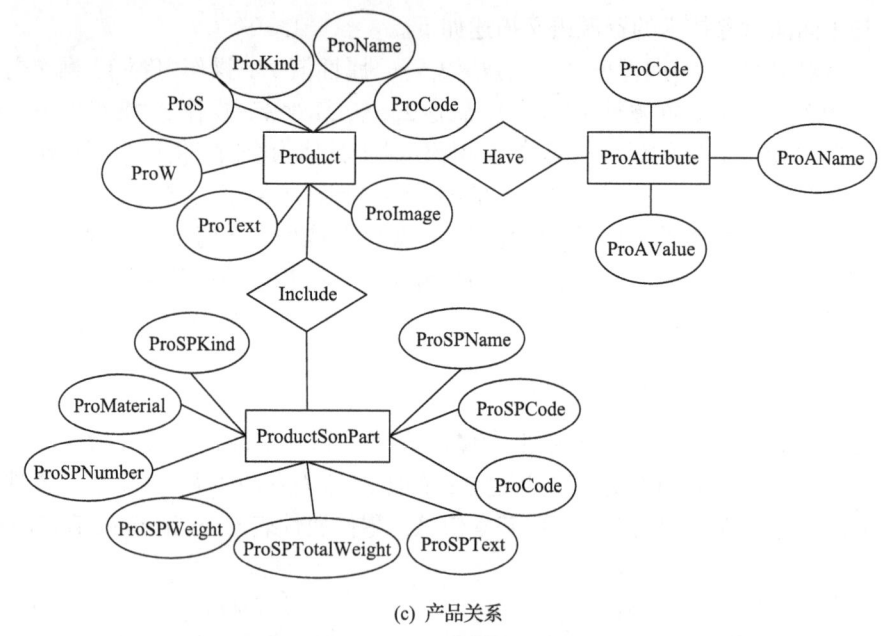

图 3.4 产品零部件关系

的附加属性名称和相应的属性值；表 PartKind 存放所有的部件种类，种类由名称（PKName）和类型（PKKind）组成，表 PartAttribute 存放部件类的属性名称，同一种类的部件其属性名称和其数目是一样的，表 Part 存放部件实例对象和一些基本信息，表 PartValueAttribute 存放部件实例的属性值，表 PartSonPart 存放部件所组成的子部件信息；产品表 Product 存放产品实例对象和一些对象的基本信息，产品属性表 ProAttribute 存放产品附加的属性名称和属性值，表 ProductSonPart 存放产品子部件信息。

3.2.3 制造资源组织过程

除合理的产品信息组织形式外，企业在组织产品制造资源时，还需对产品的历史信息进行重构，以实现产品信息标准化、规范化组织与管理。根据产品信息组织形式，结合 PDM 系统提供的产品结构管理、过程工作流管理、变更管理、搜索引擎、产品配置管理和零件族管理等功能，按照需求规范从原理模型到装配模型再到零件模型的思路，在产品主模型框架下实现产品信息重构，是组织产品制造资源、建立产品制造资源平台的有效途径，主要包括以下几方面。

(1) 对零件进行标准化、规范化处理。零件标准化、规范化处理的目的是规范零件的标识和构成，减少零件的种类。这主要包括规范零件名称、零件结构和件标注等。

(2) 分析产品变型时此零件可能具有的结构型式。

(3) 确定零件主要属性，如代码、图号、材料、外形尺寸、制造单位、成本、分类、所属装配、日期、技术要求、设计人员、工艺路线等各种管理数据和性能参数。

(4) 零件设计知识提取。模型对设计知识的包含程度，决定着模型在产品变型和配置设计时的智能水平。应尽可能深入地提取这些知识，把它们表示为各种公式或编制成程序，并将这些公式或程序运行结果与几何要素和性能参数关联起来，以支持非功能参数(如成本参数、性能指标参数等)的产品配置设计。

(5) 建立零件的设计规范、构型表、主属性表、各个视图、工艺文件和与之相关的各种工作流模型、配置规则、配置设计方法等。

当产品主模型每个节点的节点信息模型、产品信息子模型和产品基本信息模型建立后，一个基本的产品资源平台便建立起来。随着产品的不断开发，可重复用的产品信息不断产生，产品资源逐步完善，于是构成了如图 3.5 所示的产品资源组成及视图的关系。

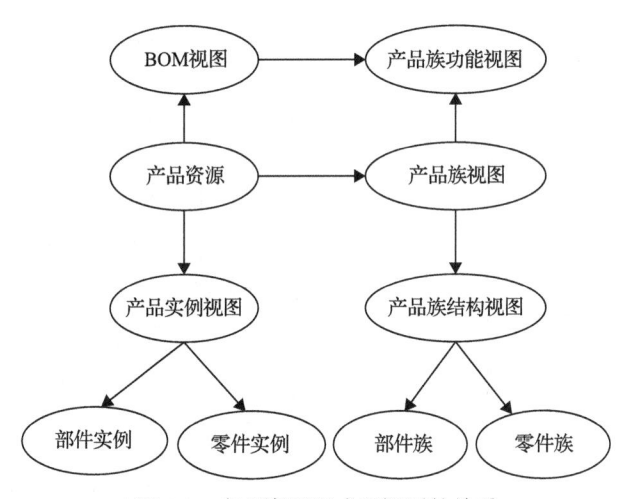

图 3.5　产品资源组成及视图的关系

产品实例视图体现了由式(3.3)定义的基本组件或元素组成的一个无穷集特征 $S_a = \{S_a^i \mid i = 1, 2, 3, \cdots\}$。为支持产品结构变型设计，需对 S_a 进行标准化和规范化，以便利用变型的零件和部件开发一个针对特定产品(如起重机械)的变型组合产品结构系统，这个变型的组合产品结构系统是根据用户订单进行产品结构快速配置的基础，通常由三种零部件组成，即核心组合件、选择组合件和扩充组合件。核心组合件是每个产品变型必须具有的基本组件；选择组合件指根据规则对象进行选择的基本组件；扩充组合件也是根据规则对象进行选择的基本组件，多指附加构件。

产品族视图包括产品族结构视图和产品族功能视图。其中，产品族结构视图又分为部件族和零件族，它们由产品主模型和子模型，通过一般化、聚合和引用等关系组成。产品族功能视图是对产品功能属性的描述，是在结构视图的基础上，通过设计对象继承、引用和聚合关系，由产品基本信息模型构成，它可采用事物特性表或特定的属性表等进行定义。这里采用的是特定的属性表，即主属性表。

物料清单(bill of material, BOM)视图是按用户需求、基于产品实例和产品族等资源进行产品配置的结果，这些结果也可作为一种特殊的产品资源，提供产品设计参考。事实上，许多配置只需在已有配置的基础上进行，不需经历配置的全过程。

图 3.6 为典型特种设备起重机产品制造资源组织结构，主要包括标准件库、通用件库、外购件库、技术要求库、工艺资源库和产品库等。其中，产品库主要分为通用桥式起重机、门式起重机等，如图 3.7 所示。

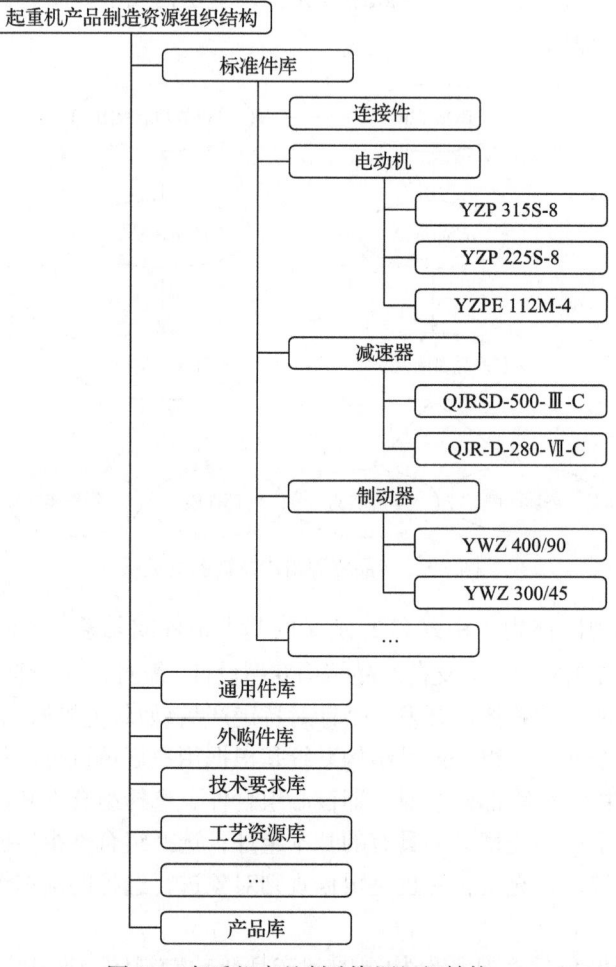

图 3.6 起重机产品制造资源组织结构

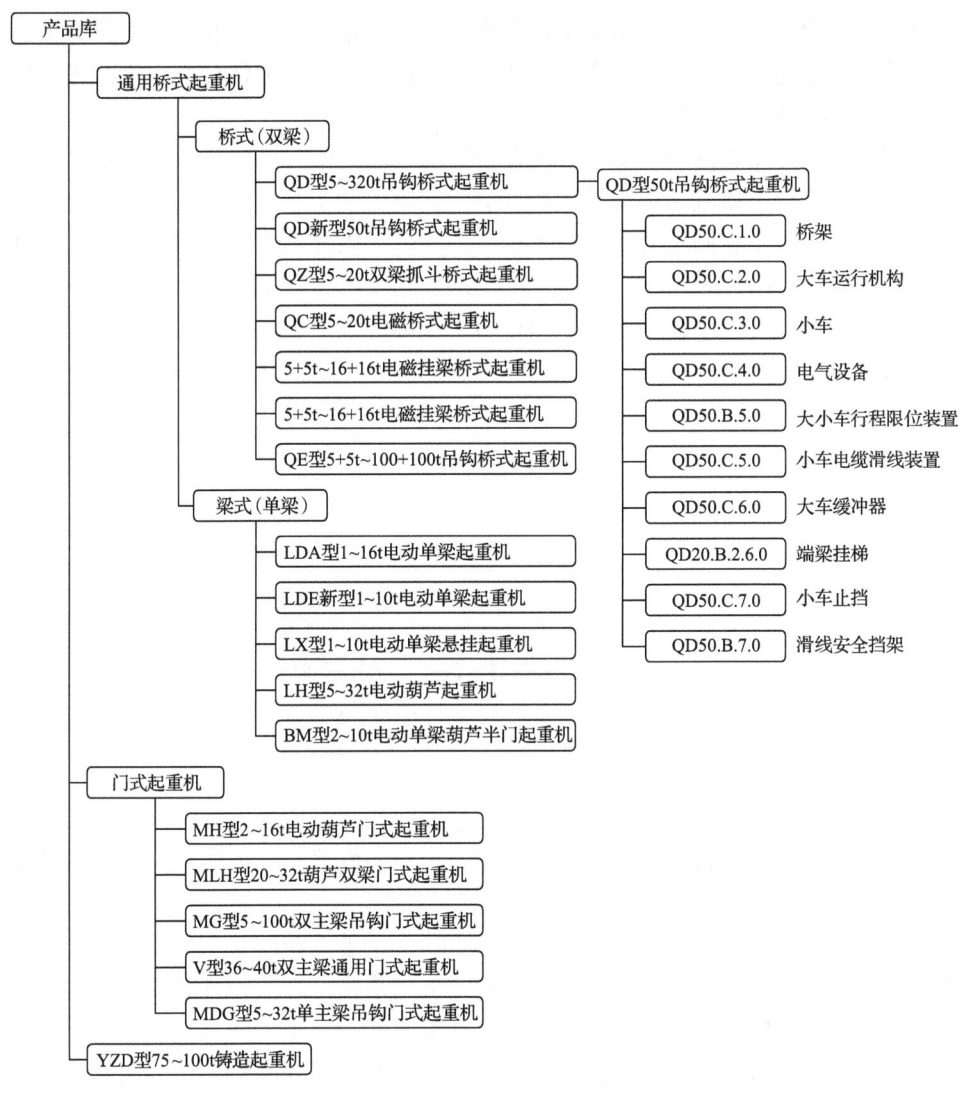

```
产品库
├─ 通用桥式起重机
│   ├─ 桥式(双梁)
│   │   ├─ QD型5~320t吊钩桥式起重机 ── QD型50t吊钩桥式起重机
│   │   │                              ├─ QD50.C.1.0  桥架
│   │   ├─ QD新型50t吊钩桥式起重机      ├─ QD50.C.2.0  大车运行机构
│   │   ├─ QZ型5~20t双梁抓斗桥式起重机   ├─ QD50.C.3.0  小车
│   │   ├─ QC型5~20t电磁桥式起重机       ├─ QD50.C.4.0  电气设备
│   │   ├─ 5+5t~16+16t电磁挂梁桥式起重机 ├─ QD50.B.5.0  大小车行程限位装置
│   │   ├─ 5+5t~16+16t电磁挂梁桥式起重机 ├─ QD50.C.5.0  小车电缆滑线装置
│   │   └─ QE型5+5t~100+100t吊钩桥式起重机├─ QD50.C.6.0 大车缓冲器
│   └─ 梁式(单梁)                         ├─ QD20.B.2.6.0 端梁挂梯
│       ├─ LDA型1~16t电动单梁起重机        ├─ QD50.C.7.0  小车止挡
│       ├─ LDE新型1~10t电动单梁起重机      └─ QD50.B.7.0  滑线安全挡架
│       ├─ LX型1~10t电动单梁悬挂起重机
│       ├─ LH型5~32t电动葫芦起重机
│       └─ BM型2~10t电动单梁葫芦半门起重机
├─ 门式起重机
│   ├─ MH型2~16t电动葫芦门式起重机
│   ├─ MLH型20~32t葫芦双梁门式起重机
│   ├─ MG型5~100t双主梁吊钩门式起重机
│   ├─ V型36~40t双主梁通用门式起重机
│   └─ MDG型5~32t单主梁吊钩门式起重机
└─ YZD型75~100t铸造起重机
```

图 3.7　起重机产品库结构

3.3　功能模块资源规划

3.3.1　产品功能模块划分

通常，缺乏规划和技术会导致产品设计多样化，企业制造资源出现冗余等，采用产品重组技术可以有效地解决产品资源冗余的问题，从而实现既有产品资源的重组。本节从产品型谱重组、接口重组、结构重组三个层次，探讨典型特种设备产品资源的重组策略,提出基于模糊聚类分析的重组算法,在不损失原有型号产品的主要性能及各型谱市场覆盖的前提下,达到减少零部件种类、规范模块接口、减少产品系列的目的。

首先,设计随意性最主要的表现在于零部件的冗余,为此需要合并零部件,以压缩零部件种类数量,提高其生产批量,同时也便于管理。冗余零部件能够重组的主要依据在于它们之间存在很大程度的相似,因此其重组策略的关键在于确定它们的相似准则。图3.8为冗余零部件之间的相似准则。其中,当两个零部件合并为一个零部件时,不损失原来引用这两个零部件的产品的主要性能,称它们在性能属性上是相似的。这是一条重要的原则。

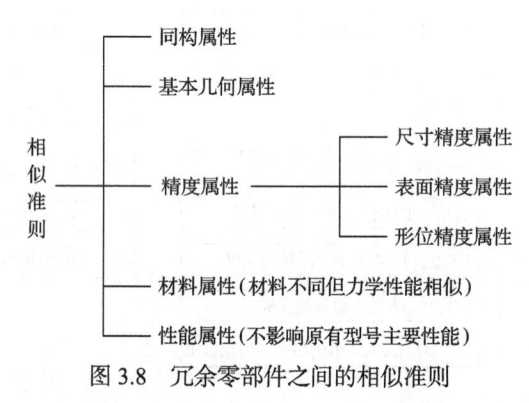

图 3.8 冗余零部件之间的相似准则

在冗余零部件相似准则中,同构属性是以产品功能模块规划为前提的。基于对不同产品的功能分析及功能独立性准则,可将启发式功能模块按以下三条规则进行划分[2]。

(1)流串联规则(sequential flow rule, SFR):沿着系统的某个流前进,直到该流被转换(变成其他的流或同种流的分量)或流出系统,则所经过的所有子功能可以作为一个功能模块,如图 3.9(a)所示。从交互作用上来理解,这些子功能共同作用于同一能量流、信号流或物料流,其相互之间的关联度较大,因此聚集在一起构成一个功能模块。但是,额外的条件也必须满足:①如果一个流只经过一个子功能然后要么被转换要么被分支,则该子功能不能被定义为一个功能模块,如图 3.9(b)所示;②如果一个流只经过一个子功能然后就直接流出系统,则该子功能可定义为一个功能模块,如图 3.9(c)所示。

(2)流并联规则(parallel flow rule, PFR):沿着系统的某个流前进,该流在经过某个子功能之后分成几个并联的功能链分支,每个分支在满足流串联规则的情况下,该分支的所有子功能构成一个功能模块,如图 3.10 所示。

(3)流转换规则(flow conversion rule, FCR):某个流在经过某个子功能之后,被转换成其他形式的流或同种形式的流的分量,此时有三种情况需要考虑。

图 3.9 流串联规则示意图

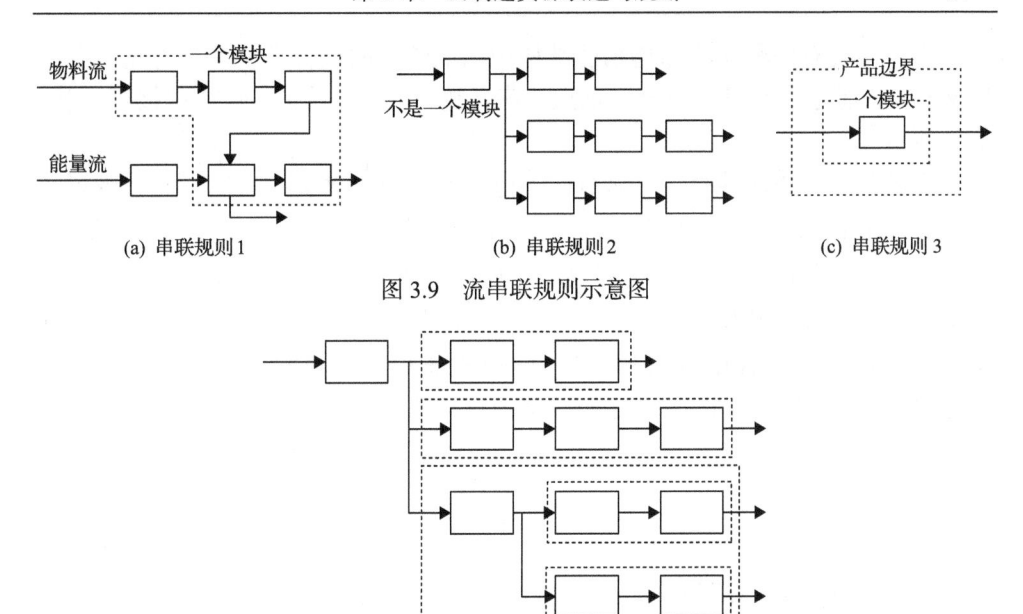

(a) 串联规则1　　(b) 串联规则2　　(c) 串联规则3

图 3.10 流并联规则示意图

情况一，检查作用于流转换的子功能广义链的下游，查看是否存在非转换子功能，若没有，则该子功能可定义为一个功能模块，如图 3.11(a)所示，从交互作用来看，该子功能独立地对某个流进行加工，并不需要与前后子功能一起对该流进行作用，因此可自成模块，具有相应的独立性；情况二，若作用于流转换的子功能广义链的下游存在非转换子功能且它们之间没有其他类型的子功能，则该子功能连同这些非转换子功能一起共同构成一个功能模块，如图 3.11(b)所示；情况三，在情况二中，若中间存在其他子功能但只作用于被转换的流，则这些子功能共同构成一个功能模块，如图 3.11(c)所示。

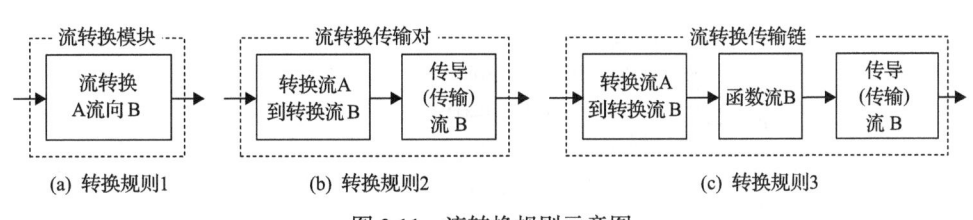

(a) 转换规则1　　(b) 转换规则2　　(c) 转换规则3

图 3.11 流转换规则示意图

3.3.2 产品功能结构表达

利用传统图论，可发现产品功能结构存在两方面的局限性：一方面，在功能结构中，子功能之间是用能量流、物料流、信号流来连接的，传统有向图的边只表示在两个顶点之间是否存在一种关系，而无法描述这种关系的类型；另一方面，传统有向图无法描述功能结构中功能链中的流转换关系。为此，提出广义有向图概念，包括边集合、顶点、广义链、广义可达链、广义邻接矩阵等，如下所示[3]。

定义 3.1 广义有向图。广义有向图（generalized directed graph，GDG）被定义为一个四元组，$G=\langle V,E,T,\Psi \rangle$。其中，$V$ 是非空集合且 $V=\{v_1, v_2, \cdots, v_n\}$，$v_i$ ($i=1$, $2, \cdots, n$) 是 G 的顶点。E 是一个有限集且 $E=\{E_1, E_2, \cdots, E_m\}$，$E_i$ ($i=1, 2, \cdots, m$) 是一个非空有限集，称为边集合，该集合的元素即为边，令 $E_i=\{e_{i1}, e_{i2}, \cdots, e_{iq}\}$。$T$ 是一个非空集，表示边的定义域。T 中的元素通常为自然数，每个数字表示不同的边类型（在产品功能结构中，边类型即为流类型，图 3.12 显示了部分基本流类型），$E_i \subseteq T$ 且 $T=\bigcup\limits_{i=1}^{m} E_i$。$\Psi$ 表示从 E 映射到 V 的有序对。

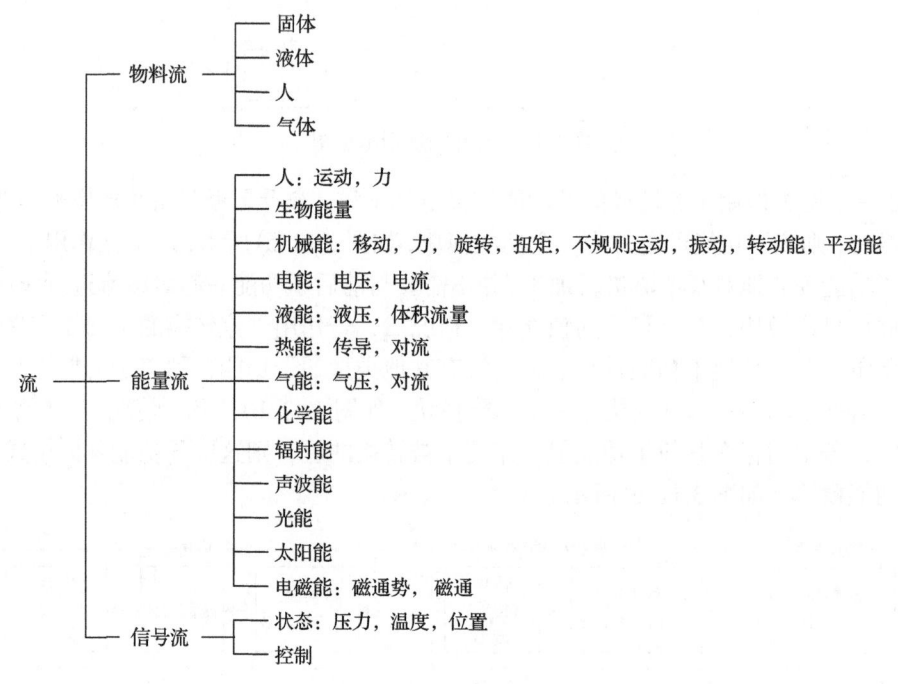

```
                ┌─ 固体
        ┌ 物料流 ┼─ 液体
        │       ├─ 人
        │       └─ 气体
        │
        │       ┌─ 人：运动，力
        │       ├─ 生物能量
        │       ├─ 机械能：移动，力，旋转，扭矩，不规则运动，振动，转动能，平动能
        │       ├─ 电能：电压，电流
        │       ├─ 液能：液压，体积流量
   流 ──┼ 能量流 ┼─ 热能：传导，对流
        │       ├─ 气能：气压，对流
        │       ├─ 化学能
        │       ├─ 辐射能
        │       ├─ 声波能
        │       ├─ 光能
        │       ├─ 太阳能
        │       └─ 电磁能：磁通势，磁通
        │
        └ 信号流 ┬─ 状态：压力，温度，位置
                └─ 控制
```

图 3.12　常用的流类型

图 3.13 显示了一个广义有向图的例子，其中 $T=\{1,2,3,4,5\}$，$E=\{\{2\}, \{1,3,4\}, \{2,5\}, \{5\}\}$，$V=\{v_1, v_2, v_3, v_4, v_5\}$，$\Psi$ 如图 3.13(b)所示。

定义 3.2 广义链。已知广义有向图 $G=\langle V,E,T,\Psi \rangle$ 及 $v_1, v_2, \cdots, v_{k+1} \in V$ 且 $k+1 \leqslant n$，其中 v_i 和 v_{i+1} 是 E_i 中的顶点，则称交替序列 $v_1 E_1 v_2 E_2 v_3 \cdots E_k v_{k+1}$ 为 $v_1 \sim v_{k+1}$ 上的广义链（generalized chain，GC），v_1 和 v_{k+1} 分别称为广义链上的始顶点和终顶点，k 为广义链的长度，显然有 $k \geqslant 1$。

第 3 章 云制造资源表达与规划

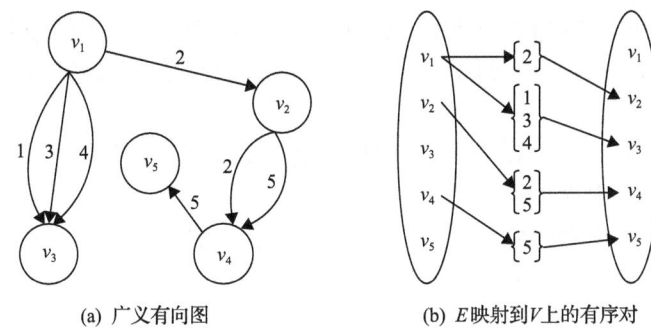

(a) 广义有向图

(b) E 映射到 V 上的有序对

图 3.13 一个广义有向图的例子

在图 3.13 的例子中，共有七条广义链：

$$\begin{cases} L_1 : v_1 \{2\} v_2 \\ L_2 : v_1 \{2\} v_2 \{2, 5\}^T v_4 \\ L_3 : v_1 \{2\} v_2 \{2, 5\}^T v_4 \{5\} v_5 \\ L_4 : v_2 \{2, 5\}^T v_4 \\ L_5 : v_2 \{2, 5\}^T v_4 \{5\} v_5 \\ L_6 : v_4 \{5\} v_5 \\ L_7 : v_1 \{1, 3, 4\}^T v_3 \end{cases}$$

定义 3.3 出度与入度。以 v_i 为起点的边集合的个数称为 v_i 的出度，记为 $d^+(v_i)$；以 v_i 结束的边集合的个数称为 v_i 的入度，记为 $d^-(v_i)$。

在图 3.13 的例子中，各顶点的出度和入度如表 3.2 所示。

表 3.2 广义有向图示例中的出度和入度

v_i	$d^+(v_i)$	$d^-(v_i)$
v_1	2	0
v_2	1	1
v_3	0	1
v_4	1	1
v_5	0	1

定义 3.4 广义可达性。称任意节点 v_i 与 v_j 之间具有广义可达性，当且仅当满足：①在 v_i 与 v_j 之间存在至少一条广义链；②当广义链的长度 $k>1$ 时，$\bigcap_{i=1}^{k} E_i \neq \varnothing$。换言之，称 $v_i \to v_j$ 是广义可达的。

定义 3.5 广义可达链。如果一条广义链从起点到终点是广义可达的，则称该广义链为广义可达链(generalized reachable chain, GRC)，否则为非广义可达链(non-generalized reachable chain, NGRC)。显然，若一条广义链的长度为1，则它必定是广义可达链。

根据上面的定义，图 3.13 中的广义链 L_3 为非广义可达链(因为$\{2\}\cap\{2,5\}\cap\{5\}=\varnothing$)，而其余的均为广义可达链。

定义3.6　广义邻接矩阵。已知广义有向图 $G=\langle V,E,T,\Psi\rangle$，其中 $V=\{v_1,v_2,\cdots,v_n\}$，V 中的节点按下标由小到大编号，则称 $A=[a_{ij}]_{n\times n}$ 为广义有向图的广义邻接矩阵，其中：

$$a_{ij}=\begin{cases}E_q, & E_q\text{为连接}v_i\text{和}v_j\text{的非空边集合}\\ \varnothing, & \text{在}[v_i,v_j]\text{之间无非空边集合映射}\end{cases} \quad (3.8)$$

在此基础上，对上述模块识别准则进行形式描述。

由于功能结构通常是以流而非子功能顶点为起点，为了利用广义有向图来表达产品功能结构，需要加入两个虚拟功能顶点，即 v_0 和 v_{n+1}，它们分别表示产品功能的起点与终点。为此，基于广义有向图的定义，给出功能模块划分准则的形式化描述。

规则 1：已知某产品功能结构的广义有向图 $G=\langle V,E,T,\Psi\rangle$ 以及广义可达链 $v_1E_1v_2E_2v_3\cdots E_kv_{k+1}$。若 $k=2$、$v_{k+1}=v_{n+1}$、$\exists s\in E_1\cap E_2$ 且 $s\in T$，则 v_2 为一个与流 s 相关的独立功能模块；若 $k\geqslant 3$、$\exists s\in\bigcap_{i=1}^{k}E_i$、$s\in T$ 且 s 没有分支，则 $\{v_1,v_2,\cdots,v_{k+1}\}$ 构成一个与流 s 相关的独立功能模块。

规则 2：已知某产品功能结构的广义有向图 $G=\langle V,E,T,\Psi\rangle$ 及其广义邻接矩阵 A 和某个顶点 v_i。令 $d=d^+(v_i)$ 并将以 v_i 为起点的 a_{ij} ($j=1,2,\cdots,n$) 的边集合按顺序编号，如 $E_1,E_2,\cdots,E_d$。当 $d\geqslant 2$、$\exists s\in\bigcap_{i=1}^{d}E_i$、$s\in T$ 时，可判断 v_i 为一个流的分支点。将规则1应用于每个分支的广义链 v_iE_j ($j=1,2,\cdots,d$)，但在考虑将每个分支构成模块时去除顶点 v_i。

规则 3：已知某产品功能结构的广义有向图 $G=\langle V,E,T,\Psi\rangle$ 及广义链 $v_1E_1v_2E_2v_3\cdots E_kv_{k+1}$。若 $k=2$、$\exists s\in E_2$、$s\in T$、$\exists e\in E_1$ 且 s 是从 e 转换而来的，则 v_2 为一个独立的转换功能模块；若 $k=3$、$\exists s\in\bigcap_{i=2}^{k}E_i$、$s\in T$、$\exists e\in E_1$ 且 s 是从 e 转换而来的，而且 s 被子功能 v_3 传递，则 $\{v_2,v_3\}$ 构成一个独立的功能模块；若 $k>3$、$\exists s\in\bigcap_{i=2}^{k}E_i$、$s\in T$、$\exists e\in E_1$ 且 s 是从 e 转换而来，而且 v_k 及 v_i ($2\leqslant i\leqslant k-1$) 只作用于流 s，则 $\{v_2,v_3,\cdots,v_{k-1},v_k\}$ 构成独立的功能模块。

基于上述形式化规则，开发出基于广义有向图的计算机辅助功能模块划分软件工具，如图 3.14 所示。

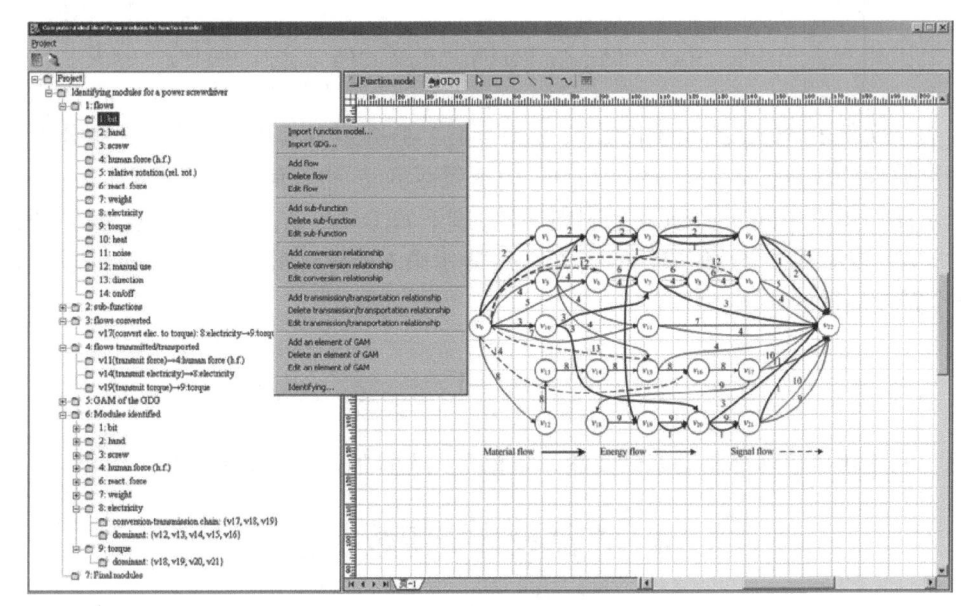

图 3.14　基于广义有向图的计算机辅助功能模块划分软件工具

零部件合并的首要前提是功能相同且结构相似，称为同构。由于设计师的随意性，两个或多个零部件之间在形状、大小等方面相差很小，在不影响与其他零部件之间接口关系及功能的情况下，完全可以用同一种零部件来代替，称这些零部件之间存在相似性，其相似程度可用相似度来表达。重组就是将那些在几何属性、材料属性、精度属性等方面相似的零部件合并成一类，同时对该类的几何属性、材料属性、精度属性做适当调整，以期用该类替换这些相似的零部件。其形式化定义如下。

若 $M = \{M_1, M_2, \cdots, M_q\}$，且有①$M_i \neq \varnothing$，②$M_i \cap M_j = \varnothing$，$i \neq j$，③$\bigcup_{i=1}^{q} M_i = C$，则称 M 是 C 上的一个重组，称 M 中的元素为 C 的重组类。C 上的重组要求满足如下性质。

(1) 对任意 $C_i \in M_k$，$C_j \in M_k$ 且 $i \neq j$，有 $S(C_i, C_j) \geq \lambda$。

(2) 对任意 $C_{i1} \in M_{k1}$，$C_{j1} \in M_{k1}$ 且 $i1 \neq j1$ 及 $C_{i2} \in M_{k2}$，$C_{j2} \in M_{k2}$ 且 $i2 \neq j2$，同时满足 $k1 \neq k2$，则有 $S(C_{i1}, C_{j1}) \neq S(C_{i2}, C_{j2})$。

其中，$S(C_i, C_j)$ 表示实例 C_i 与 C_j 在几何属性、材料属性、精度属性等方面的相似度；λ 为事先选取的阈值。

可采用欧几里得贴近度计算相似矩阵 $\boldsymbol{B} = [b_{ij}]_{n \times m}$，其中，

$$b_{ij} = 1 - \frac{1}{\sqrt{m}}$$
$$\cdot \left(\omega_1 \sum_{k=1}^{m_1} \omega_{1k}(a'_{ik} - a'_{jk})^2 + \omega_2 \sum_{k=m_1+1}^{m_1+m_2} \omega_{2k}(a'_{ik} - a'_{jk})^2 + \omega_3 \sum_{k=m_1+m_2+1}^{m} \omega_{3k}(a'_{ik} - a'_{jk})^2 \right)^{\frac{1}{2}}$$

b_{ij} 表示实例 C_i 与 C_j 之间的相似度；$\omega_i(i=1,2,3)$ 分别表示几何属性、材料属性、精度属性的权重，$\omega_1+\omega_2+\omega_3=1$；$m_1$ 表示属性集 P 中几何属性的元素个数；m_2 表示属性集 P 中间 m_2 个元素为材料属性，剩下 $m_3(=m-m_1-m_2)$ 个元素为精度属性；ω_{1k} 表示第 k 个几何属性的权重；ω_{2k} 表示第 k 个材料属性的权重；ω_{3k} 表示第 k 个精度属性的权重。且有

$$\sum_{k=1}^{m_1} \omega_{1k} = 1, \quad \sum_{k=m_1+1}^{m_1+m_2} \omega_{2k} = 1, \quad \sum_{k=m_1+m_2+1}^{m} \omega_{3k} = 1$$

利用相似矩阵绘制动态聚类图，根据事先选择的阈值 λ 即可得到重组类。

3.4 产品设计资源数字化

针对特种装备安全性要求高、设计周期长、报价周期长等特点，本节提出基于设计资源的三级驱动数字化设计方法，通过模糊聚类方法将设计知识聚类以构成公共设计平台，利用差异化知识模块满足客户个性化需求，同时建立需求参数→性能参数→结构参数三级驱动的设计模型，实现了典型特种设备产品集成数字化设计平台。

数字化设计是提高产品创新能力、缩短产品开发周期的重要手段，是基于数字化产品模型，并在产品开发中全程采用，达到减少或避免使用实物模型的一种产品开发技术。它涵盖了现代设计的最新技术，同时又是现代设计的前提[4]，国内外学者对其进行了大量的研究[5-11]。

3.4.1 三级驱动建模

在产品主要功能结构不变的情况下，数字化设计更关注产品技术方案的快速响应，由此设计出满足不同细分市场的产品。通过整理产品族公共的设计知识以及不同系列的差异化设计知识，可得到面向不同变体的设计知识模型，根据该模型可建立数字化设计的三级驱动策略[12]：

(1)一级驱动以需求参数为输入，由方案设计系统推理计算得到产品性能参数(如起重机的大车电动机功率等)，进一步可得到各外协件或标准件的选型参数，在此基础上，经过优化设计，得到其他重要自制零部件的主要结构参数(如起重机主梁横截面尺寸等)，由这些性能参数和主要结构参数构成一级驱动结果，即产品

关键参数，这些参数相对需求参数较精确，但仍较粗略。

(2) 二级驱动以关键参数为输入，驱动基于各种性能和结构约束推导的结构参数求解模型(包括接口约束关系、零部件内部的约束关系等)，从而得到绘制零部件图所需的细化结构参数。

(3) 三级驱动以细化结构参数为输入，驱动以几何模型为主的参数化模型以及参数化有限元分析模型，对整个设计结果进行可视化的几何与性能验证。

利用上述由粗及细的三级细分策略，可建立需求参数→关键参数→结构参数三级驱动模型，如图 3.15 所示。

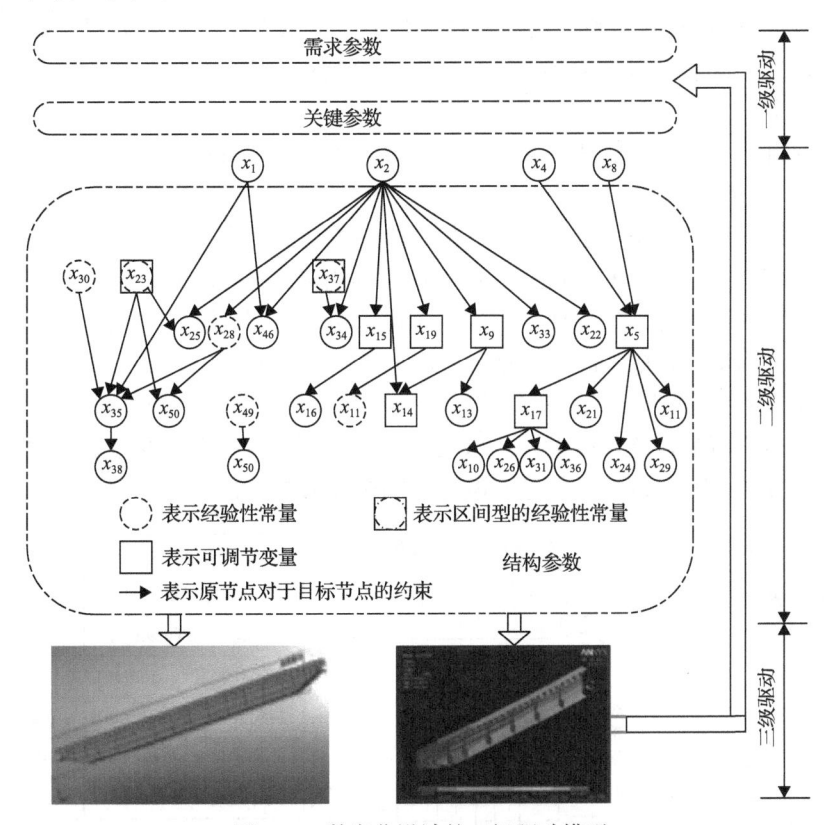

图 3.15 数字化设计的三级驱动模型

3.4.2 结构参数转换

一级驱动以需求参数为输入，通常情况下客户需求可以分为质变需求与量变需求两种类型。质变需求指功能域范围的变化，包括需求的使用场合、场景变化、产品某些子功能的有无、安全性、可操作性、方便性、非标准的功能要求等，这种需求相对模糊，通常由客户直接表述，表现为一些自然语言的定性描述；量变需求常指功能的强弱或大小变化,是一种功能谱上的变化,它影响产品纵向系列的设计计算,常常需要产品生产企业的专业人员与客户进行多次沟通以共同确定。部分质变需求可通过模块的选配实现,其余部分则需通过某种映射转换成量变需求,成为可直接驱动数字化设计的需求参数。

质变需求的转换通常分为两种情况。

(1)通过设计手册的相关表格映射完成,如吊钩桥式(QD)起重机的工作级别,它通常与制动安全系数相关,不同的工作级别对应不同的制动安全系数,后者与制动器的选型计算相关联,由此转换为量变需求。

(2)由设计师根据经验利用质量功能配置工具映射得到相应的模块并取其主要参数,如 QD 起重机的可操作性可根据经验或实际情况映射成集中式的控制面板或驾驶室。

量变需求又分单一值和区间值,单一值是指需求可直接表示为某种单一的量化参数,如 QD 起重机的跨度 22.5m、额定起重量 75t、起升高度 16m 等;区间值分为两种情况:一种是需求在某个数值范围内取任意值即可,则该区间的上下限仅仅构成一种约束,如 QD 起重机端梁高度须为 426~430mm,它构成一种取值约束;另一种情况是需求同样表达为某个数值范围,但在设计时只要按最大值进行计算即可满足,如 QD 起重机的主起升速度为 0.4~4.1m/min,在设计时通常按 4.1m/min 进行计算即可满足其要求。需求参数采集与表达如图 3.16 所示,首先通过收集客户需求并整理成设计要求表,然后将部分质变需求通过设计手册及质量功能配置进行映射转换,与量变需求共同构成需求参数。

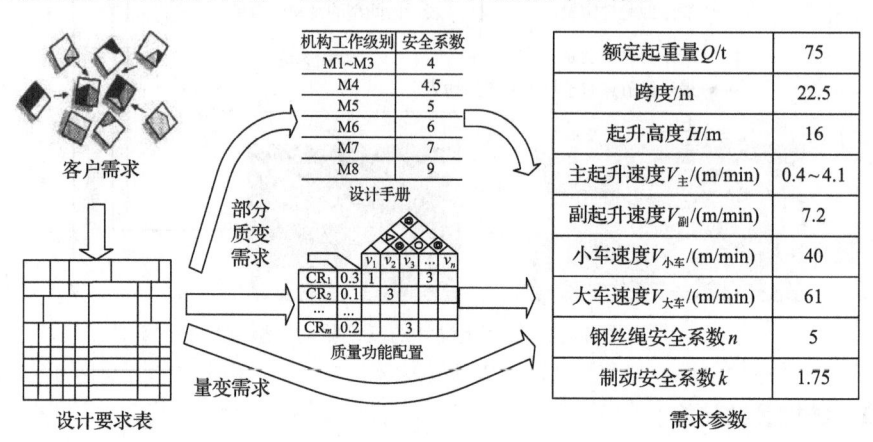

图 3.16 需求参数采集与表达

3.4.3 设计知识提取

一级驱动的核心是建立设计知识模型。对产品族进行分析并寻求公共设计知识,将差异化设计知识整理成不同的计算模型,根据需求参数,基于公共设计模型自主选择差异设计模型,从而得到主要的性能参数,根据这些性能参数,可对外协件或标准件进行选型,如起重机中的电动机功率、钢丝绳的直径、减速器的传动比、制动器的制动扭矩等。在此基础上,通过优化得到自制零部件的主要结构参数,如 QD 起重机主梁的截面尺寸。一级驱动过程如图 3.17 所示,其中 D_0 表示不同系数的公共设计模型,$D_i(i=1,2,\cdots,m)$ 表示差异设计模型,m 表示产品族包含的系列数,$R_i(i=1,2,\cdots,m)$ 表示不同类型的一级驱动结果,包括各种选型参数及主要零部件的主要结构参数,称为产品关键参数。

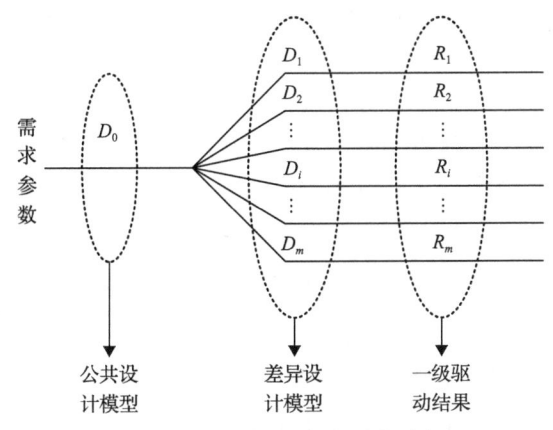

图 3.17 一级驱动过程原理图

3.4.4 结构参数表达

二级驱动以产品关键参数为输入,可能包括选型零部件的安装参数、自制零部件的主要结构参数等,通过结构参数约束网络得到各零部件的细化结构参数,并以此作为三级驱动的输入参数。鉴于此,需要建立各零部件的细化结构参数化哑图,并建立各细化结构参数的各种约束,即 $f_i(X) \geqslant 0$,其中 f_i 表示约束方程,$X = \{x_i | i=1,2,\cdots,n\}$ 表示参数集。为便于表达及自动求解,引入图论[13]中的无向图对约束网络进行建模。令无向约束网络为二元组,记为 $N = \langle V, E \rangle$,其中 V 是非空有限集合,它的元素构成参数节点集合,即 $V = X = \{x_i | i=1,2,\cdots,n\}$;$E$ 是一个有限集合,其元素表示 x_i 与 x_j 之间存在约束关系,即 $E = \{\langle x_i, x_j \rangle | i \in [1,n], j \in [1,n]\}$,满足:$\exists \langle x_i, x_j \rangle \Leftrightarrow \exists f_k(\cdots, x_i, x_j, \cdots)$,$k=1,2,\cdots,m$。由于 N 为无向图,若 $\langle x_i, x_j \rangle \in E$,则 $\langle x_j, x_i \rangle \in E$。与一级驱动模型的区别在于,细化结构参数的计算顺序通常不固定,因此求解无向约束网络的关键是确定各参数节点之间的计算顺序,并找出其中的关键节点。下面提出参数层次化策略将无向约束网络转换成有向约束网络进行求解。

参数节点集 V 分为两个层次。第一层次的参数将优先于第二层次确定，第二层次部分参数的计算依赖第一层次。

第一层次通常包括驱动参数和常量参数，驱动参数由一级驱动给出，表现为选型零部件的安装参数、自制零部件的主要结构参数等，常量参数通常表现为经验性的参数，如倒角、起重机主梁肋板厚度等。

第二层次参数节点的优先级由其度数确定，令 $d(x_i)$ 表示 x_i 的度数。节点度数越大说明越可能是关键节点，需要优先确定；度数小的节点受到度数较大的相关联节点的计算约束，例如，若 $\langle x_i, x_j \rangle \in E$，则说明 x_i 与 x_j 之间存在计算约束，若 $d(x_i) > d(x_j)$，则首先计算 x_i，再通过计算约束得到 x_j，反之优先计算 x_j；若 $d(x_i) = d(x_j)$，则由设计师根据经验确定其优先级。

为便于自动求解，可利用上述层次化策略将无向图转换为单向有向图，即第一层次的节点指向第二层次的节点，同一层次度数大的节点指向度数小的节点，相同度数的关联节点优先级由设计师根据经验确定。根据这一策略，可调整得到有向约束网络 $\boldsymbol{D}$，其参数节点集仍为 V，其边集按如下形式化规则构造：存在 $f_k(\cdots, x_i, x_j, \cdots)$，若 x_i 为第一层次，x_j 为第二层次，则 $\langle x_i, x_j \rangle \in E$；若 x_i 与 x_j 同属第二层次且 $d(x_i) > d(x_j)$，则 $\langle x_i, x_j \rangle \in E$；若 x_i 与 x_j 同属第二层次且设计师认为 x_i 优先于 x_j，则 $\langle x_i, x_j \rangle \in E$。根据有向图规则，若 $\langle x_i, x_j \rangle \in E$，则 $\langle x_j, x_i \rangle \notin E$。

显然，在有向约束网络 $\boldsymbol{D}$ 中，位于第一层次的部分节点将是孤立的，即其度数为 0，为了简化存储及计算，这部分孤立的节点需从 $\boldsymbol{D}$ 中删除。根据有向约束网络 $\boldsymbol{D}$ 可得其邻接矩阵 $\boldsymbol{A} = [a_{ij}]_{n_0 \times n_0}$，$n_0$ 表示去除孤立节点之后的总数，有 $n_0 \leqslant n$。其中，

$$a_{ij} = \begin{cases} 1, & \langle x_i, x_j \rangle \in E \\ 0, & \langle x_i, x_j \rangle \notin E \end{cases} \tag{3.9}$$

在有向约束网络 $\boldsymbol{D}$ 中，并非每个约束都是等式约束，其中部分可为不等式约束或区间约束。例如，QD 起重机主梁第一道横向加强肋外伸宽度 x_{10} 与主梁横截面高度 x_2 之间的约束关系为 $f_1(X) = x_{10} - 1.2(x_2/30 + 40) \geqslant 0$，主梁空箱宽度 x_{17} 与主梁横截面宽度 x_3 之间的约束关系为 $f_2(X) = x_{17} - [x_3 - (240 \sim 280)] = 0$，前者为不等式约束，后者为区间约束，这两类均为产品设计约束不能满足时的可调式约束。

根据有向约束网络 $\boldsymbol{D}$，可对零部件的细化结构参数进行求解，具体算法如下：

(1) 以第一层次参数节点为索引，如 x_i，查找邻接矩阵 $\boldsymbol{A}$，根据 $a_{ij} = 1$ 找到与该节点相关联的所有节点 x_j。

(2) 根据 a_{ij} 找到对应的约束方程，若该方程需要其他参数，则继续从邻接矩阵 $\boldsymbol{A}$ 或第一层次参数节点中查找。

(3) 求解约束方程。二级驱动的约束方程通常为线性方程，一般情况下总是有解；若无解，只需改变可调节变量，继续求解直至有解。

(4) 若存在下一个参数节点，转步骤(1)；否则，结束。

3.4.5 几何性能验证

三级驱动以零部件的细化结构参数为输入进行几何与性能的可视化验证，流程如图 3.18 所示。几何可视化验证充分利用现有参数化软件(如 Solidworks 等)，从数据库中读取二级驱动的结果并保存为本地的*.txt 接口文件，根据设计任务读取数据库中的几何参数化模型并保存于本地接口目录中，该参数化模型事先由设计师建立并存于数据库，根据产品族中不同系列、不同功能与结构形式分别整理，可采用产品重组技术对其接口与形式进行规范化处理[14]。基于 Automation 技术启动参数化软件，同时自动加载接口文件与参数化模型，从而实现三维绘图。在此过程中，若各零部件及装配模型出现几何干涉，则自动反馈至上级驱动模型。

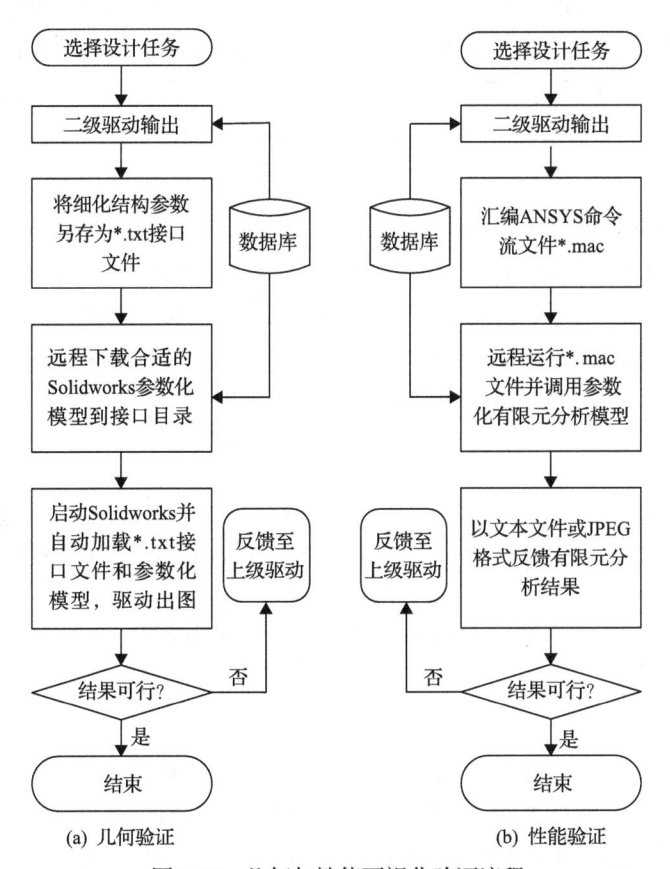

图 3.18 几何与性能可视化验证流程

性能可视化验证主要通过远程调用 ANSYS 软件进行有限元分析。有限元分析所需要的变量为参数化所需参数的子集，因此二级驱动输出仍可作为性能可视化验证的输入。远程有限元分析以基于 APDL 的 ANSYS 参数化形式进行，建立主要零部件的 ANSYS 有限元参数化模型，并以形如"$a = 10; b = 20; \cdots$"的文本文件(*.txt)为接口，在客户端汇编成 ANSYS 的命令流文件*.mac，利用 Internet 提交至远程 ANSYS 软件执行并分析，其中零部件的参数化模型从数据库中获取，待远程 ANSYS 分析结束，结果以文本文件或 JPEG 的图片格式在客户端呈现，包括应力云图等。

3.4.6 应用实例

本节以典型特种设备起重机为例说明上述基于三级驱动模型的数字化设计策略与方法应用。目前，起重机主要包括 LDA 型单梁起重机、QD 起重机等 18 大类，其核心的抽象功能保持一致，即将物料从一个位置移到另一个位置，因此可采用上述三级驱动模型进行总体设计。在起重机产品族中，公共设计知识包括小车起升机构(包括钢丝绳、卷筒、电动机、减速器、制动器等)、小车运行机构(电动机、减速器、制动器等)等[15]，这些零部件均为选型件，差异化设计核心模块为各种主梁。

某 QD 起重机订单原始需求之一是工作级别为 M5，它通过质变需求的映射转换(设计手册查表映射)可转变为量变需求，即钢丝绳安全系数与制动安全系数分别为 5 和 1.75，同时与其他量变需求共同构成需求参数，如图 3.19 所示。将这些参数输入一级驱动人机界面，如图 3.20 所示，可得到设计结果，优化得到的结果(即主梁截面尺寸)构成二级驱动的部分输入。

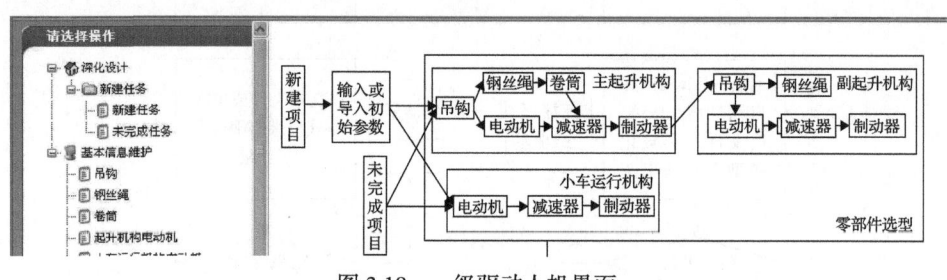

图 3.19 一级驱动人机界面

二级驱动的关键是建立各零部件的约束网络。利用二级驱动的参数层次化策略可将其简化并转化成有向约束网络图，如图 3.20 所示。其中，可调节变量被单独标出，利用其邻接矩阵可以在设计反馈时进行调节，由于为单向有向图，在调节时可将计算量控制在最小范围。例如，若主梁横截面宽度 x_3 发生变化，则只需

重新计算 x_8、x_{17}、x_{18}、x_{21}、x_{24}、x_{26}、x_{29}、x_{31}、x_{34}、x_{36} 即可，在调整时，可以通过表 3.3 所示的映射找到相应的约束方程，若需更新 x_{17}，则在表 3.3 中找到关联参数对 $\langle x_{17},x_3 \rangle$ 所在的行，再找到对应的 f_9 约束方程，即可求得 x_{17}，其余类推。

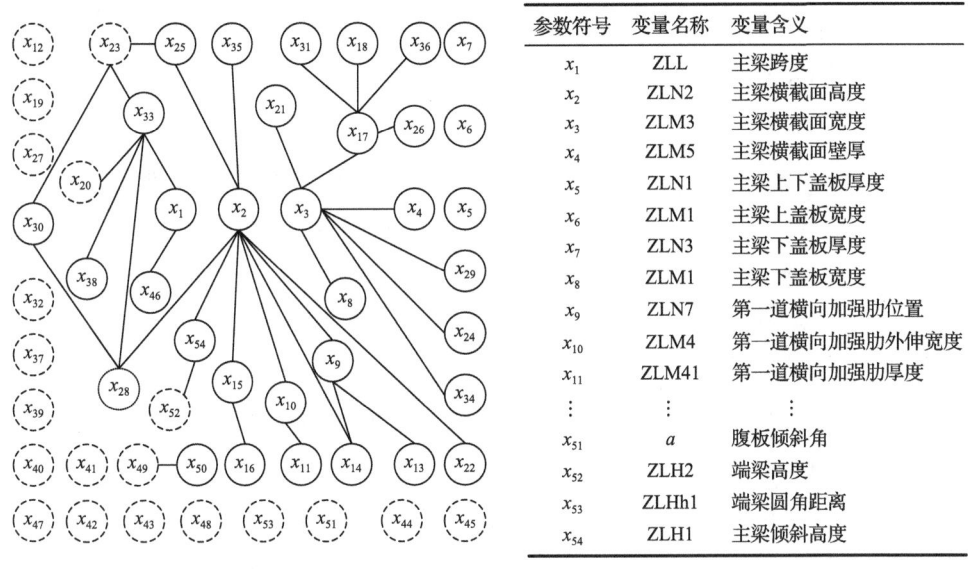

参数符号	变量名称	变量含义
x_1	ZLL	主梁跨度
x_2	ZLN2	主梁横截面高度
x_3	ZLM3	主梁横截面宽度
x_4	ZLM5	主梁横截面壁厚
x_5	ZLN1	主梁上下盖板厚度
x_6	ZLM1	主梁上盖板宽度
x_7	ZLN3	主梁下盖板厚度
x_8	ZLM1	主梁下盖板宽度
x_9	ZLN7	第一道横向加强肋位置
x_{10}	ZLM4	第一道横向加强肋外伸宽度
x_{11}	ZLM41	第一道横向加强肋厚度
$\vdots$	$\vdots$	$\vdots$
x_{51}	a	腹板倾斜角
x_{52}	ZLH2	端梁高度
x_{53}	ZLHh1	端梁圆角距离
x_{54}	ZLH1	主梁倾斜高度

(a) 结构参数约束网络图　　　　　　　　　　(b) 节点参数说明

图 3.20　基于无向图的 QD 起重机主梁结构参数约束网络表达

表 3.3　某 QD 起重机主梁参数节点与约束方程映射表

关联参数	约束方程
x_3、x_4、x_8	$f_1: x_3 - x_8 + 2x_4 + (48 \sim 54) = 0$
x_9、x_2	$f_2: x_9 - (1/4 \sim 1/5)x_2 = 0$
x_{10}、x_2	$f_3: x_{10} - 1.2(x_2/30 + 40) \geqslant 0$
x_{11}、x_{10}	$f_4: x_{11} - 1/15 x_{10} = 0$
x_{13}、x_9	$f_5: x_9 - x_{13} = 0$
x_{14}、x_2、x_9	$f_6: x_{14} - (0.35 \sim 0.4)(x_2 - x_9) = 0$
x_{15}、x_2	$f_7: x_{15} - 1.2(x_2/30 + 40) - (5 \sim 10) = 0$
x_{16}、x_{15}	$f_8: x_{16} - 1/15 x_{15} = 0$
x_{17}、x_3	$f_9: x_{17} - x_3 + (240 \sim 280) = 0$
x_{18}、x_{17}	$f_{10}: x_{18} - x_{17} = 0$
x_{21}、x_3	$f_{11}: x_{21} - x_3 = 0$

续表

关联参数	约束方程
x_{22}、x_2	$f_{12}: x_{22} - 0.5x_2 - 260\tan 20° + 50 = 0$
x_{25}、x_2、x_{23}	$f_{13}: x_{25} - 0.5x_2 - (260 + x_{23})\tan 20° + 50 = 0$
x_{26}、x_{17}	$f_{14}: x_{26} - x_{17} = 0$
x_{29}、x_3	$f_{15}: x_{29} - x_3 = 0$
x_{30}、x_2、x_{23}、x_{28}	$f_{16}: x_{30} - 0.5x_2 - (260 + x_{23} + x_{28})\tan 20° + 50 = 0$
x_{31}、x_{17}	$f_{17}: x_{31} - x_{17} = 0$
x_{33}、x_1、x_{20}、x_{23}、x_{28}	$f_{18}: x_{33} - 0.5(x_1 - 140 - x_{20} - x_{23} - x_{28}) = 0$
x_{34}、x_3	$f_{19}: x_{34} - x_3 = 0$
x_{35}、x_2	$f_{20}: x_{35} - x_2 + 50 = 0$
x_{36}、x_{17}	$f_{21}: x_{36} - x_{17} = 0$
x_{38}、x_{33}	$f_{22}: x_{38} - x_{33} = 0$
x_{50}、x_{49}	$f_{23}: x_{50} - x_{49} - 10 = 0$
x_{54}、x_2、x_{52}	$f_{24}: x_{54} - 0.5x_2 + x_{52} = 0$

三级驱动以二级驱动的输出为输入，在得到三维参数化图纸与有限元分析结果的同时，也对前述计算结果进行可视化验证，包括几何与性能验证，图3.15的三级驱动部分为QD起重机主梁的可视化验证情况。

参 考 文 献

[1] 严隽薇, 王坚, 凌卫青, 等. 网络化制造环境下的资源分类模型[C]. 中国智能自动化会议, 青岛, 2005: 538-542.

[2] 高飞, 肖刚, 潘双夏, 等. 产品功能模块划分方法[J]. 机械工程学报, 2007, 43(5): 29-35.

[3] 高飞, 梅凯城, 张元鸣, 等. 基于优先数系的产品族型谱规划模型[J]. 计算机集成制造系统, 2015, 21(3): 571-575.

[4] 王玉新. 数字化设计[M]. 北京: 机械工业出版社, 2003.

[5] 林忠钦, 来新民, 金隼, 等. 复杂产品制造精度控制的数字化方法及其发展趋势[J]. 机械工程学报, 2013, 49(6): 103-113.

[6] 刘子建, 艾彦迪, 王平, 等. 耗散结构与时空信息差意义上的数字化设计系统特性评价[J]. 机械工程学报, 2010, 46(21): 137-142.

[7] 刘检华, 孙连胜, 张旭, 等. 三维数字化设计制造技术内涵及关键问题[J]. 计算机集成制造系统, 2014, 20(3): 494-504.

- [8] 林小夏, 张树有, 伊国栋, 等. 基于PDM的产品数字化设计与数控加工集成信息模型[J]. 计算机集成制造系统, 2011, 17(12): 2583-2589.
- [9] 周济. 制造业数字化智能化[J]. 中国机械工程, 2012, 23(20): 2395-2400.
- [10] Latorre S, Pointet J M. The contributions and consequences of simulation tools and digital mock-ups on design and production as applied to the automobile and aeronautics industries[J]. International Journal of Automotive Technology and Management, 2008, 8(3): 350-368.
- [11] Snyder C, Sankar C S. Use of information technologies in the process of building the Boeing 777[J]. Journal of Information Technology Management, 1998, 9(3): 31-42.
- [12] 高飞, 张元鸣, 肖刚. 基于三级驱动模型的产品数字化设计策略与方法[J]. 农业机械学报, 2013, (4): 239-245,267.
- [13] 李盘林, 李宝洁, 孟定. 离散数学[M]. 北京: 人民邮电出版社, 2002.
- [14] Gao F, Xiao G, Chen J J. Product interface reengineering using fuzzy clustering[J]. Computer-Aided Design, 2008, 40(4): 439-446.
- [15] 张质文, 王金诺, 程文明, 等. 起重机设计手册[M]. 北京: 中国铁道出版社, 2013.

第4章 云制造服务建模

为了将制造资源转化为制造服务，需要研究云制造服务建模技术。本章基于领域思想介绍云制造服务开发模式和开发流程，根据制造资源类型对制造服务类型进行划分，明确云制造服务具有分布性、异构性、多样性和领域性等特点；介绍云制造服务划分原理和流程，通过多粒度思想将云制造服务划分为原子服务、复合服务和产品服务，基于实例对多粒度云制造服务划分过程进行说明；给出基于网络本体服务描述语言(ontology web language for service, OWL-S)和基于表述性状态转移(representational state transfer, REST)的云制造服务描述方法，为服务调用提供丰富接口。

4.1 领域驱动的云制造服务

4.1.1 领域工程概念

领域工程是以软件复用思想来解决"软件危机"而提出来的概念，作为软件复用的核心技术之一，其主要目的是实现对特定领域中可复用成分的分析、生产和管理。领域工程的萌芽可以追溯到 Parnas 在 1976 年提出的"程序家族"(program family)的概念，基本思想是把一组具有显著共性的程序作为一个整体(或家族)并对其共性进行分析，以便简化一组相似程序的开发和维护问题。领域工程通常包含领域分析、领域设计、领域实现三个阶段。

1. 领域分析

领域分析阶段是对领域需求进行充分及系统的获取，并做好预期效果和风险的评估。首先需要对领域对象进行界定，识别领域信息源，了解领域演化过程知识及其目前在学术界和产业界的发展程度。然后对领域数据、技术资源、行业知识、用户反馈建议、专家指导意见、未来市场前景及领域阻碍因素等要素进行全面的深度挖掘剖析，从而对获取的需求进行整合，对需求服务的对象进行分类，对需求变化的演变进行把控，识别出需求之间及其外在和内在联系，如某些需求只服务于单个对象，而某些需求则服务于多个对象，并且这些对象还存在归属关系。因此，需要按照需求之间联系的等级以集合的形式进行归类，最终形成领域需求库，从而为领域模型的构建做好准备工作。

一般地，领域分析阶段应该注意两个方面：一方面，在领域需求获取时，应对领域内大中小企业和行业知识进行分析,在取样过程中应考虑差异性和代表性,并且取样的地域也不可集中;另一方面,由于获取的需求随着技术的更新、市场的变化和行业的发展等在不断地演变,个别需求可能遭到淘汰,新的需求又会引进需求库,这就要求在获取领域需求时,应对其这种可变性进行形式化的描述,并实时地监控更新。

2. 领域设计

领域设计阶段是在对领域分析阶段得到的需求进行充分理解,对领域产品及行业知识进行完备分析,在此基础上由领域专家对领域模型进行构建的过程。按照产品生产阶段不同,可以将领域模型分为领域设计模型、领域制造模型、领域知识模型等,这些模型是在领域技术标准规范的基础上和个性化需求驱动下,由产品或数据共性特征及其联系内聚成的。

领域需求演变导致需求不断地更新,使得领域模型在设计完成后仍具有动态演变特征,如某些共性技术因为自身的发展与更新,不再对其他共性技术具备依赖约束的关系,或增加对其他共性技术依赖约束的关系。因此,为了能够适应需求的变化,所设计的领域模型应具有一定的可裁剪性和可扩展性。

3. 领域实现

领域实现是领域工程的最后阶段,这一阶段主要按照领域模型、领域知识等对领域工程进行实际的产业应用。

从领域分析到领域实现是一个闭环循环的过程,如图 4.1 所示。首先利用领域设计阶段得到的领域模型对产品物料清单、加工工艺、生产计划、使用工具等方面进

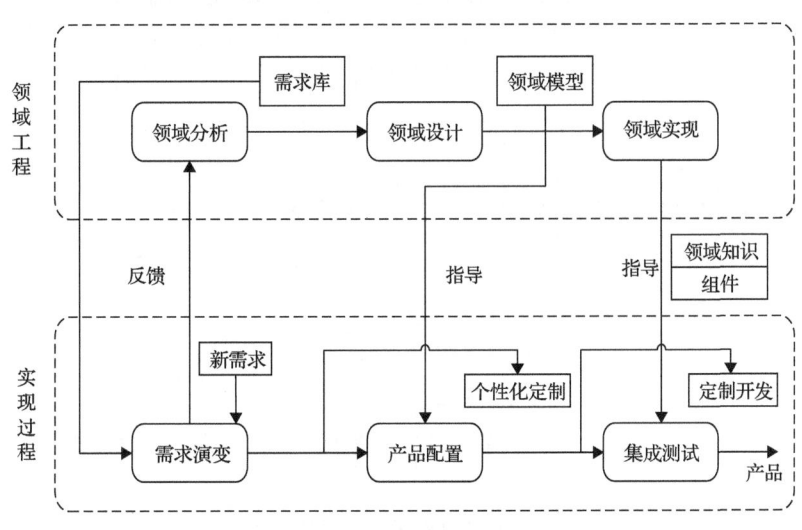

图 4.1 领域实现过程

行配置，完成产品最终加工工序，之后采用领域实现阶段中总结整合的领域知识和相关组件对产品的集成测试进行指导，直到得到合格产品。与此同时，用户的新需求或其他约束因素等条件导致现有产品不再符合要求，或某一产品遭到淘汰需要剔除，得到反馈后，在领域分析阶段快速锁定需求库中改变的需求，然后更新需求库，并重组领域模型中对应的组件，最后重新指导驱动产品的配置，从而满足用户最新需求。

此外，对于用户的个性化需求，则是将个性化传递到需求演变阶段，然后重复以上步骤。接着，对产品进行个性化组件配置。最后，在产品集成测试阶段完成对具有个性化特征产品的定制开发。随着领域的不断发展，这一过程将在用户新需求驱动下循环往复地不断进行下去。

4.1.2 云制造服务开发模式

领域工程是为一组相似或相近系统的应用工程建立基本能力和必备基础的过程[1-3]，它覆盖了建立可复用资源的所有活动，是目前可复用资源基础设施建设的主要技术手段。为更好地支持企业的制造活动，制造服务应该具有较强的系统性、内聚性和可复用性。采用领域工程思想对云制造服务进行建模，构建一个产品领域模型，该领域模型能够对产品的制造过程进行完整建模，同时还兼顾共性制造需求和个性化制造需求；然后根据产品领域模型开发云制造服务，提高云制造服务的针对性、可用性和有效性。

图 4.2 给出了领域驱动的云制造服务开发模式。从领域工程的角度，整个过程包括领域分析、领域设计和领域实现；从服务建模的角度，整个过程包括服务分析、服务抽取和服务建模。领域工程阶段的输出是服务建模阶段的输入。在此基础上，假如需求发生变更，在需求演化分析驱动下云制造服务建模过程成为一个闭环循环系统，能够根据制造需求的变化动态调整云制造服务，从而更好地支持联盟企业的

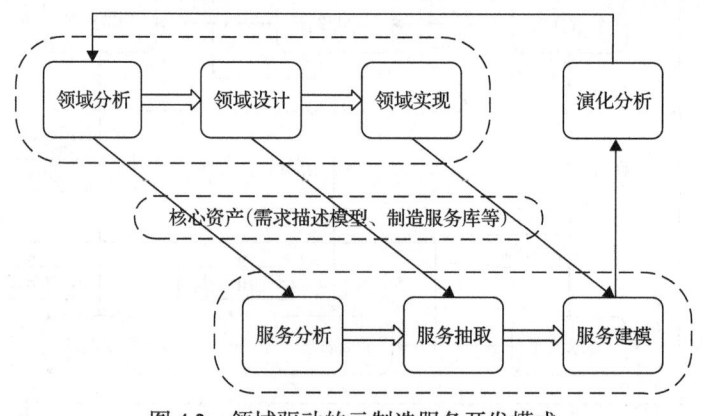

图 4.2 领域驱动的云制造服务开发模式

制造活动。

以电梯整机设计计算为例，图 4.3 给出了电梯设计计算领域数据模型。该领域模型对电梯实际设计计算过程进行建模，包括电梯选型与配置、机房受力计算、井道结构受力计算、曳引机选型计算等 15 个关键步骤。通过对每个步骤进行细分，抽象出原子设计计算服务，例如，钢丝绳设计计算步骤包括滑轮等效数量计算、安全系数计算、钢丝绳受力计算、钢丝绳质量计算、钢丝绳根数校核计算等五个原子设计计算服务。其中，共性的设计计算服务遵循电梯国家标准和设计规范，个性化的设计计算服务可以结合企业实际情况。

表 4.1 列出了部分设计计算的原子服务、复合服务和产品服务，这些服务具有组合依赖关系。

在建立领域模型时，需要考虑以下几个主要问题。

(1) 统筹设计共性服务与定制服务。一般地，制造服务是以国家标准或行业标准为基础的，它们保证了设计的规范性和合理性，但是企业多年的生产经验往往有助于产品的优化设计。因此，在构建共性服务的同时，也需要考虑个性化服务，这些制造服务应能够方便地与共性制造服务相融合。

(2) 制造服务的依赖关系。制造服务往往不是相互独立的，彼此间存在一定的依赖关系，即一个制造服务的输出可能是另外一个制造服务的输入。为此，在制造服务建模时，需要考虑制造服务这种内在的依赖关系。图 4.3 中虚线表示制造服务间的依赖关系，如曳引轮相关计算服务依赖于曳引条件计算服务。

(3) 制造服务的演化特性。新的需求、新的标准、新的材料以及新的技术都将影响产品的制造。因此，需要根据这些变化对制造服务进行演化，确保制造服务的实时性和先进性。

领域模型由产品领域专家建立，为建立制造服务提供依据，确保制造服务的系统性、有效性、可用性和正确性。

4.1.3 云制造服务开发流程

云制造服务建模涉及领域专家、联盟企业、服务开发者，图 4.4 给出了领域驱动的云制造服务开发流程，包括原子制造服务库、复合制造服务库和产品制造服务库。

首先，领域专家根据领域分析，构建产品领域模型。然后，服务开发者根据产品领域模型抽取出制造服务，并进行编码、封装和注册。接着，联盟企业用户根据制造需求对产品制造服务库进行查询，若查询失败，则继续查询复合制造服务库，基于查询结果进行服务匹配、组合与部署等；若查询复合制造服务库仍失败，则继续查询原子制造服务库。重复以上步骤，直到完成整个制造服务库的迭代查询；若没有满足需求的服务，则对制造需求进行重新分析与建模，进入开发新原子制造服务过程。

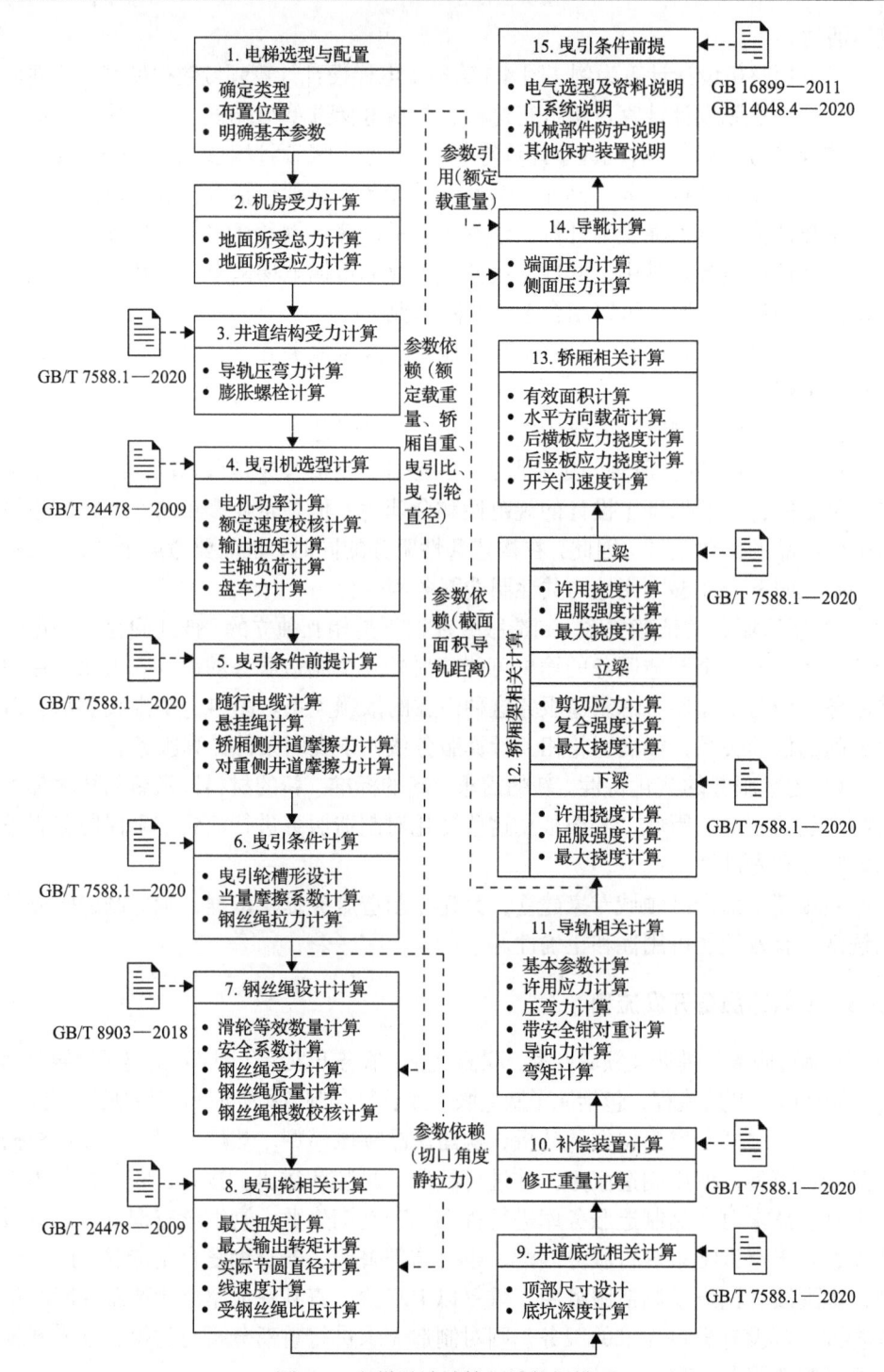

图 4.3　电梯设计计算领域数据模型

第 4 章　云制造服务建模

表 4.1　电梯制造服务列表

序号	服务名称	输入	输出	粒度	服务描述
A1	ElectricMachineryCS	Q, v, η, α	P_e	1	曳引机功率计算服务
A2	RatedSpeedChCS	D, n, i_1, i_2	v	1	预设额定速度校核计算服务
A3	TractionMTorqueCS	Q, D, i, α	T	1	曳引机扭矩计算服务
A4	SpindleLoadCS	$P, Q, G_1, G_2, i, \alpha$	F	1	主轴输出转矩计算服务
A5	TurningForceCS	$P, Q, H, q_1, q_2, q_3, n_1$	F_p, f	1	盘车力的计算服务
A6	PulleyEquivalentNCS	$D_t, D_p, N_{ps}, N_{pr}, N_e$	K_p, N_{eqp}, N_{eq}	1	滑轮等效数量计算服务
A7	SafetyFactorCS	D_t, d_r	S_f	1	安全系数计算服务
A8	WireRMechanicalCS	$P, Q, r, \text{Msr}_{car}$	T_g	1	校核所选钢丝绳
A9	NWireRopeCS	$P, Q, K_j, K_u, S_o, P_1, P_y, d, D, W, E, L_y, K_z$	N_1, N_2, N_3	1	钢丝绳根数校核计算服务
A10	QualitySWRopeCS	q_4, n_4, L	M_g	1	钢丝绳质量计算服务
C1	TractionTypePauseCS	$\{A_1, A_2, A_3, A_4, A_5\}$		2	曳引机选型计算
C2	SteelWireRopeDS	$\{A_6, A_7, A_8, A_9, A_{10}\}$		2	钢丝绳设计服务
D1	PVerticalLiftDCS	$\{C_1, C_2, C_3, \cdots, C_{15}\}$	V_{LDC}	3	乘客直梯设计计算服务系统
D2	EscalatorDCS	$\{C_{21}, C_{22}, C_{23}, \cdots, C_{30}\}$	E_{DC}	3	扶梯设计计算服务系统

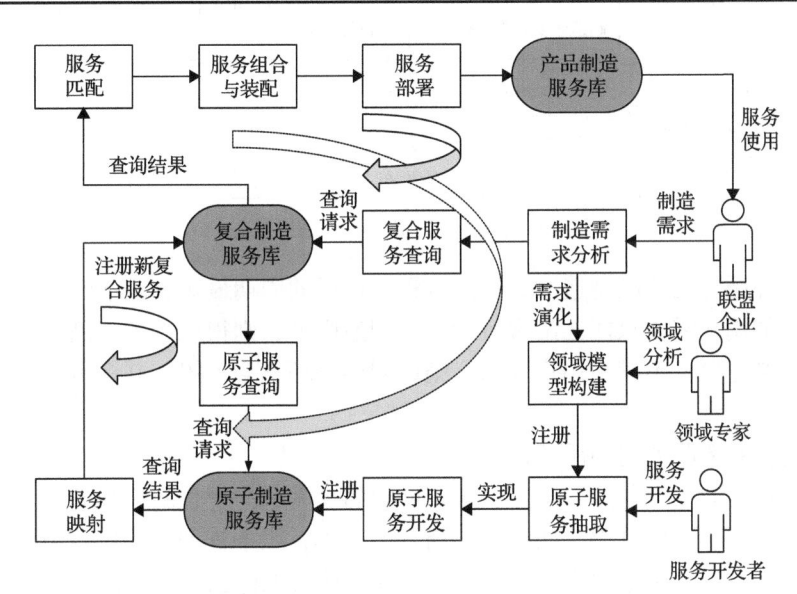

图 4.4　领域驱动的云制造服务开发流程

为满足新的制造服务需求，通常需要对已有的制造服务进行变更。通过以下三个制造服务闭环循环过程可以实现已有制造服务的变更。

1) 产品制造服务闭环循环过程

当用户访问产品制造服务库,未查询到适合需求的产品制造服务时,进入产品制造服务闭环循环过程,如图 4.5 所示。首先,用户在平台的需求发布引擎中对需求进行形式化描述并发布。然后,服务查询引擎会优先向复合制造服务库发送查询引擎,复合制造服务库通过相关后台算法初选出符合用户需求的若干复合制造服务及与这些服务相关联的其他复合制造服务,形成待组合的服务树。随后,用户根据需求在服务树中选取服务,并在服务组合编辑区按照需求规则进行组合,组合结果通过调度代码对结果进行反馈。最后,得到组合好的产品服务,用户既可以调用,也可以将该产品服务通过服务平台对外发布,通过系统注册部署到产品制造服务库中,以供其他用户租赁订购。调用后或已发布的产品制造服务可根据需求进行剪裁或扩展重构。

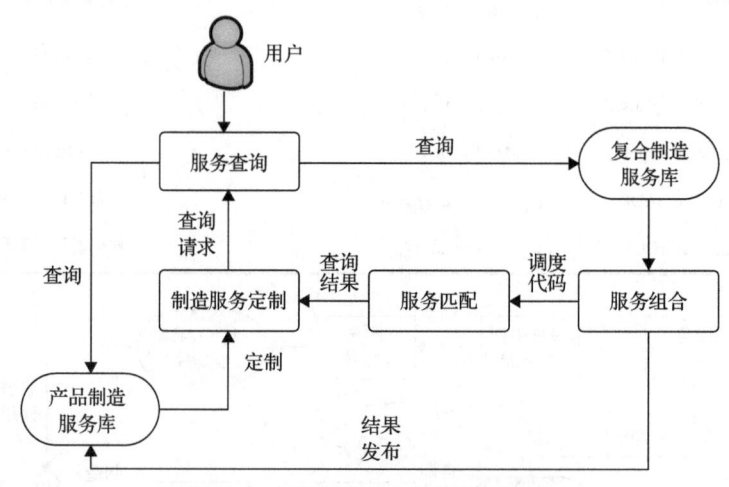

图 4.5 产品制造服务闭环循环过程

该闭环循环在产品制造服务调用过程中消耗的周期最短,成本较低,但也有其缺陷,如用户需求只能匹配现有的复合制造服务,则很难进行产品创新;若现有的复合制造服务不满足用户需求,则该闭环循环就会关闭,并提示用户选择其他闭环循环系统。

2) 复合制造服务闭环循环过程

当用户访问复合制造服务库,未查询到满足需求的复合制造服务时,进入复合制造服务闭环循环过程,如图 4.6 所示。首先,服务查询引擎按照用户发布的需求规则,向原子制造服务库发出查询指令,服务匹配引擎通过调度代码将查询到的合适原子制造服务及与这些服务具有引用、约束、依赖等关系的其他原子制造服务等查询结果自动聚合在原子制造服务树中,以供服务的组合使用。然后,企业设计人员在原子制造服务树中选取最优的原子制造服务，调用到服务组合编辑区进行服务组合，组合得到的复合制造服务通过调度代码返还给用户，用户选取适合自身需求的复合制造服务，进入复合制造服务闭环循环阶段，进行产品制造服务闭环循环的操作。通过原子制造服务组合得到的复合制造服务和通过复合制造服务组合得到的产品制造服务，均可以直接调用，或注册部署到复合制造服务库和产品制造服务库中，以供其他企业查询、调用、租赁、订购等。

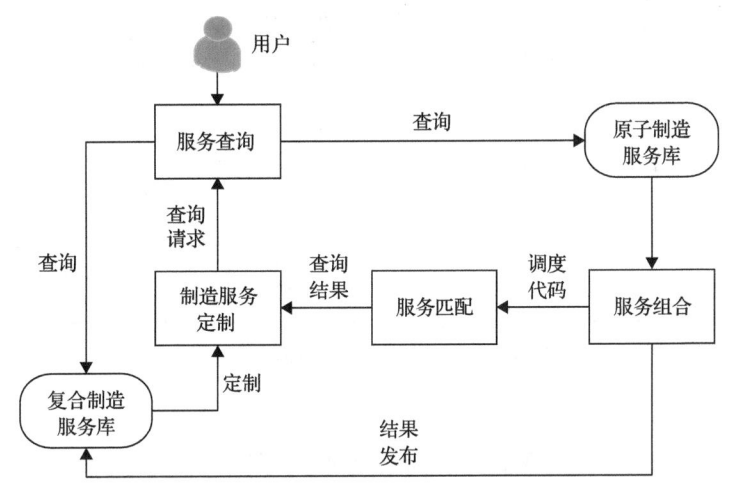

图 4.6　复合制造服务闭环循环过程

相较于产品制造服务闭环循环过程，此闭环循环系统更为实用。一方面，在实际产业中，产品在技术和质量层面不断地发展、完善，这就使得某些特性需求不可能直接在复合制造服务库和产品制造服务库中匹配到现有的服务，因此对产品的健康发展更加有利。另一方面，闭环循环系统在需求查询原子制造服务到组合复合制造服务过程中，可选取对应的组合规则自动实现，可对服务组合结果的质量进行自动检测，这大大减小了企业的设计成本和缩短了设计周期。该闭环循环系统的设计周期适中，其在组合过程中调用的是处于基础设施的原子制造服务，因此相较于调用租用其他企业发布的复合制造服务，成本也更低。

3）原子制造服务闭环循环过程

当用户访问原子制造服务库，未能查询匹配到理想的原子制造服务时，进入原子制造服务闭环循环过程，如图 4.7 所示。领域专家对产品的新特征和用户的新需求进行充分理解，抽象成对应的共性技术组件和个性技术组件，对领域模型进行重构，重构的领域模型由服务开发者抽象封装成原子制造服务，监管部门在技术和质量上进行认证审核，平台管理者对服务形式规范进行审批，再注册到原子制造服务库。服务开发者对服务资源统一资源标识符(uniform resource identifier，URI)进行绑定，组合出全新的复合制造服务，该复合制造服务可以直接注册发布到复合制造服务库中供其他企业调用,也可以继续组合成产品制造服务,得到全新的产品,完成产品的创新过程。在该闭环循环系统的产品开发实现了从无到有的过程,因此在时间周期上比较长,成本也较高,一般用于新产品的研发阶段。

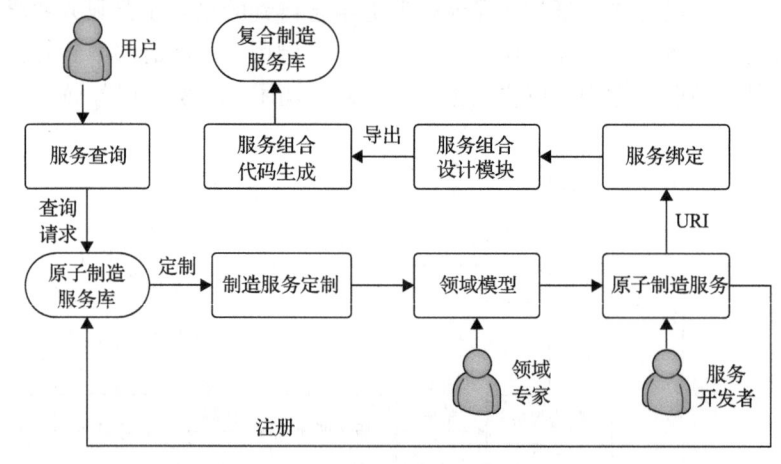

图 4.7　原子制造服务闭环循环过程

4.2　云制造服务类型

制造服务是虚拟化的制造资源,也是云制造服务平台的核心资源,制造服务资源的能力反映了云制造平台服务企业的能力。由于制造资源往往分布在不同的地理位置或处于不同的语言环境,企业在设计生产制造过程中大多都按照自身企业内部的规范和习惯对制造资源进行命名、描述、使用,因此制造资源具有异构性、耦合性等特点。为方便分散资源的集中管理和利用,可利用云制造服务建模技术,把跨域异构的制造资源或制造能力封装为一个一个的制造服务,通过云制造服务平台实现制造服务的集中管理与分散服务。

制造服务分类直接影响平台管理者对资源库内资源服务的审核认证和管理,也影响云制造服务提供者发布的服务和云制造服务使用者发布的需求能否及时准确地响应、匹配、对接等,同时还影响监管部门对制造服务从技术标准规范层面上的测试、审核、认证难度。对此,近年来国内外学者专家对云制造服务分类进行了研究,给出了诸多不同的分类方法[4-22]。虽然分类方法各异,但它们之间存在相似之处,因此通常可将云制造服务分为硬服务资源、软服务资源和其他服务资源等三大类。

根据云制造服务特点,综合考虑云制造服务平台中平台管理者、云制造服务提供者、云制造服务使用者、监管部门等四个基本角色职能,按照制造服资源的属性和运作特征，可以将云制造服务资源分为七大类：硬件资源、软件资源、人力资源、信息资源、计算资源、知识资源、其他资源，如图4.8所示。其中，云制造服务硬件资源分为物料资源、设备资源和其他硬件，设备资源包含生产设备、加工设备、流水线设备、运输设备、装配设备、检测设备、实验设备、仿真设备等；物料资源包含毛坯、半成品、成品、样品等。云制造服务软件资源包含设计软件、办公软件、开发软件、系统软件、分析软件、试验软件等。云制造服务人力资源是指贯穿于产品整个生命周期的设计人员、分析人员、管理人员等，以及这些人员所具备的设计能力、分析能力、管理能力等。云制造服务信息资源是指产业联盟信息、企业信息、物流信息、云制造信息、监管部门信息等组成的信息集合，其中企业信息包含企业地理位置、公司规模、产品业务等；产业联盟信息包含联盟领域、业务规模、组织结构、成员信息、产业链结构信息等；物流信息包含制造资源在运输过程中的路线、运输工具、运输制造资源信息、司机信息及运输时效等；云制造信息包含云制造动态、最新服务需求、线上线下活动公告等；监管部门信息则包含单位概况、报检流程、产品检验状态、型式试验等方面的信息集合。计算资源是指在产品成品过程中封装的各种服务，包含设计服务、分析服务、装配服务、运维服务等。知识资源包含行业知识、联盟契约、标准规范等。其他资源包含产业联盟运行的环境资源等。

国家标准《云制造 服务分类》(GB/T 35586—2017)给出了简单云制造服务和复杂云制造服务的定义[23]。

(1) 简单云制造服务。单个产品、设备或者信息系统的简单买卖/租赁契约关系。云制造服务所需的信息交互和业务集成不用跨越服务使用者所在的企业，只需要在服务使用者所在的企业中完成所需制造的调配和使用。服务提供者和服务使用者之间不产生或产生较少的业务交换。

(2) 复杂云制造服务。企业间协作意义下的复杂协同契约关系。服务供需双方存在业务逻辑依存关系和信息交换需求。云制造服务所需的信息交互和业务集成需要在使用者所在企业、单个或多个服务提供者所在企业之间进行协调合作，企业间可能需要进行多次信息交互。

同时，国家标准《云制造 服务分类》(GB/T 35586—2017)给出了云制造服务不同的分类方法。

(1) 按照服务复杂性分类。云制造服务的复杂性体现在是否具有跨越企业边界的信息交互和业务集成，以及集成程度。按照服务复杂性，云制造服务分为简单云制造服务和复杂云制造服务。简单云制造服务是指简单的产品和零部件的交易或者租用，以及简单业务流程服务。复杂云制造服务是指具有交互功能的复杂业务流程服务。

云制造服务技术

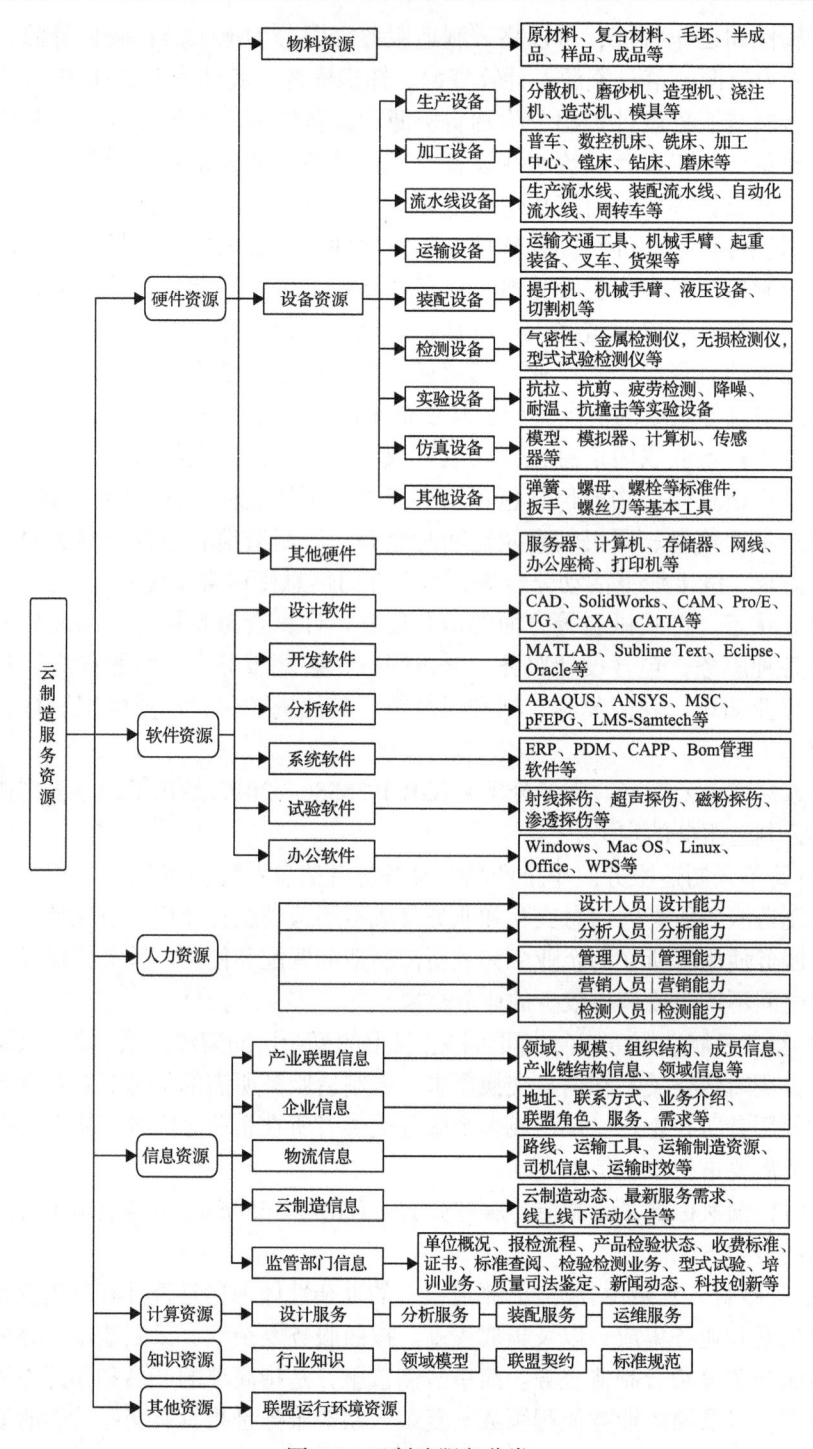

```
云制造服务资源
├── 硬件资源
│   ├── 设备资源
│   │   ├── 物料资源 ── 原材料、复合材料、毛坯、半成品、样品、成品等
│   │   ├── 生产设备 ── 分散机、磨砂机、造型机、浇注机、造芯机、模具等
│   │   ├── 加工设备 ── 普车、数控机床、铣床、加工中心、镗床、钻床、磨床等
│   │   ├── 流水线设备 ── 生产流水线、装配流水线、自动化流水线、周转车等
│   │   ├── 运输设备 ── 运输交通工具、机械手臂、起重装备、叉车、货架等
│   │   ├── 装配设备 ── 提升机、机械手臂、液压设备、切割机等
│   │   ├── 检测设备 ── 气密性、金属检测仪、无损检测仪、型式试验检测仪等
│   │   ├── 实验设备 ── 抗拉、抗剪、疲劳检测、降噪、耐温、抗撞击等实验设备
│   │   ├── 仿真设备 ── 模型、模拟器、计算机、传感器等
│   │   └── 其他设备 ── 弹簧、螺母、螺栓等标准件，扳手、螺丝刀等基本工具
│   └── 其他硬件 ── 服务器、计算机、存储器、网线、办公座椅、打印机等
├── 软件资源
│   ├── 设计软件 ── CAD、SolidWorks、CAM、Pro/E、UG、CAXA、CATIA等
│   ├── 开发软件 ── MATLAB、Sublime Text、Eclipse、Oracle等
│   ├── 分析软件 ── ABAQUS、ANSYS、MSC、pFEPG、LMS-Samtech等
│   ├── 系统软件 ── ERP、PDM、CAPP、Bom管理软件等
│   ├── 试验软件 ── 射线探伤、超声探伤、磁粉探伤、渗透探伤等
│   └── 办公软件 ── Windows、Mac OS、Linux、Office、WPS等
├── 人力资源
│   ├── 设计人员│设计能力
│   ├── 分析人员│分析能力
│   ├── 管理人员│管理能力
│   ├── 营销人员│营销能力
│   └── 检测人员│检测能力
├── 信息资源
│   ├── 产业联盟信息 ── 领域、规模、组织结构、成员信息、产业链结构信息、领域信息等
│   ├── 企业信息 ── 地址、联系方式、业务介绍、联盟角色、服务、需求等
│   ├── 物流信息 ── 路线、运输工具、运输制造资源、司机信息、运输时效等
│   ├── 云制造信息 ── 云制造动态、最新服务需求、线上线下活动公告等
│   └── 监管部门信息 ── 单位概况、报检流程、产品检验状态、收费标准、证书、标准查阅、检验检测业务、型式试验、培训业务、质量司法鉴定、新闻动态、科技创新等
├── 计算资源 ── 设计服务 ── 分析服务 ── 装配服务 ── 运维服务
├── 知识资源 ── 行业知识 ── 领域模型 ── 联盟契约 ── 标准规范
└── 其他资源 ── 联盟运行环境资源
```

图 4.8 云制造服务分类

(2) 按照服务虚实性分类。按照服务虚实性分为有形的实物服务和具有知识特性的信息系统服务。实物服务是指设备的有偿租用和买卖交易，信息系统服务是指软件系统租用以及管理信息系统的托管等。实物服务也可以和信息系统服务同时租用。

(3) 按照服务使用范围分类。按照服务对象范围和部署方式，分为私有服务和公有服务，即私有制造云和公有制造云。私有服务是指大型企业集团为满足企业业务发展需要，自建自用的云制造服务，仅在内部使用，不对社会开放。公有服务是在某一特定行业或者某一区域的，面向中小企业或者产业集群的云制造服务。

(4) 按照企业活动归属分类。任何一项云制造服务都以服务于企业业务活动的某个环节为目的，按照产业链活动阶段，这些环节可以分为与生产活动相关的设计、采购、制造、加工、营销、物流、维护维修等生产环节，与服务活动相关的检测、认证、金融、人力资源、法律等非生产性服务环节，以及产品研发、经营管理、流程外包等复杂协同服务环节。按照企业活动归属分类的优点是能体现上下游的业务承接关系，便于实现面向产业集聚区的横向服务集成和面向产业链的纵向服务集成。

(5) 按照产业类型分类。遵循国家标准《云制造　服务分类》（GB/T 35586—2017）中"C 制造业"的分类标准，为服务提供者和服务使用者建立基于目录服务的云制造服务分类管理体系，支持服务的快速发布、定位与查找。

(6) 按照服务演化程度分类。高档设备的拥有者将设备接入云制造服务平台，设备的接入装置和软件接口可以由设备提供商提供，或者由云制造服务平台运营者开发提供；某些软件系统只有经云制造服务平台运营者二次开发之后才能提供服务。因此，一部分云制造服务，在单一服务提供和大规模云制造服务平台服务提供两种环境下的表现形式不同，可以分为初始的原生服务和接入之后的演化服务两类。

(7) 按照流程外包特征分类。受到企业经营水平、技术能力和市场专注等因素的影响，云制造服务使用者除接受简单的制造服务之外，也会将一些企业内部无法完成或者无意专注的整个流程提交给云制造服务平台进行外包请求。这种外包请求可以由云制造服务平台代为完成或者委托第三方的服务提供者完成。

制造服务作为云制造服务平台的服务资源，具有以下几个特点。

(1) 分布性和异构性：云制造服务涉及产品设计、制造、维修报废等全生命周期中的所有资源，这些资源分布在不同的上下游企业中，从地理空间层面具有分布性。同时，不同企业对制造服务资源的管理、描述等不统一，使得制造服务资源在形式上具有异构性。

(2) 多样性和耦合性：产品制造过程中涉及的产业链庞大，上下游企业繁多，构成产品的零部件具有复杂性和多样性；同时，零部件与企业成员存在多对多的关系，致使企业用户中不同制造服务资源之间具有非常紧密的逻辑关系。

(3) 领域性：云制造服务主要服务的是企业用户，其涉及的业务相对专一，往往与企业所生产的产品相关，具有明显的领域性。

(4) 动态性：云制造服务并不是一成不变的。一方面，根据企业用户的动态需求，相关的制造服务资源会被持续引入平台中；另一方面，随着时间的推移，一些制造服务资源不再符合企业用户的需求，会逐步被淘汰。

(5) 可定制性：在云制造服务平台中，制造服务可通过优化组合、灵活选取来满足用户的个性化定制需求。

4.3　云制造服务划分方法

4.3.1　基于多粒度的云制造服务划分

制造企业分布在不同地理位置上，产品制造活动涉及的环节很多，贯穿于产业链全生命周期的制造服务具有较大的异构性，这就要求云制造服务具有灵活的可组合特征，才能够为企业灵活选择和组合服务提供基础，提高资源的利用率，进而实现"集中资源分散服务，分散资源集中使用"的目的。

根据云制造服务的基本功能属性和其所服务对象的结构，可分为不同粒度的云制造服务。将粒度值为 1 的服务称为原子制造服务，它表示功能是不可再分的；将粒度值为 2 的制造服务称为复合制造服务，它表示是由若干原子制造服务通过组合而成的；将粒度值为 3 的制造服务称为产品制造服务，这些制造服务是由原子制造服务和复合制造服务组合而成，且可以直接使用的制造服务。

(1) 原子制造服务：粒度值等于 1，是可实现一定功能的且不可再分的制造服务，如电梯导轨部件的弯矩设计服务。可根据服务的功能属性，从具有相同或相似功能或结构的原子制造服务中根据需求挑选出若干服务，按照用户设定的功能属性或结构链等规则组合出粒度为 2 的复合制造服务。例如，在电梯导轨部件设计选型过程中，电梯导轨部件设计选型服务为复合制造服务，是由电梯导轨弯矩设计服务、扭矩设计服务以及抗拉强度设计服务等原子制造服务组合完成的。

(2) 复合制造服务：粒度值等于 2，是由若干原子制造服务组成，能独立完成某一部件的设计或制造的制造服务，如电梯导轨部件的设计服务。复合制造服务由其服务的对象功能属性或组织结构下的原子制造服务按照用户的需求组合而来。它可以进一步地按照服务对象的功能属性或结构按照需求，组合成粒度值等于 3 的产品制造服务，产品制造服务对象一般是某一产品的成品设计和制造过程。例如，电梯整机设计服务为一个复合制造服务，它是由电梯曳引机设计选型服务、

第 4 章　云制造服务建模

导轨设计服务、轿厢架设计服务等原子制造服务组合而得的。此时，称复合制造服务是对应原子制造服务的父类制造服务。

(3)产品制造服务：粒度值等于3，是由若干原子制造服务或复合制造服务组成，能独立完成某一产品设计或制造的制造服务，如乘客电梯设计服务。产品制造服务主要服务于产品成品阶段的设计制造活动，它可以通过两种方式获得：其一，由具有父类制造服务的原子制造服务进行组合，得到复合制造服务，然后进一步组合得到产品制造服务，这一组合过程应依据用户需求和服务之间内在的功能或结构依赖关系等规则进行；其二，直接由现成的复合制造服务及不具有父类制造服务的原子制造服务按照上面的规则共同组合而成。

以上三类制造服务之间通过服务的"组合关系"相互映射：复合制造服务通过组合多个原子制造服务的功能完成较为复杂的部件制造，且多个复合制造服务可以共享一个原子制造服务。产品制造服务通过组合多个复合制造服务完成某一产品的制造，该服务根据联盟企业实际需求可被共享，但制造过程相互隔离、相互透明。这三类制造服务自底向上构成了一个金字塔的形状，如图 4.9 所示[24]。

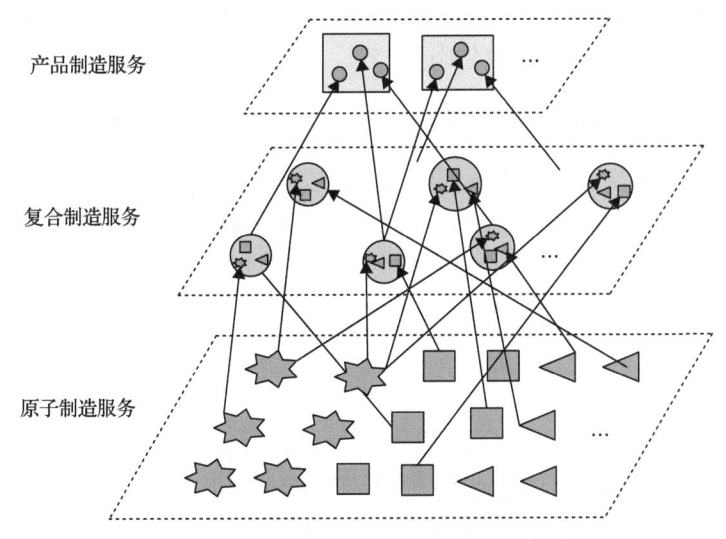

图 4.9　多粒度层次化制造服务间的映射关系

一般地，多粒度层次化制造服务划分方法中的云制造服务粒化过程应包含以下四个步骤。

(1)根据产品的功能属性，将产品归类为不同的功能集合，并按照其结构进行抽象，得到产品的组织结构。参与产品制造全过程中最后一个环节的制造技术和制造资源等制造服务的粒度值等于3，属于产品制造服务。

(2)按照产品组织结构，将产品按照其功能或结构，以及产品成品到部件的规则进行拆分，得到若干个产品部件组织结构，按照产品部件的功能属性进行分类聚集。该过程中部件附带的所有技术和资源组成的制造服务粒度值等于 2，属于复合制造服务。

(3) 按照部件的组织结构进行进一步拆分，直到将部件拆分为不可再分的各个零件。得到若干零件产品，将具有相同或相似功能属性的零件产品进行归类。这些不可再分的制造服务粒度值等于 1，属于原子制造服务。

以上三个过程中，得到的制造服务虽然在功能属性或组织结构中相同或类似，但在类型或其他特征上仍存在差异，因此得到的是对应粒度的制造服务集合。

(4) 将以上三个过程中得到的制造服务集合，按照功能属性或组织结构进行分类，同时按照功能属性或组织结构中内在的依赖关系进行相互映射，从而完成整个制造服务粒化过程。

多粒度层次化服务在提高制造服务灵活性的同时，还为快速响应用户需求提供了一种有效途径。在根据用户需求组合服务时，可采用自顶向下的思路，先看是否有产品级的服务能够满足需求，如果没有，则可以先组合复合制造服务，再组合原子制造服务。这样能够提高制造服务组合的效率，减少组合的成本。此外，多粒度层次化制造服务也为制造服务演化提供了快速求解方法，能够根据已有的组合方案快速地演化出所需要的制造服务。

4.3.2 基于多粒度的云制造划分流程

产品制造服务的对象主要是针对特定行业的产品或技术，这些产品和技术都具有自身特有的组织结构和依赖关系。根据 4.3.1 节提出的多粒度层次化制造服务划分方法，基于多粒度的云制造服务划分流程主要包含六个步骤，如图 4.10 所示。

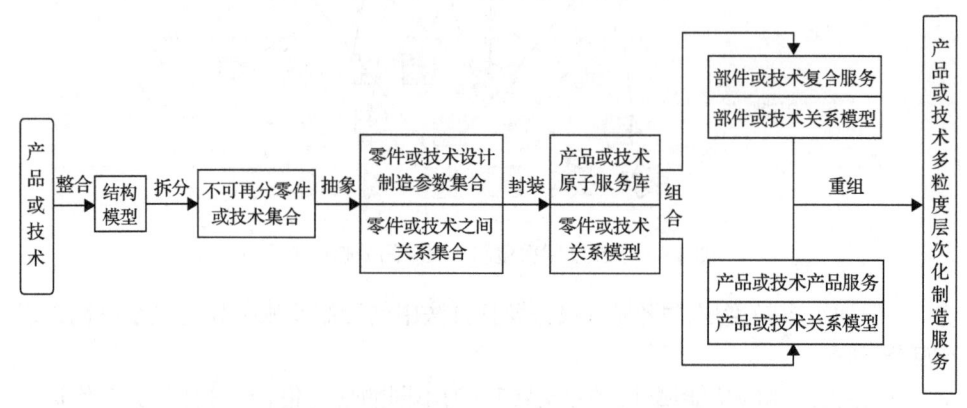

图 4.10 多粒度层次化制造服务划分流程

步骤 1：组织结构整合。由领域专家组对产品或技术进行深入的分析和理解，对其产品或技术的组织结构进行整合，得到对应的结构模型。

步骤 2：拆分。对产品或技术的组织模型按照零部件的组成、功能属性和归属关系进行结构化的拆分,直到将产品零部件拆分到不可再分,得到不可再分的零件库或技术库(这里的零件是一个广义的概念,是从产品设计计算的角度上进行考虑,与机械零件不同)。

步骤 3:抽象。将步骤 2 中得到的零件库或技术库设计得到的设计制造过程的参数进行分析抽象,得到对应的参数集合和参数之间依赖、约束、引用等关系集合。

步骤 4:封装。将参数集合和关系集合采用 REST 技术封装成对应的零件或技术原子制造服务库和关系模型。

步骤 5:组合。按照关系模型和用户需求在云制造服务平台系统中对原子制造服务库进行调用、组合,得到对应的产品或技术复合制造服务和产品制造服务。

步骤 6:重组。将步骤 4 和步骤 5 中得到的原子制造服务、复合制造服务、产品制造服务,根据产品功能属性、用户个性要求等,由企业设计人员进行重组,得到产品或技术多粒度层次化制造服务划分结果,最后在制造服务描述中用于粒度的划分。

服务重组并不是简单地对服务功能进行分解,而是在制造服务粒化过程中,将各个制造服务之间的诸如依赖、引用、约束等内在关系进行相互映射。在此基础上,复合制造服务通过组合多个原子制造服务的功能,完成较为复杂的部件制造,且多个复合制造服务根据功能属性可以共享一个原子制造服务;产品制造服务通过组合多个复合制造服务完成某一产品的制造。当某一制造服务发生演化变更时,与其有联系的其他制造服务,可以自动完成服务升级或淘汰。

以典型特种设备电梯为例,其设计计算过程中多粒度层次化制造服务划分过程如下。

第一步,按照电梯产品的类型、功能、结构进行划分,并确定出不同类型电梯的结构,绘制出电梯产品组织结构,同时确定其中的部件和零件,以及零部件之间的关系,按部件进行划分,直到划分为不可再分的零件,如图 4.11 所示。

第二步,按照电梯产品组织结构和电梯产品设计顺序,逐级拆分结构部件,直到零件无法拆分。这个过程包括两个构件集合,一个是由导轨、轿厢、曳引机、轿厢架、钢丝绳等组成的部件集合,另一个是对部件进行继续拆分为不可再分的单一零件集合。这些部件和零件按照其功能进行归类,形成具有相同或相似功能的集合。

第三步,对电梯零部件设计制造过程中的参数、设备资源的参数以及技术参数与零部件之间的关系进行分析和研究,并按照所服务的部件和零件进行归类,梳理出输入和输出参数,从而得到若干个电梯设计制造参数、资源集合和关系集合。

第四步,采用 REST 技术,将第三步中电梯参数、资源集合及关系集合中的

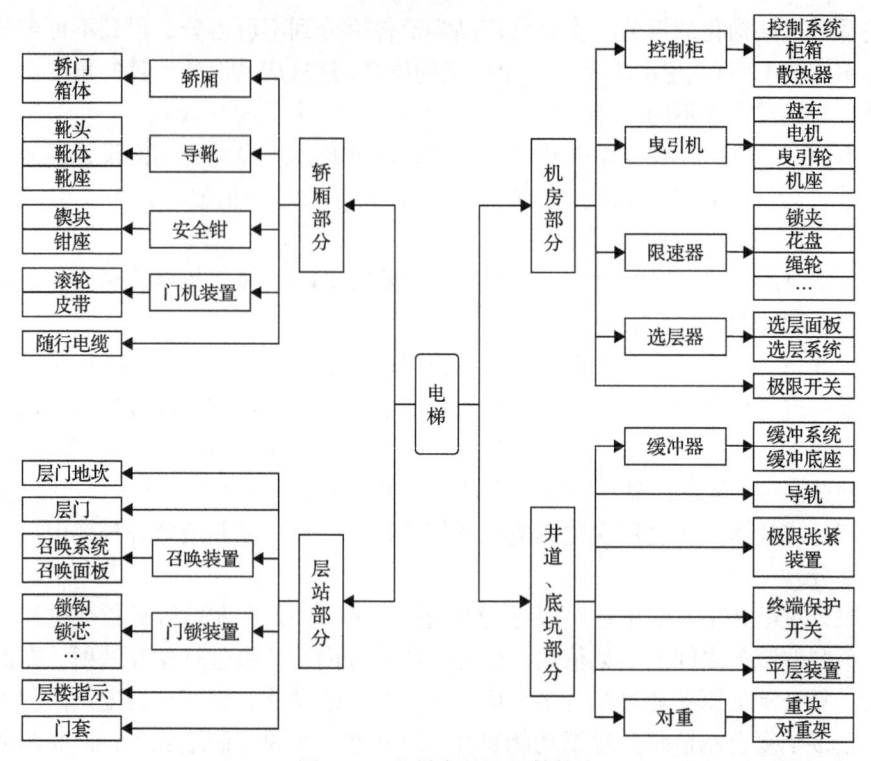

图 4.11 电梯产品组织结构

各类资源，按照其所属部件和零件功能范围封装成对应的原子制造服务和复合制造服务。其中，原子制造服务是电梯设计计算中不可再分的参数、资源服务，只能与其他原子制造服务通过组合来完成电梯某一部件的设计。复合制造服务则是由电梯部件对应的参数资源服务，其只能通过电梯整机结构的规则与其他复合制造服务组合来完成整部电梯的设计制造。这些制造服务经过描述并注册发布到云制造服务平台中，以供用户使用。

第五步，通过组合技术，将零件设计制造对应的原子制造服务组合成部件对应的复合制造服务，进一步组合成电梯的产品制造服务。用户根据需求对原子制造服务和复合制造服务进行重组，得到个性化的制造服务划分过程，进一步指导云制造服务平台中电梯设计制造活动中的设计、分析、制造等过程。

第六步，通过对原子制造服务、复合制造服务的重组和调用，得到电梯产品设计制造流程。

按照以上六个步骤，可以将电梯设计计算过程的制造服务进行多粒度层次化划分，分为原子制造服务、复合制造服务和产品制造服务。

图 4.12 为电梯多粒度层次化制造服务。原子制造服务主要包括电梯产品设计中的各类校核计算服务，通过调用对应原子制造服务组合成复合制造服务来完成

电梯部件的设计，复合制造服务组合成产品制造服务来完成整部电梯的设计。图中虚线部分表示不同粒度或同一粒度的制造服务之间具有的依赖、引用、约束等关系。这三种不同粒度的制造服务在结构上具有清晰的映射关系，通过对电梯设计制造过程的多粒度层次化，既能够提高电梯制造过程的灵活性，又能够提高电梯制造过程中共性技术资源的复用程度。

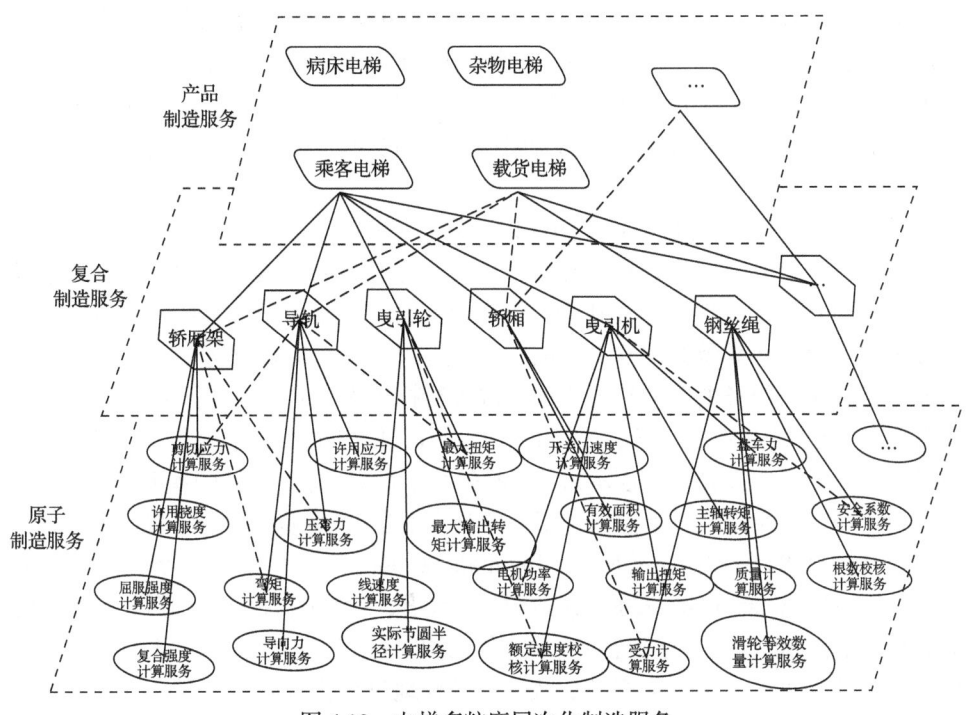

图 4.12 电梯多粒度层次化制造服务

4.4 云制造服务描述方法

4.4.1 基于 OWL-S 的服务描述

云制造服务是利用本体模型对制造服务进行描述，以实现智能化的服务查询、服务组合。本体是客观存在的一个系统的阐述和解释，是对共享概念模型明确的、形式化的规范说明[25]。OWL-S 包含服务配置文件(Service Profile)、服务基础(Service Grounding)、服务模型(Service Model)三大组件。其中，Service Profile 和 Service Model 的主要功能是通过对 Web 服务的抽象描述来为服务的发现与组合做技术支撑，而 Service Grounding 则主要是用来描述服务及访问服务。

Service Profile 类描述了云制造服务的基本信息、功能属性和非功能属性。

通过 Service Profile 类对云制造服务的描述，可以快速、准确响应云制造服务使用者与云制造服务提供者之间的语义匹配。本节基于制造服务粒化的思想，采用三大组件中的 Service Profile 类对云制造服务进行描述，其对云制造服务的定义如下。

定义 4.1 云制造服务。云制造服务是一个八元组，CMIAS =〈ID, Name, Input, Output, Granularity, Provider, Profile, QoS〉。其中，ID 表示云制造服务的标识；Name 表示云制造服务的名称；Input 表示云制造服务的输入参数；Output 表示云制造服务的输出参数；Granularity 表示云制造服务的粒度，取值为{1,2,3}；Provider 表示云制造服务的提供者；Profile 表示云制造服务的功能；QoS 表示云制造服务的服务质量。

具体而言，ID 为云制造服务的标识，用于在云制造服务平台系统和子系统中唯一标识制造服务，以实现用户在平台中对制造服务的检索、匹配、定位。这里的标识必须具有唯一性，这样就避免了在同一云制造服务平台子系统中某些服务资源加入或退出而导致其他非关联的子系统也跟着一起更新数据库的问题。同时，按照服务资源所服务的对象在对服务资源进行标识时，进行"原子制造服务-复合制造服务-产品制造服务"三层框架的粒度划分，使得服务更加清晰，能够更快地响应用户提出的请求。Name 表示云制造服务发布者按照平台制定的规则对云制造服务进行的命名，此命名过程应包含服务的基本信息(服务资源类型、提供者、报价及自定义信息等)形式化语义描述。Input 和 Output 分别为云制造服务的输入和输出参数的集合。Granularity 表示云制造服务的粒度，在服务被描述注册到平台资源池时，应对制造服务的粒度进行明确并粒化，同时还需要描述不同粒化层次上相关联服务之间的关系，为后面高效、快速、准确地进行服务匹配、组合等操作做铺垫工作。Provider 形式化描述了云制造服务提供的相关信息，包含提供者的角色权限、联系方式、业务范围、地理位置以及对平台的贡献度等)。Profile 为表达云制造服务的功能属性集合，包括制造服务所能够支持的服务类型，能够完成交付的最大用时、最小用时及平均用时，服务在正常表征下能够取得的最优结果，服务的状态(闲置、被预约、可预约、工作中、维修保养、报废)，以及对环境因素的要求等。QoS 作为云制造服务的评价属性集，包含对制造服务质量的真实性和可靠性评估、对服务过程和售后的体验评估、对云制造服务提供者和需求者的信誉相互评估等。

在 OWL-S 的基础上对云制造服务概念及其联系进行较为全面翔实的描述，按照此种规则表达的八元组能够更加清晰地反映云制造服务的本质特征和内在联系；同时引入"原子制造服务-复合制造服务-产品制造服务"三层框架的制造服务粒化机制，并对不同粒度的服务之间存在的依赖关系进行描述，使得制造服务在云制造服务平台中，特别是具有纵横交错的上下游联系的云制造服务平台中，能够快速、高效、准确地捕获优先服务资源，从而大大提高服务匹配、组合、调用等操作的收益。

图 4.13 给出了 OWL-S 的体系结构。图中，服务配置文件主要用于描述服务资源的具体功能，也就是表达此服务资源具有什么功能，是用来做什么的，服务搜寻智能体（Agent）通过服务配置文件来实现服务的检索、匹配，从而寻找到符合服务资源需求者所请求的网络服务；服务基础用于描述访问服务的方法，即是如何访问服务的；服务模型则用于描述服务的实现方式，即服务的具体实现细节是怎么样的。

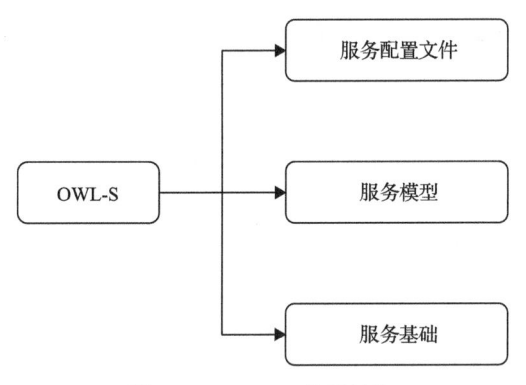

图 4.13　OWL-S 体系结构

以电梯设计中的曳引机选型计算服务为例，按照上述定义的制造服务给出的 OWL-S 描述方法如图 4.14 所示。图中，在第 5 行中对曳引机选型计算服务的 ID 进行唯一标识；在第 6 行和第 7 行中分别对其名称 Name 和服务提供商 Provider 信息进行形式化语义描述；结合制造服务划分方法，可得电梯曳引机选型计算服务为复合制造服务，因此其粒度 Granularity 等于 2，如第 9 行所示；第 12 行 Profile 描述的是曳引机选型计算服务的功能以及构成该服务的原子制造服务，包含曳引机功率计算服务、输出转矩计算服务、主轴负荷计算服务、盘车力计算服务以及曳引线速度计算服务；第 21 行 Input 输入属性包含曳引机选型计算中的相关参数，第 22 行 Output 则输出符合要求规范的若干曳引机型号，最后由用户选择最优结果。QoS 由用户对曳引机选型计算服务过程中企业信誉、服务质量以及服务的状态进行形式化描述。最后将采用八元组形式描述的曳引机选型计算服务注册发布到云制造服务平台中。采用这种制造服务描述方法，可清晰地描述制造服务的层次和基本功能属性，云制造服务平台用户可以方便地对制造服务进行查找、匹配、组合等管理操作，从而大大提高企业的整梯制造能力，缩短电梯设计计算周期，从而使企业获得更多的利益，推动产品的革新。

```
 ...
 1. <service:presentedBy
 2. rdf:resource="&congoService;#ExpressCongocfTractionMachineMSService"/>
 3. <profile:serviceName>Congo_cfTractionMachineMS_Agent</profile:serviceName>
 4. <profile:contacInformation>
 5. <actor:Actor rdf:ID="CongocfTractionMachineMS_contacts">000022<actor:ID>
 6. <actor:name>cfTractionMachineMS</actor:name>
 7. <actor:providerName>xiolift</actor:providerName>
 8. <actor:granularity>
 9. <actor:granularityValue>2</actor:granularityValue>
 10. </actor:granularity>
 11. <actor:profile>
 12. This service is used to select the model of traction machine. It includes five modules for calculation of traction machine:
      1) performance calculation,
      2) torque calculation,
      3) velocity calculation,
      4) spindle load calculation,
      5) turning force calculation.
 13. </actor:profile>
 14. <actor:qos> The user evaluation</actor:qos>
 15. </actor:Actor>
 16. </profile:contacInformation>
 17. <profileHierarchy:deliveryRegion rdf:resource="&country;#UniteStates"/>
 18. <profile:hasInput rdf:resource="&congoprocess;#ExpressCongoMachineParameters"/>
 19. <profile:hasInput rdf:resource="&congoprocess;#ExpressCongoTractionMachine Parameters"/>
 20. <profile:InputValue>
 21. Q=2000;V=0.75;η=0.88;α=0.475;
 22. </profile:InputValue>
```

图 4.14 基于 OWL-S 的电梯云制造服务描述

4.4.2 基于 REST 的服务描述

目前，REST 架构已成为 SOA 实现的主要技术之一，由于其轻量、简单、高效等特点，受到越来越广泛的关注。RESTful Web Services（REST 式的 Web 服务）

是一种遵守 REST 式风格的 Web 服务,它是一种面向资源的架构(resource-oriented architecture, ROA)的应用。相比传统的远程过程调用(remote procedure call, RPC)风格,REST 风格显得更加轻量和快捷。从方法信息和作用域的角度:REST 采用标准的 HTTP 方法,通过 URI 显示定义作用域;RPC 请求都是 HTTP 协议的 POST 方法,其方法信息包含在 SOAP 协议包或 HTTP 协议包中,方法名称不具有通用性,作用域信息也无法直观地呈现。总而言之,RPC 是面向方法调用过程的,REST 是面向资源状态的。

对于不同的制造资源,首先需要通过虚拟化技术,对制造资源进行封装,将其转化为虚拟资源。例如,对于硬件制造资源,需要利用物联传感技术完成制造资源的主动感知和云端接入。然后,通过服务建模技术封装为制造服务。下面对基于 REST 架构的制造服务建模相关理论与方法进行阐述。

REST 是一种跨平台、跨语言的架构,于 2000 年在 Roy Thomas Fielding 的博士论文"Architectural styles and the design of network-based software architectures"首次被提出[26]。REST 架构中主要包含三个核心的概念。

(1)资源,是 REST 架构中最核心的概念。所谓"资源",指的是网络中的一个实体,例如,一张图片、一段文字等都可以视为资源。用户可以通过统一资源标识符(uniform resource identifier, URI)进行请求、访问和获取。因此,URI 是每一个资源的唯一标识符。

(2)资源表述,通过 URI 请求资源后,返回的数据可以以多种格式进行表述,比较常见的有 XML、Json、HTML 等。通常,一种资源可以对应多种表述。

(3)状态,REST 是基于 HTTP 传输协议的,因此是一种无状态协议。需要通过 HTTP 协议动词,如 GET(获取资源)、PUT(更新资源)、DELETE(删除资源)、POST(创建资源)等操作改变服务端的状态(State),并将相关资源的表述从服务器转移到相应的客户端。

REST 架构的具体原理如图 4.15 所示。客户端通过 HTTP 动作向服务端发起请求,服务端根据动作类型对资源进行操作,并以所需的资源表述格式返回给客户端。

云制造模式下,所有的制造资源都可以采用 REST 架构封装成制造服务,从而完成制造服务的建模。具体封装过程主要包括三个步骤:首先,将制造资源进行逻辑分类和分层,从而使每种制造资源都拥有一个唯一的 URI;然后,为制造资源的操作规定一种合适的表述形式,对制造资源的各种信息、状态、属性等内容进行描述;最后,在服务器端添加 HTTP 操作请求的方法函数,用于处理客户端发起的请求。

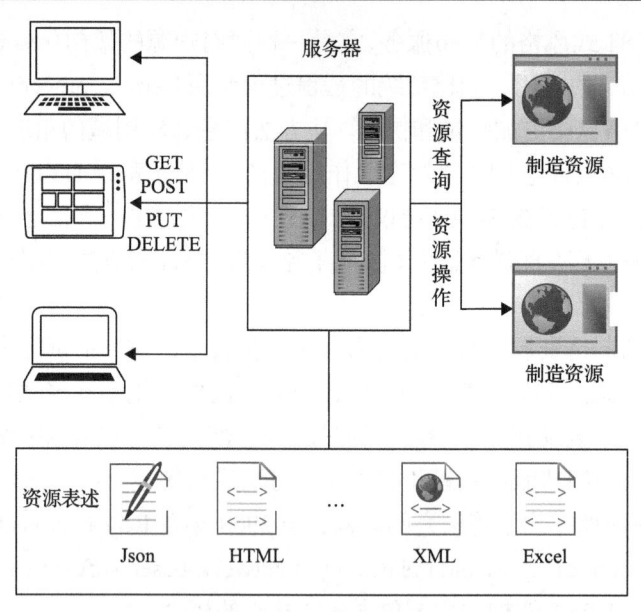

图4.15 REST架构的基本原理

参 考 文 献

[1] 李克勤, 陈兆良, 梅宏, 等. 领域工程概述[J]. 计算机科学, 1999, 14(5): 21-25.

[2] 张晓, 盛建新, 林洪. 我国产业技术创新战略联盟的组建机制[J]. 科技进步与对策, 2009, 26(20): 52-54.

[3] Eisenhardt K M, Schoonhoven C B. Resource-based view of strategic alliance formation: Strategic and social effects in entrepreneurial firms[J]. Organization Science, 1996, 7(2): 136-150.

[4] 尹超, 夏卿, 黎振武. 基于OWL-S的云制造服务语义匹配方法[J]. 计算机集成制造系统, 2012, 18(7): 1494-1502.

[5] 王海丹, 李金村, 黎晓东, 等. 中小企业云制造服务描述与本体建模研究[J]. 制造业自动化, 2012, 34(8): 30-33.

[6] 黄剑. 云制造环境下制造资源的建模及优化配置研究[D]. 南昌: 南昌大学, 2014.

[7] 胡祥萍. 云制造环境下基于语义的制造资源建模与管理研究[D]. 北京: 北京交通大学, 2013.

[8] 朱李楠. 云制造环境下资源建模及其匹配方法研究[D]. 杭州: 浙江工业大学, 2014.

[9] 朱李楠, 赵燕伟, 王万良. 基于RVCS的云制造资源封装、发布和发现模型[J]. 计算机集成制造系统, 2012, 18(8): 1829-1838.

[10] 罗大海. 面向云制造的服务资源优选建模及仿真研究[D]. 南昌: 南昌大学, 2015.

[11] 吴雪娇, 柳先辉. 基于语义的云制造服务描述[J]. 计算机与现代化, 2012, 27(1): 40-43.

[12] 许峰, 张定华, 王明微, 等. 基于云制造平台的云资源语义描述研究[J]. 计算机工程与应用, 2014, 50(15): 255-260.

[13] 任磊, 张霖, 张雅彬, 等. 云制造资源虚拟化研究[J]. 计算机集成制造系统, 2011, 17(3): 511-518.

[14] 王时龙, 宋文艳, 康玲, 等. 云制造环境下的制造资源优化配置研究[J]. 计算机集成制造系统, 2012, 18(7): 1396-1405.

[15] 宋文艳. 云制造资源优化配置研究[D]. 重庆: 重庆大学, 2013.

[16] 谢先文. 云制造环境下服务资源的共享与优化配置研究[D]. 杭州: 浙江理工大学, 2013.

[17] 姚锡凡, 金鸿, 徐川, 等. 云制造资源的虚拟化与服务化[J]. 华南理工大学学报(自然科学版), 2013, 41(3): 1-7.

[18] 刘强, 王磊, 陈新度, 等. 云制造服务平台的资源使用及访问控制[J]. 计算机集成制造系统, 2013, 19(6): 1414-1422.

[19] 李慧芳, 董训, 宋长刚. 制造云服务智能搜索与匹配方法[J]. 计算机集成制造系统, 2012, 18(7): 1485-1493.

[20] 盛步云, 张成雷, 卢其兵, 等. 云制造服务平台供需智能匹配的研究与实现[J]. 计算机集成制造系统, 2015, 21(3): 822-830.

[21] 王海丹. 中小企业云制造服务描述与实现[D]. 北京: 机械科学研究总院, 2012.

[22] 胡安瑞, 张霖, 陶飞, 等. 基于知识的云制造资源服务管理[J]. 同济大学学报(自然科学版), 2012, 40(7): 1093-1101.

[23] 中华人民共和国国家质量监督检验检疫总局, 中国国家标准化管理委员会. GB/T 35586—2017 云制造 服务分类[S]. 北京: 中国标准出版社, 2017.

[24] 柯旭东. 面向产业联盟的云制造服务平台框架研究及其应用[D]. 杭州: 浙江工业大学, 2017.

[25] 刘玲. 基于本体的构件检索的研究[D]. 青岛: 中国石油大学(华东), 2010.

[26] Fielding R T. Architectural styles and the design of network-based software architectures[D]. Irvine: University of California, 2000.

第5章 云制造服务流程建模

云制造服务流程定制需求是一类重要的复杂制造需求，能够满足不同企业的差异化制造业务活动。本章介绍云制造服务流程定制需求、云制造服务网络建模方法、基于复杂网络的云制造服务流程划分方法、云制造服务流程执行方法等，重点对制造任务复杂网络、制造服务复杂网络、服务流程复杂网络和云制造服务执行对象、云制造服务流程执行框架、云制造服务组合动态执行规则等进行详细描述，给出服务流程复杂网络划分、服务组合动态执行等算法。

5.1 云制造服务流程定制

云制造模式下，通过对制造服务流程的虚拟化和服务化，可以实现制造资源的整合与运作。企业可以通过云制造服务平台定制个性化的制造服务流程，构建在线制造业务应用系统，并方便地对其进行使用和管理，通过制造服务组合的方式动态或静态地绑定制造服务。图5.1给出了云制造服务流程定制原理。

云制造服务平台管理者(平台运营者和监管部门)通过对不同企业已有制造服务流程的分析、挖掘、整合，并结合行业标准，构建一个具有全局共性和部分个性的流程模型，称为全局制造服务流程，该流程具有一定的领域完备性，可以作为制造服务流程定制的持久化资产。

云制造服务平台内的企业成员根据自身的服务流程需求，向云制造服务平台提出云制造服务流程定制申请，云制造服务平台为其生成一个制造任务，这个制造任务事实上就是一个基于全局制造服务流程重构的个性化云制造服务流程(业务系统)，企业可以通过云制造服务平台对其进行动态管理。

当企业需要使用定制的业务系统，即制造任务被执行时，云制造服务平台通过制造服务动态组合、制造服务组合自适应、制造服务组合优选等模块，制定合适的制造服务组合策略，使企业能静态或动态地绑定制造服务资源。当一次任务执行完成后，绑定的制造服务资源被自动释放。

制造需求具有多粒度性，云制造服务流程的定制需求亦是如此，即多粒度制造服务流程需求。为了对多粒度制造服务流程需求进行表述，采用多粒度特征模型对其进行建模，通过领域专家构建全局制造服务流程并将其转化为多粒度特征模型，从而满足云制造服务流程定制过程中的多样化需求。

第 5 章 云制造服务流程建模

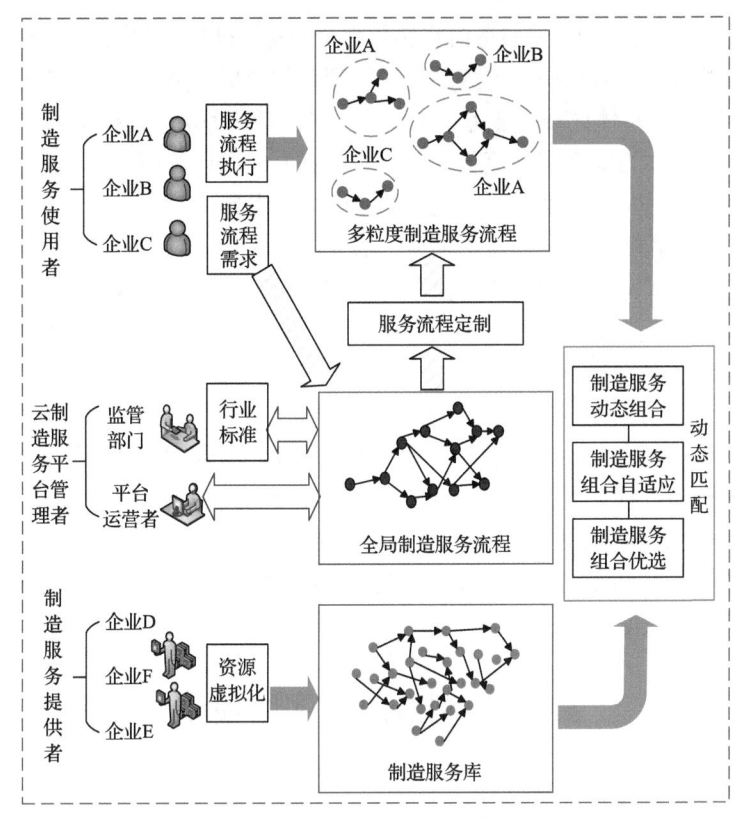

图 5.1 云制造服务流程定制原理

实现过程主要可以分为三个阶段，如图 5.2 所示。第一阶段，构建全局制造服务流程；第二阶段，将全局制造服务流程转化为全局特征模型，并建立两者之间的映射关系；第三阶段，将全局特征模型分解为多粒度特征模型。

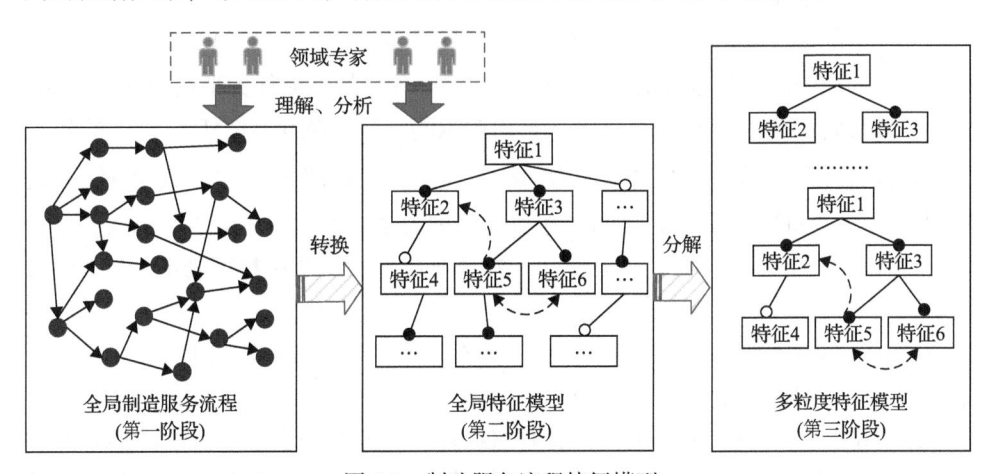

图 5.2 制造服务流程特征模型

在图 5.2 中，将全局制造服务流程转化为全局特征模型是关键，全局特征模型建模主要依赖领域专家对全局制造服务流程的理解和分析。然而，全局制造服务流程往往具有复杂性，具体体现为业务活动数量众多，且业务活动之间的依赖关系复杂，这样的服务流程称为复杂服务流程。例如，垂直电梯设计领域的全局服务流程就包含了 300 多个业务活动，业务活动之间的依赖关系也高达 600 多个。对复杂服务流程进行分析并将其转化为全局特征模型，需要耗费大量的时间；对流程模型理解不准确，则容易导致特征模型的构建错误，不利于云制造服务流程的定制。因此，如何降低复杂制造服务流程的分析难度，从而提升制造需求特征模型建模效率，就显得非常关键。

已有研究表明，将复杂服务流程划分成若干个子流程(节点数量较少，依赖关系相对简单)可以提高服务流程的可理解性，降低分析难度[1]。一个好的划分结果得到的子流程通常代表了原始复杂服务流程的一部分功能，通过对这些子流程的局部分析，可以更清晰地理解整个复杂服务流程的功能[2]。因此，设计一种科学有效的服务流程自动划分方法，对于复杂制造服务流程的理解和制造需求特征模型的构建具有重要意义。

5.2 云制造服务网络模型

5.2.1 任务复杂网络模型

定义 5.1 任务复杂网络。任务复杂网络是根据制造需求构建得到的网络模型。其形式化描述如下。

(1)原子制造任务。原子制造任务是指不可再分的细粒度制造任务，能够通过调用一个原子制造服务执行完成，记为 T。

一般情况下，企业的制造任务都是粗粒度的，记为 T^c，它是由一系列具有执行序列关系的原子制造任务构成的。对于企业成员，各自的制造任务都是相互独立的。

(2)制造任务执行边。制造任务执行边表示同一个粗粒度制造任务 T^c 中的各原子制造任务之间的执行序列关系，为加权有向边，记为 $E^T = \{w_{ij}^T\}$，其中 $w_{ij}^T = 1$ 表示制造任务 T_i 和制造任务 T_j 之间存在执行序列关系；否则，不存在执行关系。

(3)制造任务子网。制造任务子网是指企业成员的每个粗粒度制造任务，记为 $G_i = \{T_i, E_i^T\}$。

因此，每一个制造任务子网 G_i 都代表企业用户个性化的制造业务活动序列，是由企业当下的制造需求抽象得到的。

事实上，用户的制造需求往往具有多样性，主要体现为功能层次的差异性。以制造服务流程定制需求为例，首先，对于同一功能层次的服务流程定制，需求具有差异性。例如，在垂直电梯设计服务流程定制中，带曳引机的垂直电梯设计流程和不带曳引机的垂直电梯设计流程属于同一功能层次的不同需求。同时，对于不同功能层次的服务流程定制，也存在较大的差异性。例如，垂直电梯的整机设计流程、曳引机设计流程、曳引机功率设计是三种不同功能层次的服务流程定制需求。因此，对于每一个制造任务子网，其粒度大小往往是不一样的。

由于制造需求的多粒度性，制造任务子网也具有多粒度性。多粒度制造任务子网的构建方法如图 5.3 所示[3]。

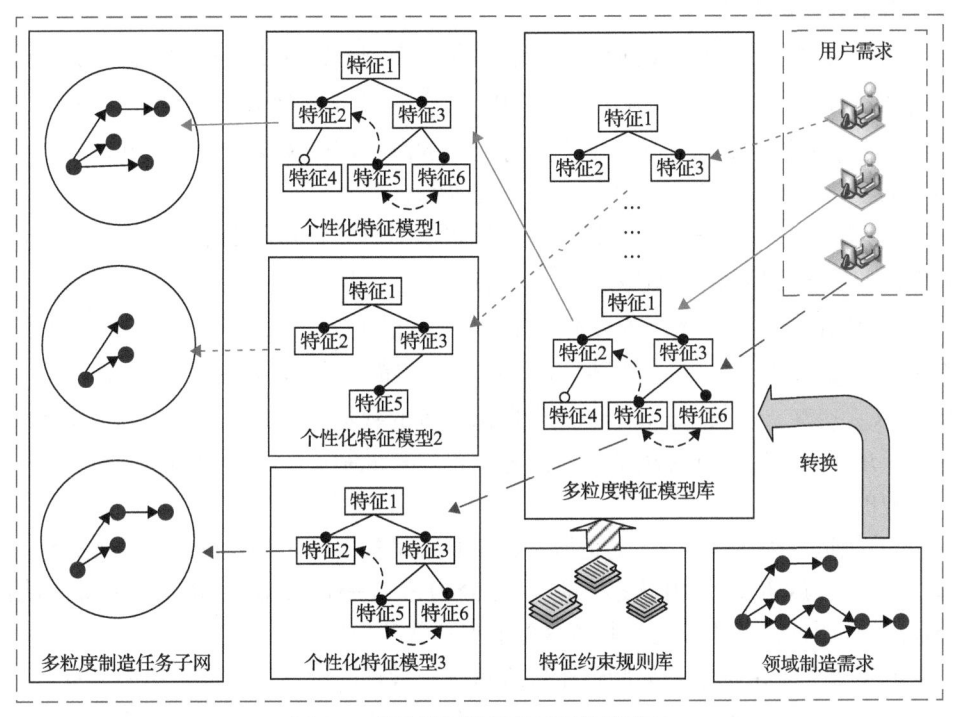

图 5.3 多粒度制造任务子网构建方法

(4) 制造任务类。制造任务类是指由相同或相似的原子制造任务组成的任务类，可以根据任务之间的相似度聚类得到，记为 $C^T = \{TC_1, TC_2, \cdots, TC_n\}$，其中 n 表示原子制造任务的数量。

制造任务复杂网络可以表示为由各相互独立的不同粒度的制造任务子网组成的有向无环网络，记为 $Net^T = \{G_1, G_2, \cdots, G_n\}$，其中 n 表示制造任务子网的数量。当制造任务子网被执行时，需要调用相应的制造服务。

(5) 制造任务执行状态。制造任务执行状态是指原子制造任务在执行过程中的动态属性。不同的时刻，原子制造任务处于不同的执行状态（T_{status}），可以分为已执行（$T_{status} = 0$）、待执行（$T_{status} = 1$）、正执行（$T_{status} = 2$）和未执行（$T_{status} = 3$）四种状态。

综上所述，制造任务复杂网络展示了制造任务之间的执行拓扑关系，即网络的静态结构属性，同时也记录了制造任务的执行状态，即动态执行属性。

5.2.2 服务复杂网络模型

定义 5.2　服务复杂网络。服务复杂网络是指由制造服务之间的潜在调用关系构建得到的网络模型。其形式化描述如下。

(1) 原子制造服务。原子制造服务是指可以被独立调用且功能不可再分的细粒度制造服务，记为 S。

(2) 制造服务依赖边。制造服务依赖边是指由制造服务之间的潜在调用关系得到的加权有向边，记为 $E^S = \{w_{ij}^S\}$，其中，$w_{ij}^S = 1$ 表示制造服务 S_i 和制造服务 S_j 之间存在潜在调用关系。原子制造服务之间的潜在调用关系与服务之间的接口依赖、兼容性、服务提供者之间的合作情况等都有关。

(3) 数学定义。制造服务复杂网络可以表示为由原子制造服务和制造服务依赖边组成的有向无环网络，记为 $\mathrm{Net}^S = \{S, E^S\}$。

(4) 制造服务类。制造服务类是指由一群功能相同或相似但 QoS 不同的原子制造服务组成的服务簇，可以根据服务之间的功能相似度聚类得到，记为 $C^S = \{SC_1, SC_2, \cdots, SC_n\}$。其中，$n$ 表示原子制造服务的数量。因此，每一个制造服务类包含了用于执行特定任务类的所有服务，也就是说制造任务类和制造服务类是一一对应的。

(5) 制造服务调用状态。制造服务调用状态是指不同时刻原子制造服务的动态属性。制造服务的调用状态 (S_{status}) 可分为未被调用 ($S_{\mathrm{status}} = 0$) 和正在被调用 ($S_{\mathrm{status}} = 1$) 两种，具体体现为制造服务节点负载的变化。

制造服务复杂网络是对制造服务进行统一管理的全局依赖网络模型。每一个网络节点代表一个原子制造服务，不同的制造服务节点之间通过调用关系构建有向依赖边。通过制造服务复杂网络，可以对来自不同服务提供者的制造服务进行动态调度，为用户提供个性化的动态服务组合方案。制造服务复杂网络不仅展示了制造服务之间的潜在调用关系，即静态结构属性，同时也记录了制造服务节点的调用状态，即动态调用属性。

5.2.3 服务流程复杂网络

根据 5.2.2 节的分析可知，构建领域内的全局制造服务流程是首先需要完成的任务。当前服务流程建模的方法有很多，如 Petri 网、业务流程建模符号(business process modeling notation, BPMN)、有向无环图、复杂网络等。本节采用复杂网络对全局制造服务流程进行建模，构建云制造服务流程复杂网络，简称服务流程复杂网络。

第 5 章 云制造服务流程建模

服务流程复杂网络的构建过程如图 5.4 所示。首先，领域专家构建该领域的用户需求集合，主要从现有的制造业务系统、制造服务流程文档或者标准文档等获取相关输入信息，提取企业成员制造业务活动的相关流程数据。然后，领域专家对所获取的流程数据进行预处理，对数据进行标准化。通过构建领域字典，以及对业务活动术语和粒度的标准化预处理，得到标准的业务活动集合。得到的标准制造的业务活动，称为原子制造业务活动。最后，通过原子制造业务活动之间的依赖关系（输入输出匹配），构建一个较为标准的全局制造服务流程，即服务流程复杂网络。具体构建算法如算法 5.1 所示。

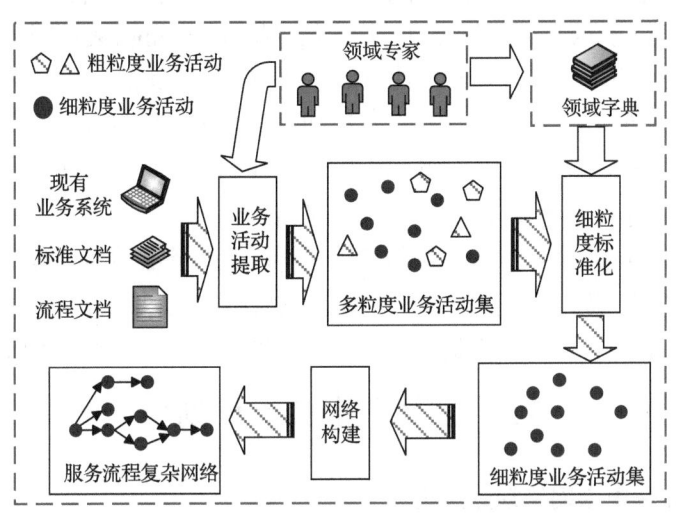

图 5.4 服务流程复杂网络构建过程

算法 5.1　服务流程复杂网络构建算法

输入：业务活动节点集合 Node
输出：服务流程复杂网络邻接矩阵 CM

```
num=getSize(Node);    //获取节点数量
for i=1:num do
  for j=1:num do
    if Output(Node[i]) ∩ Input(Node[j])= true then    //输入输出匹配
      CM(i, j)←1;
    else
      CM(i, j)←0;
    end if
  end for
end for
return CM
```

下面给出服务流程复杂网络的定义和形式化描述。

定义 5.3 服务流程复杂网络。服务流程复杂网络是指面向领域的云制造服务流程定制模板，体现了企业的共性化流程和个性化流程。

在服务流程复杂网络中，节点表示原子制造业务活动，边表示制造业务活动之间的依赖关系，其形式化描述如下。

(1) 原子制造业务活动。原子制造业务活动是指经过领域标准化后得到的最小粒度制造业务活动，记为 A，可以描述为一个多元组 $A=$ {ID, Name, Input, Output, Description}。其中，ID 表示制造业务活动的唯一标识符；Name 表示制造业务活动的名称；Input 表示制造业务活动的输入信息描述；Output 表示制造业务活动的输出信息描述；Description 表示制造业务活动的功能描述信息。

(2) 制造业务活动依赖边。制造业务活动依赖边用于表示两个制造业务活动之间的逻辑依赖关系，为加权有向边，记为 $E^A = \{w_{ij}^A\}$，其中 $w_{ij}^A = 1$ 表示制造业务活动 A_i 和 A_j 之间存在依赖关系；否则，不存在依赖关系。

(3) 数学定义。服务流程复杂网络是由原子制造业务活动和制造业务活动依赖边组成的复杂网络模型，记为 $\text{Net}^A = \{\text{DomainName}, A, E^A\}$。其中，DomainName 表示领域的名称；$A$ 表示制造业务活动节点；E^A 表示制造业务活动依赖边。

5.3 云制造服务流程划分

5.3.1 服务流程复杂网络划分过程

目前，服务流程复杂网络划分主要有基于层次结构树、基于 Petri 网、基于业务活动的语义聚类、基于图论等方法。例如，Vanhatalo 等[4]提出了一种服务流程划分方法，称为精化结构过程树，能够将工作流图分解成层次化的结构，并得到合适粒度的单入口单出口流程片段。针对复杂决策流程建模难度大的问题，Clempner[5]提出了一种层次化决策流程 Petri 网模型，通过模块化划分，将其分解成多个简单的子网，大大降低了复杂系统的建模难度。Smirnov 等[6]提出了一种半自动化的业务活动聚类方法，辅助建模人员进行流程抽象，该方法通过领域本体构建业务活动之间的语义关系，从而将服务流程模型转化为由粗粒度业务模块组成的抽象模型。该方法虽然考虑业务活动的语义信息，但忽略了流程的结构信息。Wiśniewski[7]将 BPMN 图建模为有向图，通过 K-gram 算法将有向图分解成不同的模块，得到可复用的子图。该方法只考虑了服务流程的结构特性，没有考虑语义信息。针对当前服务流程划分没有统一标准的问题，Reijers 等[8]提出了块结构性、连通性、标签相似性，并结合连通性和标签相似性的四种评价指标，将服务流程抽象为带标签的图，实验发现通过连通性指标能够得到较优的划分结果。

在复杂网络中，社团划分是将网络中功能相似的节点划分为一个社团。这里的功能相似体现为两方面：第一，同一社团内的节点连接紧密，不同社团之间的节点连接则较为稀疏；第二，同一社团内的节点属性相似度高，不同社团之间的相似度低。因此，运用复杂网络社团划分理论，对服务流程复杂网络进行划分和分析，为制造需求特征模型的构建提供理论支持。

当前社团划分方法主要分为三类：基于拓扑结构、基于节点属性、融合拓扑结构和节点属性。然而，基于拓扑结构的方法未能充分利用节点属性信息，而基于节点属性的方法未能利用拓扑结构信息，这两类方法都具有局限性，往往得不到较优的划分结果。因此，融合拓扑结构和节点属性的方法越来越受到研究者的关注。目前这类方法主要的问题在于，需要较多的先验信息，例如，需要最优权重的信息[9]，或者预先知道社团个数[10]，而这些信息往往很难确定，因此不能很好地解决服务流程复杂网络的划分问题。

由于最优子流程数量(社团数量)很难预先给出，如何自动确定划分的最优子流程数量？这里的最优子流程数量是指个数合适，且每个子流程的主题明确。

服务流程复杂网络的划分算法需要在子流程数量和权重信息未知的情况下，利用已知的网络结构和节点属性得到最优的划分结果。图5.5为服务流程复杂网络划分过程。

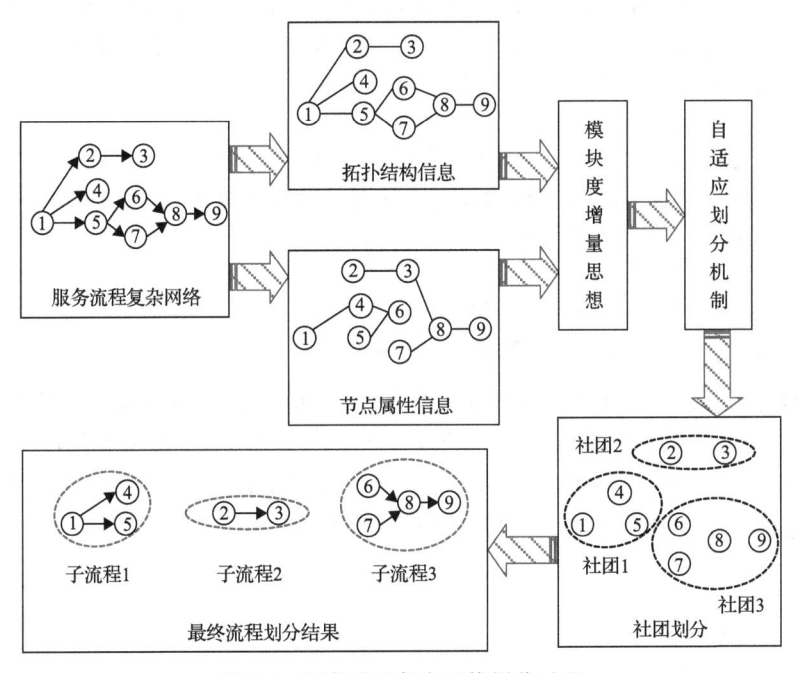

图 5.5 服务流程复杂网络划分过程

首先，从服务流程复杂网络得到拓扑结构信息和节点属性信息；然后，借助模块度增量的思想，通过自适应划分机制，在划分的过程中动态调整网络拓扑结构信息和节点属性信息的权重，通过对模块度的优化，得到最优的社团划分结果；最后，分别对每个社团进行处理，根据制造业务活动的逻辑依赖关系进行流程的重构，构建相应的子流程。

5.3.2 服务流程复杂网络划分算法

根据服务流程复杂网络的划分机制，其划分算法的具体实现思路如下。

步骤1：根据服务流程复杂网络提取网络拓扑结构信息，构建结构相似度矩阵 **SM**，矩阵中的元素 SM_{ij} 表示节点 i 和节点 j 的结构相似度。节点 i 和节点 j 之间存在连边，$SM_{ij}=1$；否则 $SM_{ij}=0$。

步骤2：根据服务流程复杂网络提取节点属性信息，构建领域相似度矩阵 **DM**，矩阵中的元素 DM_{ij} 表示节点 i 和节点 j 的领域相似度。根据领域字典提取节点的属性，得到领域标签，计算节点之间的领域相似度。领域标签属于离散型属性，这里采用 Jaccard 距离计算原子业务活动之间的领域相似度。节点之间相似度的计算如下：

$$DM_{ij} = \frac{D(i) \cap D(j)}{D(i) \cup D(j)} \tag{5.1}$$

式中，$D(i)$ 和 $D(j)$ 分别表示原子业务活动 i 和 j 的属性标签向量，$0 < DM_{ij} < 1$。

步骤3：根据得到的结构相似度矩阵 **SM** 和领域相似度矩阵 **DM**，建立综合模块度指标作为优化目标。综合模块度计算如下：

$$Q_c = \alpha Q_s + \beta Q_a \tag{5.2}$$

式中，α 和 β 分别表示网络结构和节点属性对综合模块度的权重；Q_s 和 Q_a 分别表示网络结构和节点属性产生的模块度，模块度计算如下：

$$Q = \frac{1}{2m} \sum_{ij} \left(A_{ij} - \frac{K_i K_j}{2m} \right) \delta(C_i, C_j) \tag{5.3}$$

其中，Q 表示模块度；A_{ij} 表示节点 i 和节点 j 之间的权重（无向网络边权重为1）；K_i 和 K_j 分别表示网络中节点 i 和节点 j 的权重之和；C_i 和 C_j 分别表示节点 i 和节点 j 所属的社团，i 和 j 在同一个社团则 $\delta(C_i, C_j)=1$，否则等于0；m 为整个网络的边数。

步骤4：基于模块度增量的思想进行社团划分，模块度增量 ΔQ_c 计算如下：

$$\Delta Q_c = \alpha \Delta Q_s + \beta \Delta Q_a \tag{5.4}$$

ΔQ_s 和 ΔQ_a 计算如下：

$$\Delta Q = \left[\frac{\Sigma_{in} + k_{i,in}}{2W_m} - \left(\frac{\Sigma_{tot} + k_i}{2W_m} \right)^2 \right] - \left[\frac{\Sigma_{in}}{2W_m} - \left(\frac{\Sigma_{tot}}{2W_m} \right)^2 - \left(\frac{k_i}{2W_m} \right)^2 \right] \tag{5.5}$$

式中，$\varSigma_{\text{in}}$ 表示社团 C 内所有边的权重之和；$\varSigma_{\text{tot}}$ 表示社团 C 中所有节点相关的边的权重之和；k_i 表示发生在节点 i 上的所有边的权重之和；$k_{i,\text{in}}$ 表示节点 i 到社团 C 中的所有节点的边的权重；W_m 表示网络中所有边的权重之和。

步骤 5：采用自适应机制动态调整权重 α 和 β 的值。在社团划分前很难确定网络拓扑结构和节点属性对模块度的影响程度，即 α 和 β 的值，因此在算法中设置 α 和 β 的初始值相同，即假设两者的初始影响程度相同。

一个好的社团划分过程，每个社团之间的主题差异度应该是越来越大的。因此，引入主题差异度指标 TDiff，用于评价社团主题差异程度，并作为自适应优化对象。社团主题差异系数由两个二级指标构成：全局主题差异系数 Glo-TDiff 和最小主题差异系数 Min-TDiff。其中，Glo-TDiff 是一个全局指标，表示每个社团之间的差异系数均值，具体计算如式(5.6)和式(5.7)所示；Min-TDiff 是一个局部指标，是指社团划分后任意两个社团差异系数的最小值，具体计算如式(5.8)所示。这两个指标都是越大越好，越大说明两个社团之间的差异越大，每个社团的主题越鲜明。

$$\text{Glo-TDiff} = \frac{2\sum_{u=1}^{N-1}\sum_{v=u+1}^{N}[\text{TD}(u,v)]}{N(N-1)} \tag{5.6}$$

$$\text{TD}(u,v) = 1 - d(a(u),a(v)), \quad a(u)_i = p(x(t),u) \tag{5.7}$$

$$\text{Min-TDiff} = \min\{\text{TD}(u,v)\} \tag{5.8}$$

式中，N 表示社团总数；$\text{TD}(u,v)$ 表示社团 u 和社团 v 的主题差异系数；$a(u)$ 和 $a(v)$ 分别表示社团 u 和社团 v 的属性概率向量；$d(a(u),a(v))$ 表示向量的相似度，这里采用余弦距离计算；x 表示属性向量；$p(x(t),C(u))$ 表示第 t 维属性在社团 u 中所占的比例。

在社团划分的过程中，如果 TDiff 处于增加状态，则表明模块度优化的同时，社团主题也越来越好，可以认为此时节点属性信息具有促进作用，可以适当增加属性的权重 β；反之，节点属性信息具有阻碍作用，需要增加结构的权重 α。通过 TDiff 的变化，自适应地调整结构和属性的权重。因此，可预先设置一个合适的权重增量 $\Delta\omega$，对权重进行调整，则有

$$\begin{cases} \alpha = \alpha + \Delta\omega, & \text{TDiff}(i) - \text{TDiff}(i-1) > 0 \\ \beta = \beta + \Delta\omega, & \text{TDiff}(i) - \text{TDiff}(i-1) < 0 \end{cases} \tag{5.9}$$

步骤 6：基于以上步骤得到的社团划分结果，分别根据每个社团内的制造业务活动的逻辑依赖关系进行流程的重构，得到相应的子流程集合。

下面给出服务流程复杂网络划分(business process complex network decomposition，BPCND)算法的实现。首先，将所有的节点视为一个社团，进行初始化(第1行)；接着，通过模块度增量的计算对服务流程复杂网络进行社团划分，得到社团划分结果(第2~26行)；最后，分别处理各个社团，获取相应的子流程(第27~30行)。

算法5.2　服务流程复杂网络划分算法

输入：服务流程复杂网络邻接矩阵 **CM**，结构相似度矩阵 **SM**，领域相似度矩阵 **DM**，拓扑信息初始权重 α，节点信息初始权重 β，权重增量参数 $\Delta\omega$
输出：流程划分结果 $\{CM_1, CM_2, \cdots, CM_n\}$

```
CNode=Initialize(Node); //初始化
if index=true then
  index←false;
N=getSize(CNode); //获取节点的数量
for i=1:N do
    K[i]=getWeight(CNode); //获取节点的度
end for
K[i]=descendRank(K[i]);
CNode=updateCNode(K); //按节点度进行排序
 for V[u] ∈ CNode do
  for V[w] ∈ CNode do
    ΔQc[u][w]=deltaQCalculate(α, β, SM, DM); //按式(5.2)、式(5.3)、式(5.4)、式(5.5)计算
  end for
  [w, maxΔQc]=Max(ΔQc[u][w]);
  if maxΔQc >0 then
    index←true;
   C(V[w])←V[u];
        Glo-TDiff =calculateGloTDiff(a(x)); //根据式(4.4)和式(4.5)计算
   α=updateAlpha(α, Δω, Glo-TDiff);
   β=updateBeta(β, Δω, Glo-TDiff); //根据式(4.7)计算
   else
    C(V[u])←V[u];
   end if
  end for
  CNode=updateCommunity(CNode);
end if
for n=1:N do
  CM[n]=getProcess(CM, CNode); //获取子流程
end for
return {CM1, CM2, ···, CMn}
```

5.4 云制造服务组合执行

5.4.1 服务组合描述文件

本节给出一个云制造服务组合执行的问题场景。如图 5.6 所示，一个云制造服务组合包含 W_1、W_2、W_3、W_4、W_5、W_6、W_7、W_8 八个云制造服务，每个方块表示一个云制造服务，每个服务的具体信息如表 5.1 所示，云制造服务之间的连线代表两个云制造服务之间的依赖关系[11]。

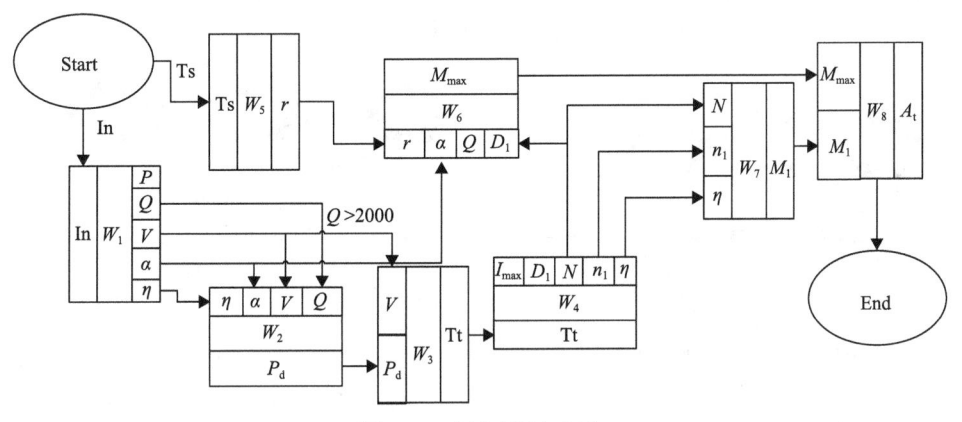

图 5.6 云制造服务组合

表 5.1 服务属性表

标识	服务名称	服务描述	输入参数	输出参数
W_1	基本性能参数设计	设计电梯基本性能参数	In	P, Q, V, α, η
W_2	曳引机功率计算	$P_d = \dfrac{(1-\alpha)QV}{102\eta}$	Q, V, α, η	P_d
W_3	曳引机选型	根据曳引机型号查询	V, P_d	Tt
W_4	曳引机技术参数查询	曳引机型号查询	Tt	I_{max}, D_1, N, n_1
W_5	曳引比设计	根据曳引悬挂驱动方案选择	Ts	r
W_6	曳引机最大工作扭矩计算	$M_{max} = \dfrac{(1.1-\alpha)Qg_nD_1}{n_1}$	α, Q, D_1, r	M_{max}
W_7	曳引机理论输出扭矩计算	$M_1 = \dfrac{9550N\eta g_n}{n_1}$	N, η, n_1	M_1
W_8	曳引机扭矩校核	$M_{max} \leqslant M_1$	M_{max}, M_1	A_t

该服务组合执行流程如下：Start 表示服务组合的原始输入参数 In、Ts，获得

原始输入后开始调用服务 W_1、W_5，得到 W_1 的调用结果 P、Q、V、α、η 和 W_5 的调用结果 r 后，将 Q、V、α、η 作为 W_2 的输入参数，自动执行 W_2 得到调用结果 P_d，结合 W_1 的调用结果 V 自动调用 W_3，获得 W_3 的调用结果 Tt。按照此规则，最终获得 W_8 的调用结果 A_t 作为云制造服务组合的执行结果。

云制造模式下，制造企业通过虚拟化技术将制造资源封装成服务并发布到云制造服务平台中，用户通过服务组合的方式满足自身复杂的制造需求。由于用户需求的多样化，会产生大量的云制造服务组合，所有服务组合共享云制造服务平台服务库中的制造服务。如图 5.7 所示，由于云制造服务组合只包含了需要调用的服务及其调用顺序，为了实现其执行，需要设计一个执行引擎进行解读，管理服务参数，按照组合逻辑自动调用云制造服务。

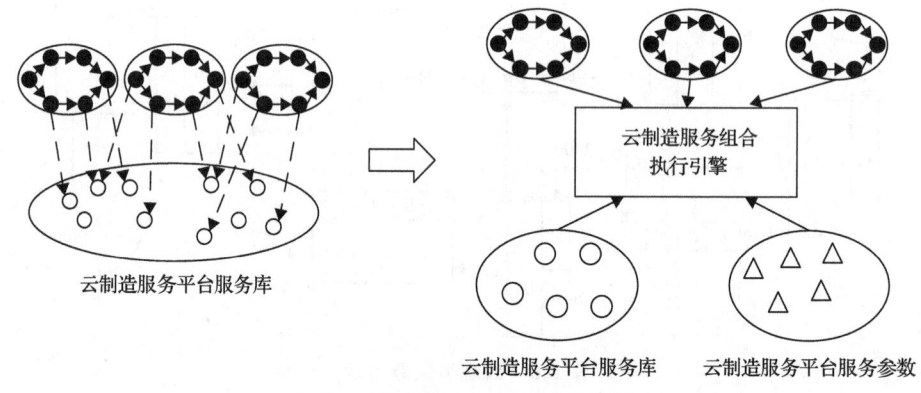

图 5.7　服务组合与服务组合执行

服务组合描述文件是云制造服务组合经过持久化操作后，保存在云制造服务平台中的 Json 格式文件。以图 5.6 中的服务组合为例，其云制造服务组合描述文件如下所示：

```
{   "comeFrom": "yzz016",
    "area": "垂直梯",
 "Links":
 {
    "7": {"child": {"and": [{"id":"3"}]},"father":{"and":[{"id": "6","paramMatch":
      [{"M1": "M1"}]}]}},
    "6":{"child":{"and":[{"id":"5"},{"id":"7"}]},"father":{"and": [{"id":
      "end","paramMatch": []}]}},
    "5":{"child":{"and":[{"id":"3"},{"id":"0"},{"id":"4"}]},"father":{"and":[{"id":"6"
      ,"paramMatch":[{"Mmax":"Mmax"}]}]}},
```

```
      … …
       "0": {"child": {"and": []},"father": {"and": [{"id": "1","paramMatch": [{"Q":
           "Q"}, {"V": "V"}, {"alpha": "alpha"}, {"H": "H"}],"paramRule":[{"Q":
           "Q>2000"}]},{"id": "2","paramMatch": [{"V": "V"}]}, {"id":
           "5","paramMatch": [{"alpha": "alpha"}, {"Q": "Q"}]}]}},
       "end": "6"
   },
   "description": "用于曳引机扭矩校核",
   "name": "yyjjhxt",
    "edgeInCanvas": [{"0": "1"}, {"1": "2"}, {"0": "2"}, {"2": "3"}, {"3": "5"}, {"0":
                   "5"}, {"4": "5"}, {"3": "7"}, {"5": "6"}, {"7": "6"}],
       "executeArr": [],
   "chiName": "曳引机校核系统",
   "Nodes":
    {
          "3":{"id":"3","outputParams":[{"param":"Imax"},{"param":"D1"},{"param":"
   N"},{"param":"n1"},{"param":"RGS"},{"param":"gama"},{"param":"beta"},{"para
   m":"i"}],"realId":"20171122173123789","inputParams":[{"mathed":"true","param":
   "Tractortype"}],"name": "tractor technical parameter query","chiName": "曳引机技
   术参数查询","y": 229.33333206176758,"x": 497.75},
          "2":{"id":"2","outputParams":[{"param":"Tractortype"}],"realId":"2017111716
   3421730","inputParams":[{"mathed":"true",
   "param":"V"},{"mathed:"true","param":"Pd"}],"name": "tractor
   choose","chiName": "曳引机选型","y": 194.33333206176758,"x": 455.75},
       … …
     }
   }
```

服务组合描述文件中的 Nodes 和 Links 是对服务组合节点和服务组合依赖边的文本描述。Nodes 代表云制造服务组合中所有服务组合节点的集合，组合文件通过该集合描述执行过程中需要调用的云制造服务；Links 代表云制造服务组合中所有服务组合依赖边集合，组合文件通过该集合描述云制造服务之间的调用顺序、参数匹配以及参数依赖。

服务组合节点是指云制造服务组合系统中的服务本身以及其所依赖的参数和依赖该节点输出的参数，用 Node 表示。

定义 5.4 服务组合节点。服务组合节点可表示为一个四元组：Node ={ID,

name, in, out}，其中，ID 表示节点 N 的标识；name 表示节点 N 所包含服务的名称；in 表示节点 N 所依赖的输入参数，其个数称为入度；out 表示依赖节点 N 输出的参数，其个数称为出度。服务组合依赖边是指云制造服务组合系统中节点之间的参数依赖关系，用 L 表示。

定义 5.5　服务组合依赖边。服务组合依赖边可表示为五元组：L={ID, source, target, match, rule}，其中，ID 表示依赖边 L 的标识；source 表示依赖边 L 的起点；target 表示依赖边 L 的终点；match 表示依赖边 L 的匹配条件；rule 表示依赖边 L 的依赖条件，不存在依赖条件时用 null 表示。

服务组合节点参数关联关系指的是作用于同一节点的输入参数或者输出参数之间的关系。每个云制造服务都包含输入参数和输出参数，在服务组合过程中，复杂的组合逻辑使得输入输出参数之间产生各种关联，可通过服务组合节点参数关联关系对其进行阐述，作为服务组合执行过程中流程判断的依据。服务组合节点参数关联关系包含以下四种类型，如图 5.8 所示[12]。

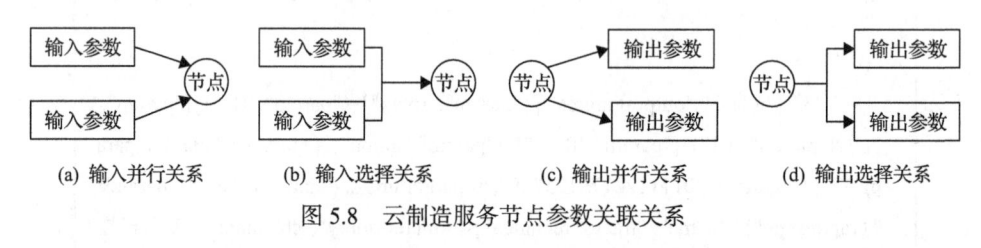

(a) 输入并行关系　(b) 输入选择关系　(c) 输出并行关系　(d) 输出选择关系

图 5.8　云制造服务节点参数关联关系

(1) 输入并行关系：云制造服务组合节点的入度为 x，以该节点为终点的依赖边的个数为 y，若满足 $x=y$，则称该节点参数关联关系为输入并行关系。

(2) 输入选择关系：云制造服务组合节点的入度为 x，以该节点为终点的依赖边的个数为 y，若满足 $x<y$，则称该节点参数关联关系为输入选择关系。

(3) 输出并行关系：云制造服务组合节点的出度为 x，以该节点为起点的依赖边的个数为 y，若满足 $x=y$，则称该节点参数关联关系为输出并行关系。

(4) 输出选择关系：云制造服务组合节点的出度为 x，以该节点为起点的依赖边的个数为 y，若满足 $x<y$，则称该节点参数关联关系为输出选择关系。

5.4.2　云制造服务组合执行时对象

当云制造服务组合执行时，执行引擎会读取其描述文件，在内存中生成云制造服务组合执行时对象(cloud manufacturing service composition execution object，CMSCEO)，完成服务组合的一次实例化。每个 CMSCEO 包含区分执行时对象的唯一标识符、执行状态信息(包括等待、执行、挂起和结束状态)以及记录运行过程的执行上下文。服务组合每次执行都会产生一个新的执行时对象。

定义 5.6　云制造服务组合执行时对象。云制造服务组合执行时对象可以表示

为一个三元组：$G=(V_n,V_l,V_e)$，其中，$V_n=\{NO_i|\,NO_i$ 是服务组合节点，$1\leqslant i\leqslant n\}$，表示所有服务组合节点集合；$V_l=\{LO_i\,|\,LO_i$ 是服务组合依赖边，$1\leqslant i\leqslant n\}$，表示所有服务组合依赖边集合；$V_e=\{NO_j\,|\,NO_j$ 是服务组合节点，$1\leqslant j\leqslant n\}$，表示正在执行的服务组合节点集合。

云制造服务组合执行时对象初始化过程包括服务组合节点初始化和服务组合依赖边初始化。首先，读取服务组合描述文件 Nodes 中的信息，获取服务组合包含的云制造服务以及服务具体信息完成云制造服务组合节点初始化。然后，读取服务组合描述文件 Links 中的信息，提取服务间的参数匹配关系和参数依赖关系完成云制造服务组合依赖边初始化。接着，根据获得的节点和依赖边，计算每个服务组合节点的出度和入度，确定每个服务组合节点的参数关联关系。最后，云制造服务组合节点和云制造服务组合依赖边的集合共同构成执行时对象。

下面以图 5.6 中的服务组合为例，对执行时对象的初始化过程进行说明。

对于云制造服务 W_1，其输入参数为 In，输出参数为 P、Q、V、H、α，设 NO_1 为包含 W_1 的云制造服务组合节点，该节点的 ID 为 1。因为 W_1 的输入参数 In 依赖于 Start 节点的 1 个原始参数 In，所以节点 NO_1 的入度为 1；W_1 的输出参数 Q 被 W_2 的输入参数 Q 和 W_6 的输入参数 Q 所依赖，输出参数 P 未被其他服务参数依赖，结合其他输出参数 V、H、α 的被依赖情况，可得到共有 7 个参数依赖于节点 NO_1 的输出，所以出度为 7。最终得到节点 $NO_1=\{1,W_1,1,7\}$。同理，可得节点 $NO_1\sim NO_8$。

对于云制造服务组合节点 NO_1 和 NO_2，由于 W_1 的输出参数 Q 作为 W_2 的输入参数 Q，即参数匹配关系：$Q\to Q$，同时根据约束条件，只有当 W_1 的输出参数大于 2000 时才能作为 W_2 的输入参数，即存在参数依赖关系：$Q>2000$，所以涉及的依赖边表示为 $LO_1=\{1,NO_1,NO_2,Q\to Q,Q>2000\}$。同理，可得依赖边 $LO_2\sim LO_{24}$。

云制造服务组合节点和云制造服务组合依赖边初始化完成后，对服务组合节点参数关联关系进行判断。对于服务组合节点 $NO_2=\{2,W_2,4,1\}$，其输入参数依赖于 W_1 的 Q、V、H、α 四个输出参数，所以入度为 4，以该节点为终点的依赖边有 $LO_1=\{1,NO_1,NO_2,Q\to Q,Q>2000\}$、$LO_2=\{1,NO_1,NO_2,V\to V,null\}$、$LO_3=\{1,NO_1,NO_2,\alpha\to\alpha,null\}$、$LO_4=\{1,NO_1,NO_2,H\to H,null\}$，共 4 条，与入度数量相等，所以为输入并行关系；有一个参数（W_3 输入参数 P_d）依赖于该节点的输出参数，所以出度为 1，以该节点为起点的依赖边有 $LO_8=\{1,NO_2,NO_3,P_d\to P_d,null\}$，为一个，与出度数量相等，所以为输出并行关系。同理，可得其他服务组合节点的参数关联关系。

将依赖于 Start 节点的 NO_1 和 NO_5 归入正在执行的服务组合节点集合，最终得到执行时对象如下：

$V_\mathrm{n} = \{\mathrm{NO}_i \mid \mathrm{NO}_i$ 是云制造服务组合节点，$1 \leqslant i \leqslant 8\}$

$V_\mathrm{l} = \{\mathrm{LO}_j \mid \mathrm{LO}_j$ 是云制造服务组合依赖边，$1 \leqslant j \leqslant 24\}$

$V_\mathrm{e} = \{\mathrm{NO}_1, \mathrm{NO}_5\}$

5.4.3 服务组合执行引擎

云制造服务组合执行引擎框架包括业务层、调度层、执行层、服务层和交互层等，如图 5.9 所示。

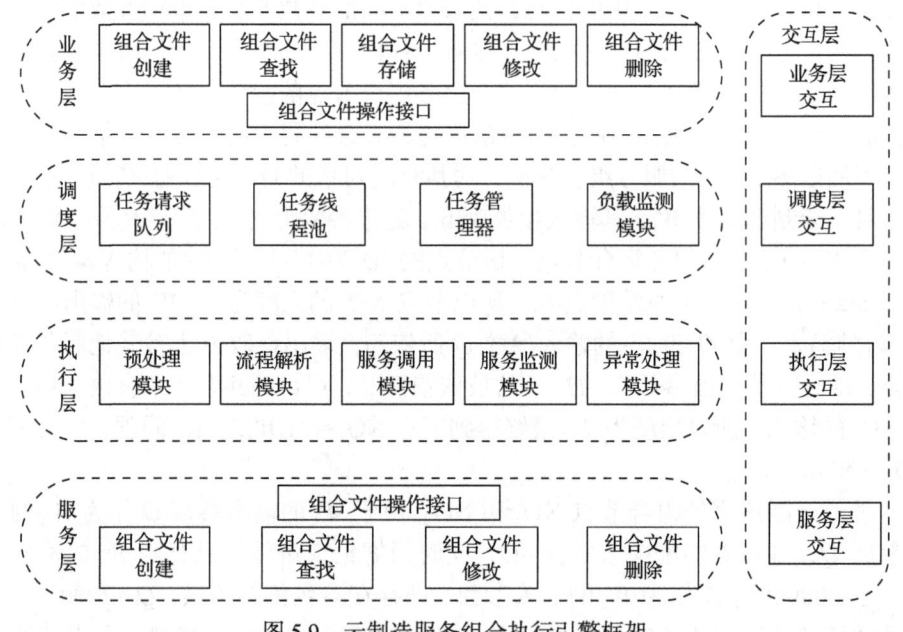

图 5.9 云制造服务组合执行引擎框架

(1) 业务层：执行引擎在业务层中对云制造服务组合描述文件进行相关操作，包括云制造服务组合描述文件的创建、查找、存储、修改以及删除，并对外提供操作接口。

(2) 调度层：执行引擎在调度层中进行云制造服务组合执行任务的调度。调度层中包含任务请求队列、任务线程池、任务管理器、负载监测模块，负责云制造服务组合从开始运行到执行完毕的整个生命周期管理。其中，任务请求队列是一个队列对象，用户每次发起云制造服务组合执行请求，执行引擎将把请求加入该队列中；任务线程池是执行引擎管理工作线程的工具，可以根据硬件条件和用户需求设置有效的工作线程数量；任务管理器是执行引擎管理任务执行请求的工具，负责从队列中获取任务执行请求，以及为任务请求分配工作线程；负载监测模块用于根据当前任务数量监测引擎负载。

(3) 执行层：执行引擎在执行层完成云制造服务组合的执行流程解析和服务调

用。执行层包含预处理模块、流程解析模块、服务调用模块、服务监测模块、异常处理模块等。其中,预处理模块负责读取云制造服务组合文件,并将云制造服务组合文件转化为执行时对象;流程解析模块负责执行时对象执行过程中节点的服务执行条件判断和执行状态转移条件判断;服务调用模块负责接收用户外部参数输入,并通过服务操作接口实现云制造服务的调用;服务监测模块负责服务调用过程中的服务监测,并将服务调用日志记录在服务状态文档中;异常处理模块负责云制造服务组合执行过程中发生服务调用异常时的相关处理操作。

(4)服务层:执行引擎在服务层中对云制造服务进行相关操作,包括组合文件创建、组合文件查找、组合文件修改、组合文件删除等,并对外提供组合文件操作接口。

(5)交互层:交互层由前端页面组成,提供用户对执行引擎进行各种操作的入口,包括业务层交互、调度层交互、执行层交互和服务层交互。用户通过业务层交互对执行引擎发起云制造服务组合描述文件的相关操作请求;用户通过调度层交互查看引擎当前包含的执行任务,并可以使用任务管理器设置任务执行的优先级;用户通过执行层交互输入服务调用需要的外部输入参数,查看服务调用结果;用户通过服务层交互向执行引擎发起云制造服务的相关操作请求。

云制造服务组合执行需要引擎框架中的业务层、调度层、执行层、服务层和交互层共同协作完成,执行引擎流程如图 5.10 所示。用户通过交互层选择需要运

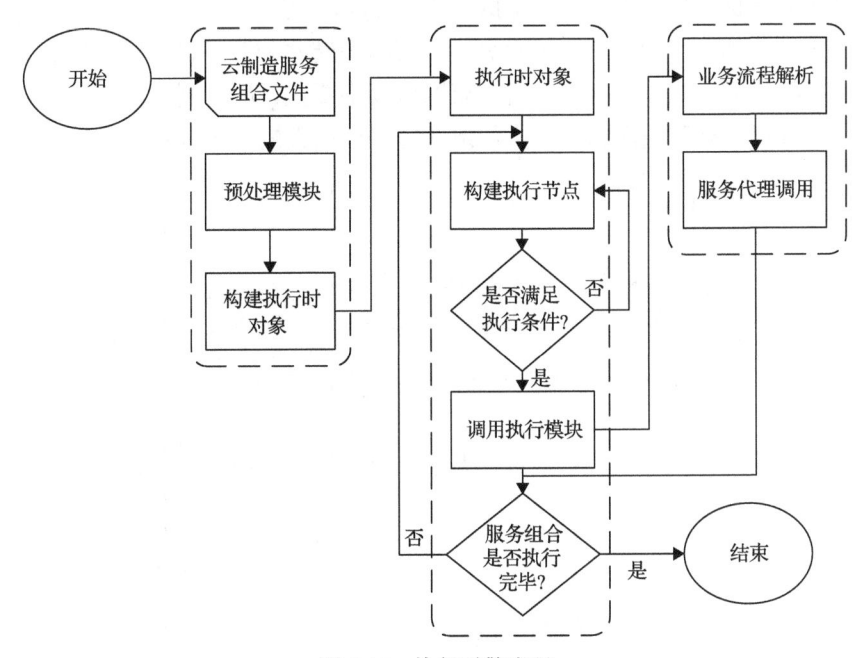

图 5.10　执行引擎流程

行的云制造服务组合，并通过服务层提供的云制造服务操作接口，查看云制造服务组合中包含的云制造服务的具体信息，在业务层中调用云制造服务组合操作接口，根据读取的服务组合文件生成运行实例，在调度层中将运行实例放入运行实例队列，执行引擎不断轮询任务线程池中的空闲线程数量，当查询到有空闲的任务线程并且引擎负载在正常范围内时，任务管理器将运行实例从队列中取出，占用该空闲任务线程。任务线程在执行层中生成云制造服务组合执行时的对象，调用流程解析模块解析执行时对象的执行流程顺序，然后结合服务调用模块实现服务的自动调用，同时用户通过交互层输入服务调用需要的外部参数，利用服务监测模块和异常处理模块确保服务调用的正常执行，得到服务调用的结果。

5.4.4 服务流程执行规则

云制造服务组合的执行过程可以抽象为云制造服务组合执行时对象 $G(V_n, V_l, V_e)$ 的执行状态变更过程。每执行完一个服务节点包含的服务，会发生一次执行状态变更。当正在执行的云制造服务组合节点集合 V_e 中节点数量为 0 时，则称执行状态为稳定状态，否则为不稳定状态。因此，可以将云制造服务组合执行问题转化为对执行状态的判断。此时，若正在执行的云制造服务组合发生变化(如服务失效)，执行引擎不会受其影响，而是根据服务组合的执行状态决定是否继续运行，即将服务组合原本基于流程的静态执行转化为动态执行。

如图 5.11 所示，执行状态变更分为执行状态转移和服务执行两个环节，当某个云制造服务组合节点执行完毕后，获取后续将要执行的云制造服务组合节点，对满足执行状态转移条件和服务执行条件的节点完成执行状态变更操作。

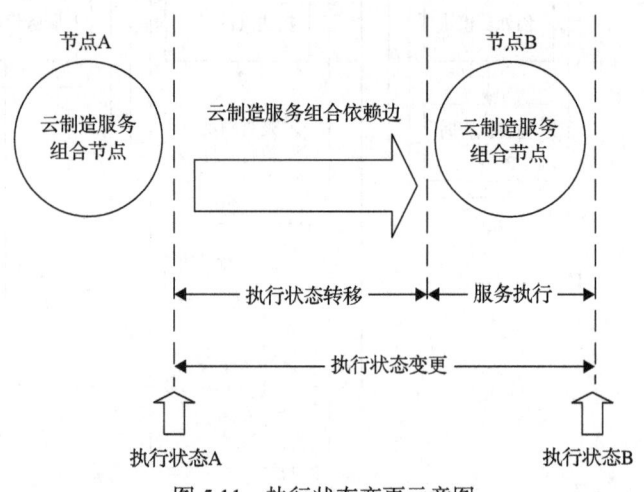

图 5.11 执行状态变更示意图

基于执行状态变更的服务组合执行算法见算法 5.3。其中，n 为云制造服务组合节点，l 为云制造服务组合依赖边，n.start = true 表示节点 n 满足服务执行条件，l.start = true 表示依赖边 l 的起点节点满足到终点节点的执行状态转移条件。其具体过程为：首先，获取节点集合 V_n 进行循环判断，找出入度为 0 的节点放入正在执行的节点集合 V_e（第 1~3 行）。然后，对 V_e 中的节点循环判断是否满足服务执行条件，若节点 n 满足条件，则执行节点包含的云制造服务，将执行结果保存在 CMSCEO 的上下文中（第 4~7 行）。接着，将节点 n 从 V_e 中去除，判断节点 n 与其后续节点是否满足执行状态转移条件，如果满足，则将该后续节点放入 V_e，继续循环直到执行状态达到稳定。最后，返回服务组合执行结果（第 8~17 行）。

算法 5.3　服务组合动态执行算法

输入：V_n, V_e, V_l
输出：result

```
for each n ∈ Vₙ
    if n.in=0 then Vₑ.add(n)
end for
while size (Vₑ)>0:
    n = Vₑ. reduce()
    if n.start=true then
        result = Execute(n)
    if n.out>0 then
        for each l ∈ V₁ where l.source = n
            if l.start=true then
                if !Vₑ.contains(l.target) then
                    Vₑ.add(l.target)
        end for
end while
return result
```

其中，服务执行条件的判断规则如下。

当判断节点 NO 执行条件时，首先获取以 NO 为终点并且满足依赖条件的所有依赖边，依次查询依赖边中包含的参数匹配条件；然后从 CMSCEO 的上下文中搜索依赖边的起始节点的执行结果，若所有匹配条件中涉及的参数都在上下文中找到对应执行结果，并且节点 NO 的输入参数都有对应的匹配参数，则说明满足节点执行条件。

执行状态转移条件的判断规则如下。

(1) 设节点 NO_1 服务执行完毕，NO_2 为 NO_1 的后续节点，LO(ID, NO_1, NO_2, match, rule) 为连接 NO_1 和 NO_2 的依赖边，开始进行 NO_1 到 NO_2 的转移条件判断。

(2) NO_1 为输出并行关系，NO_2 为输入并行关系：若 LO 满足依赖条件 rule，则说明满足 NO_1 到 NO_2 执行状态转移条件。

(3) NO_1 为输出并行关系，NO_2 为输入选择关系：LO 中 match 是 NO_1 的输出参数与 NO_2 的输入参数 P 的参数匹配关系，当以 NO_2 为终点并且匹配条件涉及该参数 P 的依赖边数目为 1 时，若满足 LO 的依赖条件 rule，则说明满足 NO_1 到 NO_2 执行状态转移条件；当以 NO_2 为终点并且匹配条件涉及该参数 P 的依赖边数目大于 1 时，参数 P 是选择逻辑，只有当 LO 满足依赖条件 rule 时，有且仅有 NO_1 能满足到 NO_2 的执行状态转移条件，与此同时把其他依赖边的 start 置为 false。

(4) NO_1 为输出选择关系，NO_2 为输入并行关系：LO 中 match 是 NO_1 的输出参数 P 与 NO_2 的输入参数的参数匹配关系，当以 NO_1 为起点并且涉及该参数 P 的依赖边数目等于 1 时，若满足 LO 的依赖条件 rule，则说明满足 NO_1 到 NO_2 执行状态转移条件；当以 NO_1 为起点并且涉及该参数 P 的依赖边数目大于 1 时，参数 P 是选择逻辑，只有当 LO 满足依赖条件 rule 时，有且仅有 NO_1 能满足到 NO_2 的执行状态转移条件，与此同时把其他依赖边的 start 置为 false。

(5) NO_1 为输出选择关系，NO_2 为输入选择关系：LO 中 match 是 NO_1 的输出参数 P 与 NO_2 的输入参数 Q 的参数匹配关系，当以 NO_1 为起点并且涉及该参数 P 的依赖边数目等于 1，以 NO_2 为终点并且涉及该参数 Q 的依赖边数目等于 1 时，若满足 LO 的依赖条件 rule，则说明满足 NO_1 到 NO_2 执行状态转移条件；当以 NO_1 为起点并且涉及该参数 P 的依赖边数目等于 1，以 NO_2 为终点并且涉及该参数 Q 的依赖边数目大于 1，只有 LO 满足依赖条件 rule 时，有且仅有 NO_1 能满足到 NO_2 的执行状态转移条件，与此同时把其他涉及参数 Q 的依赖边的 start 置为 false；当以 NO_1 为起点并且涉及该参数 P 的依赖边数目大于 1，以 NO_2 为终点并且涉及该参数 Q 的依赖边数目等于 1，只有 LO 满足依赖条件 rule 时，有且仅有 NO_1 能满足到 NO_2 的执行状态转移条件，与此同时把其他涉及参数 P 的依赖边的 start 置为 false；当以 NO_1 为起点并且涉及该参数 P 的依赖边数目大于 1，以 NO_2 为终点并且涉及该参数 Q 的依赖边数目大于 1，只有 LO 满足依赖条件 rule 时，有且仅有 NO_1 能满足到 NO_2 的执行状态转移条件，与此同时把其他涉及参数 P 和 Q 的依赖边的 start 置为 false。

5.4.5 应用实例

本节以电梯设计阶段为例，验证执行引擎的有效性。设计本质上是根据领域知识对制造资源中计算资源的使用，通过云制造服务平台对计算服务进行组合，

第 5 章 云制造服务流程建模 ·117·

可以为不同用户定制个性化的设计计算系统。图 5.12 给出了电梯曳引机校验服务组合流程。

图 5.12 电梯曳引机校验服务组合流程

首先，根据曳引机校验流程对云制造服务进行组合。通过云制造服务信息区查看服务的具体信息，在云制造服务库中选取需要的服务，在服务组合操作区域定义服务调用流程，在服务匹配操作区域为服务节点之间添加参数匹配条件和参数依赖条件，最终生成云制造服务组合并产生相应的云制造服务组合描述文件。

然后，执行引擎读取服务组合描述文件开始执行。曳引机校核服务组合包含的云制造服务显示在服务列表区，运行界面中部显示当前正在执行的云制造服务的输入参数表单，底部显示服务调用结果。所有执行步骤完成后得出执行结果"$M_{max} < M_1$，满足设计要求"，与实际设计结果相符。

按照上述流程，云制造服务平台管理者对所有云制造服务组合进行管理，根据电梯企业用户各自提出的服务组合定制需求，为不同的企业用户生成个性化电梯设计计算服务组合。由实例运行结果可知，该引擎能正确解析云制造服务组合的执行流程，并实现云制造服务的自动调用。

参 考 文 献

[1] Milani F, Dumas M, Matulevicius R, et al. Criteria and heuristics for business process model decomposition review and comparative evaluation[J]. Business & Information Systems Engineering, 2016, 58(1): 7-17.

[2] Dikici A, Turetken O, Demirors O. Factors influencing the understandability of process models: A systematic literature review[J]. Information and Software Technology, 2018, 93: 112-129.

[3] 章振杰. 基于复杂网络的云制造服务组合动态自适应方法研究[D]. 杭州: 浙江工业大学, 2019.

[4] Vanhatalo J, Volzer H, Koehler J. The refined process structure tree[J]. Data & Knowledge Engineering, 2009, 68(9): 793-818.

[5] Clempner J. A hierarchical decomposition of decision process petri nets for modeling complex systems[J]. International Journal of Applied Mathematics and Computer Science, 2010, 20(2): 349-366.

[6] Smirnov S, Dijkman R, Mendling T, et al. Meronymy-based aggregation of activities in business process models[J]. Lecture Notes in Computer Science, 2010, 6412: 1-14.

[7] Wiśniewski P. Decomposition of business process models into reusable sub-diagrams[C]. Proceedings of the 2nd International Conference of Computational Methods in Engineering Science, Birmingham, 2017: 01002.

[8] Reijers H A, Mendling J, Dijkman R M. Human and automatic modularizations of process models to enhance their comprehension[J]. Information Systems, 2011, 36(5): 881-897.

[9] Dang A, Viennet E. Community detection based on structural and attribute similarities[C]. Proceedings of the the Sixth International Conference on Digital Society, Valencia, 2012: 7-12.

[10] Cheng H, Zhou Y, Yu J X. Clustering large attributed graphs: A balance between structural and attribute similarities[J]. ACM Transactions on Knowledge Discovery From Data, 2011, 5(2): 12.

[11] 项哲锐. 面向云制造的服务组合执行框架研究[D]. 杭州: 浙江工业大学, 2018.

[12] 肖刚, 项哲锐, 张元鸣, 等. 面向云制造的服务组合执行引擎框架研究[J]. 图学学报, 2018, 39(6): 1165-1174.

第 6 章　云制造服务组合自适应

本章主要介绍基于复杂网络的云制造服务组合自适应技术，包括云制造服务匹配模型、云制造服务组合自适应机制、云制造服务组合自适应模型、云制造服务组合自适应评价等；介绍制造服务组合变更动态感知、动态感知-动态评估-动态重构的三阶段自适应过程，提出需求变更驱动下制造任务复杂网络和制造服务复杂网络的动态更新方法，给出制造服务组合自适应算法，实现制造任务与制造服务的动态匹配；最后通过云制造服务组合自适应评价实例，验证所提方法的正确性和有效性。

6.1　云制造服务匹配网络

制造任务和制造服务之间的匹配关系可以分为两种：静态匹配和动态匹配。图 6.1 给出了静态匹配与动态匹配的区别。

图 6.1(a)为制造任务-制造服务静态匹配。首先根据任务序列($T_1 \to T_2 \to T_3$)，确定当前最优的服务组合方案($S_1 \to S_4 \to S_6$)，然后按照绑定的组合方案一步步执行，t_1 时刻调用服务 S_1，t_2 时刻调用服务 S_4，t_3 时刻调用服务 S_6，直到最后一个任务(T_3)执行完成。

图 6.1(b)为制造任务-制造服务动态匹配，其基本原理是根据当前环境动态绑定制造服务，是一个制造服务分步组合过程。t_1 时刻根据任务序列的第一个任务(T_1)，调用服务 S_1；t_2 时刻根据当前运行环境调用绑定服务 S_4；t_3 时刻调用服务 S_6。

传统的制造服务组合方法构建的是制造任务与制造服务之间的静态匹配关系，即基于制造任务构建制造服务组合策略，根据服务组合策略一步步执行，很难适应动态多变的运行环境。而动态匹配可以实现制造服务的在线分步组合，更加适合动态环境的变化。

下面以复杂网络为基础，给出了制造任务-制造服务动态匹配网络的形式化描述。

(1)动态匹配边。动态匹配边是指连接制造任务网络和制造服务网络的加权无向边，表示原子制造任务 T 和原子制造服务 S 之间的动态匹配关系，记为 $E^{TS} = \{w_{ij}^{TS}\}$，其中，$w_{ij}^{TS} = 1$ 表示制造任务 T_i 与制造服务 S_j 处于动态绑定状态，即制造任务 T_i 正在调用制造服务 S_j。

当制造任务 T_i 正在调用制造服务 S_j 时，在制造任务 T_i 与被调用的制造服务

(a) 静态匹配

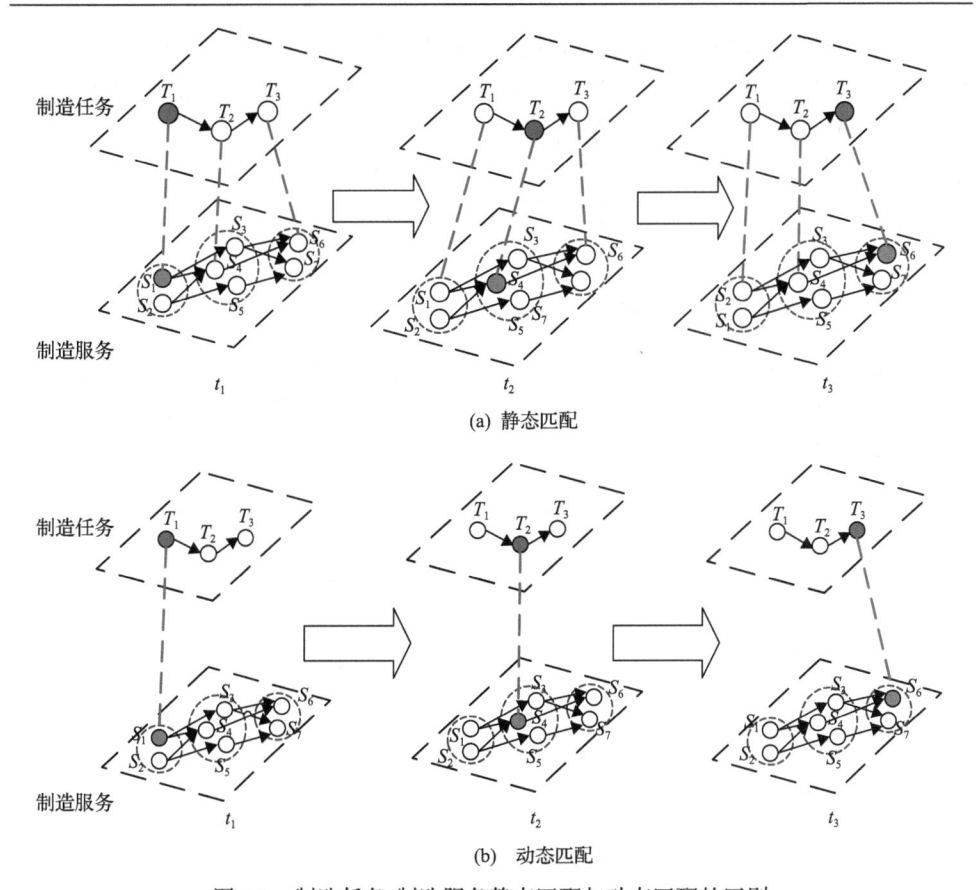

(b) 动态匹配

图 6.1 制造任务-制造服务静态匹配与动态匹配的区别

S_j 之间产生一条动态匹配边；当制造任务 T_i 完成时，动态匹配边消失，体现了网络的时变特性。

(2)制造任务-制造服务动态匹配网络。制造任务-制造服务动态匹配网络是由制造任务网络和制造服务网络的动态匹配关系形成的双层网络模型，简称动态匹配网络，记为 $Net^{TS} = \{Net^T, Net^S, E^{TS}\}$。其中，$T$ 表示原子制造任务，S 表示原子制造服务，Net^{TS} 表示动态匹配网络，Net^T 表示制造任务复杂网络，Net^S 表示制造服务复杂网络，E^{TS} 表示制造任务复杂网络和制造服务复杂网络之间的动态匹配边。

动态匹配网络的特点包括：第一，在动态匹配网络中，动态匹配边随着制造任务的执行和完成而动态出现和消失，体现了制造任务与制造服务之间的动态匹配关系；第二，在制造任务-制造服务匹配规则中存在两种动态匹配关系，即一对一、多对一，这是由于在动态匹配网络中，制造任务都是原子制造任务，即一个原子制造任务调用一个原子制造服务就能完成，而一个制造服务可以同时被多个制造任务调用。

总之，动态匹配网络体现了制造任务和制造服务之间匹配关系的动态时变特性，记录了节点的时间状态属性（制造任务的执行状态和制造服务的调用状态），是动态环境下制造服务组合自适应的基础。

6.2 云制造服务组合自适应机制

6.2.1 制造服务组合动态变更感知

制造服务组合动态变更感知是获取不同来源、不同时间、不同类型的动态变更，通过变更影响分析，为制造任务复杂网络和制造服务复杂网络的更新做准备，如图 6.2 所示。

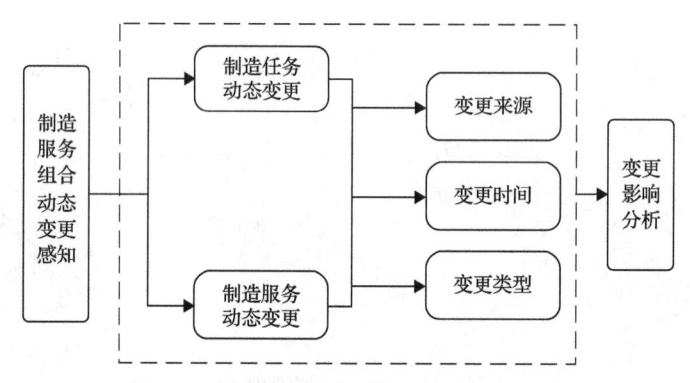

图 6.2 制造服务组合动态变更感知示意图

制造服务组合动态变更包括制造任务动态变更和制造服务动态变更。

1. 制造任务动态变更

(1) 变更来源。制造任务的变更来源是指确定变更所属的制造任务子网。

(2) 变更时间。从制造任务子网运行与否的角度，制造任务的变更时间分为未运行和正运行两种。对于未运行的制造任务子网，其变更不会产生任务时间状态属性的变化；对于正运行的制造任务子网，又可以根据制造任务的时间状态分为已执行任务变更、正执行任务变更、未执行任务变更和待执行任务变更。

(3) 变更类型。制造任务变更从类型上分为制造任务的增加（T_{add}）、删除（T_{delete}）和修改（T_{modify}）。制造任务的增加是指在制造任务子网中增加一个或多个原子制造任务；制造任务删除是指去除制造任务子网中的一个或多个原子制造任务；制造任务的修改是指对制造任务子网中的原子制造任务进行功能或非功能需求的改变。

(4) 变更影响分析。制造任务的动态变化带来的影响主要考虑其对于制造任务子网状态的影响和对制造服务负载状态的影响。

2. 制造服务动态变更

(1) 变更来源。制造服务的变更来源是指服务变更所属的提供者。

(2) 变更时间。制造服务的变更时间变为两种：被调用时变更和未被调用时变更。

(3) 变更类型。制造服务变更从类型上主要有制造服务加入(S_{add})、制造服务失效($S_{failure}$)、制造服务演化(S_{evolve})和制造服务依赖关系变更($S_{relation}$)。制造服务的加入是指新注册的制造服务发布到云制造服务平台中；制造服务失效是指已有的制造服务失去其应有的功能而退出云制造服务平台；制造服务演化是指制造服务在版本、功能、非功能属性方面发生变化；制造服务依赖关系变更是指原子制造服务之间的潜在调用关系因某些原因发生变化。

(4) 变更影响分析。制造服务的变更不仅会改变制造服务复杂网络的拓扑结构和功能，还会影响制造任务的执行状态。

6.2.2 制造服务组合匹配过程

制造服务组合自适应是以动态匹配网络为基础，根据制造任务和制造服务的变更实现动态匹配网络的自动更新，如图 6.3 所示[1,2]。

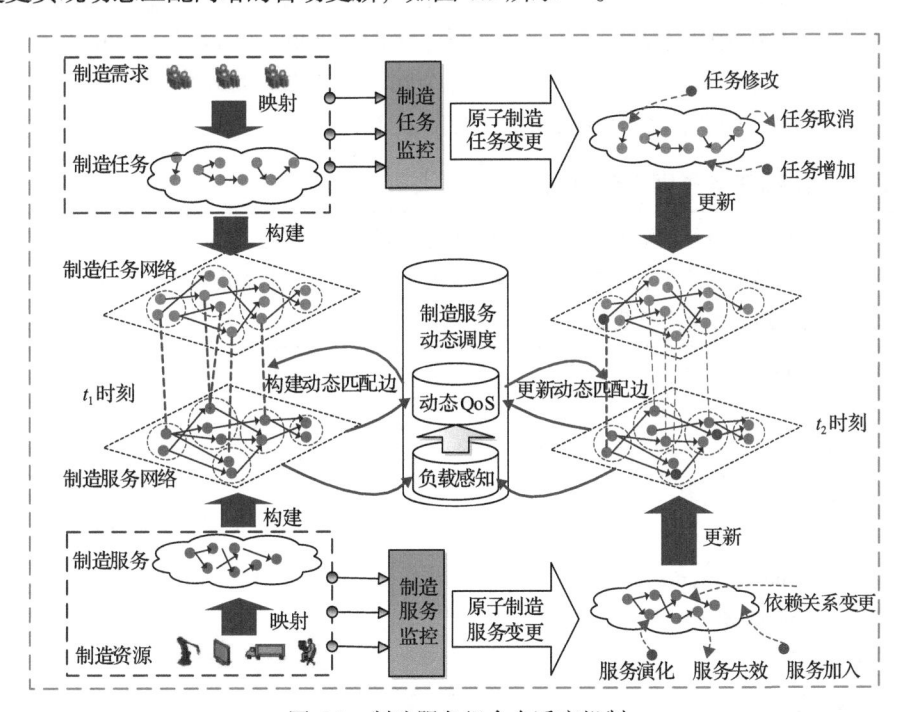

图 6.3 制造服务组合自适应机制

制造服务组合自适应可以分为动态感知、动态评估、动态重构三个阶段。

第一阶段，针对 t_1 时刻的动态匹配网络，动态感知制造任务和制造服务的变更。

第二阶段，对获取的变更进行预处理，更新制造任务复杂网络和制造服务复杂网络，进而动态评估制造服务的 QoS 和负载。

第三阶段，调用制造服务组合自适应算法，实现动态匹配边的重构，完成制造服务组合的自动调整，形成 t_2 时刻的动态匹配网络。

6.3 云制造服务组合自适应模型

通过对制造任务动态变更和制造服务动态变更的感知，实时获取其动态变化，并对不同类型的变更(指原子制造服务变更)进行预处理，然后从网络拓扑结构(以邻接矩阵存储)和节点状态(以向量存储)两方面更新制造任务复杂网络和制造服务复杂网络，确定待执行的制造任务，并基于制造服务的动态 QoS 和动态负载实现动态匹配边的重构。

6.3.1 制造任务复杂网络自适应

制造任务复杂网络自适应更新是指根据制造任务的动态变化进行自动调整。由于制造任务复杂网络是由一系列制造任务子网构成的，通过对一个或者多个制造任务子网的更新可实现整个制造任务复杂网络的更新，且每个制造任务子网的更新是独立的。制造任务子网更新算法见算法 6.1。

算法 6.1　制造任务子网更新算法

输入：制造任务子网结构矩阵 M，制造任务状态向量 T_{status}，任务数量 u，变更任务 T_j

输出：更新后的制造任务子网结构矩阵 M_1，更新后的制造任务状态向量 $T_{status1}$，更新后受影响的制造服务节点负载 L_i

for k_1=1 to u do
　　if $T_{status}[k_1]$=2
　　　　$i \leftarrow k_1$
　　end if
end for
if manufacturing task $T_j \in T_{add}$　then
　　M_1=addTnode(M, T_j)
　　if $i < j$ then
　　　　$T_{status}[j] \leftarrow 3$

```
    else
        T_status[i]←0
        T_status[j]←1
        L_i←L_i−1
    end if
    T_status1←T_status
else if manufacturing task T_j ∈ T_delete  then
    M_1=deleteTnode(M, T_j)
    if i=j
        L_i=L_i−1
    end if
    T_status1←T_status
else if manufacturing task T_j ∈ T_modify  then
    if i=j
        tempM=deleteTnode(M, T_i)
        L_i=L_i−1
        M_1=addTnode(tempM, T_j)
        T_status[i] ←1
    else
        M_1=deleteTnode(M, T_i)
    end if
    T_status1←T_status
end if
return M_1, T_status1, L_i
```

其更新具体过程为：确定当前正在执行的制造任务 T_i（第 1～5 行）之后，开始处理不同类型的制造任务变更。首先，处理制造任务的增加，若增加任务节点 T_j 在当前执行任务 T_i 之前，更改 T_i 为未执行状态，T_j 为待执行状态，T_i 调用的服务节点 S_i 的负载 L_i 减 1；否则，直接在制造任务子网中增加节点和相应的执行边（第 6～15 行）。然后，处理制造任务的删除，若需要删除的制造任务 T_j 处于执行状态（$T_j = T_i$），则 T_i 调用的服务节点 S_i 的负载 L_i 减 1，其后续节点 T_{i+1} 变为待执行状态；否则，直接在制造任务子网中删除相应的任务节点和执行边（第 16～21 行）。接着，处理制造任务的修改，若需要修改的制造任务 T_j 处于执行状态（$T_j = T_i$），则先删除原有制造任务，再将修改后的制造任务当作新增的任务加入制造任务网络，并将其状态改为待执行状态，T_i 调用的服务节点 S_i 的负载 L_i 减 1；否则，直接删除原有制造任务,再将修改后的制造任务当作新增的任务处理(第 22~32 行)。最后,得到更新后的制造任务子网和受影响的制造服务节点负载(第 33 行)。

6.3.2 制造服务复杂网络自适应

制造服务复杂网络自适应是指根据制造服务的动态变化进行自动调整。制造服务复杂网络更新算法见算法 6.2。

算法 6.2 制造服务复杂网络更新算法

输入:制造服务复杂网络结构矩阵 B,制造服务状态向量 S_{status},受影响的制造任务数量 num,变更服务 S_j

输出:更新后的制造服务复杂网络结构矩阵 B_1,更新后制造服务状态向量 $S_{status1}$,更新后的受影响制造任务集状态 CT_{status}

if manufacturing service $S_j \in S_{add}$ then
 B_1=addSnode(B, S_j)
 $S_{status}[j]$=0
 $S_{status1} \leftarrow S_{status}$
else if manufacturing service $S_j \in S_{failure}$ then
 B_1=deleteSnode(B, S_j)
 if $S_{status}[j]$=1
  for k=1 to num do
   G_k=getG($CT_i[k]$)
   for u=1 to u_k do
    if $T_{status}[u]$=2
     $T_{status}[u] \leftarrow 1$
    end if
   end for
   $CT_{status}[k] \leftarrow T_{status}[u]$
  end for
 end if
 $S_{status1} \leftarrow S_{status}$
else if manufacturing service $S_j \in S_{evolve}$ then
 tempB=deleteSnode(B, original S_j)
 B_1=addSnode(tempB, evolved S_j)
end if
return B_1, $S_{status1}$, CT_{status}

类似制造任务的处理方式，算法首先处理新服务 S_j 的加入，在制造服务复杂网络中增加相应的服务节点和依赖关系边(第 1~4 行)。然后，处理失效服务 S_j，若失效服务 S_j 处于调用状态，因为一个制造服务可以被多个制造任务子网中的任务同时绑定，所以先在制造服务复杂网络中删除相应的服务节点和依赖边，再将其所对应的制造任务或者制造任务集 CT_i 更改为待执行状态；否则，直接删除服务节点和依赖边(第 5~18 行)。接着，处理服务演化(假设处于执行状态的服务不发生演化)，这里主要考虑接口变化和 QoS 变化(不包括因负载导致的 QoS 波动)，先删除原有的服务，再将演化后的服务按新服务加入处理(第 19~22 行)。最后，得到更新后的制造服务复杂网络和受影响的制造任务状态(第 23 行)。

6.3.3 制造服务组合自适应算法

制造服务组合自适应算法用于根据更新后的制造任务复杂网络和制造服务复杂网络完成动态匹配边的重构。

定义 6.1 制造服务节点负载。制造服务节点负载(L)是指当前制造服务处理的制造任务个数。制造服务最大负载(L_{max})是指能够承受的最大制造任务个数，一旦超过最大负载，制造服务将拒绝任务请求。随着制造任务的到来和执行完成，制造服务节点的负载是随时间不断变化的。

定义 6.2 动态 QoS。动态 QoS 是指制造服务的非功能属性是动态的。例如，制造服务的 QoS 会受到执行环境(如负载情况)的影响，是动态变化的。

为更好地衡量制造服务的负载情况，提出了一种负载队列模型，如图 6.4 所示。每一个制造服务节点需要维护两个队列，即任务执行队列和任务等待队列。

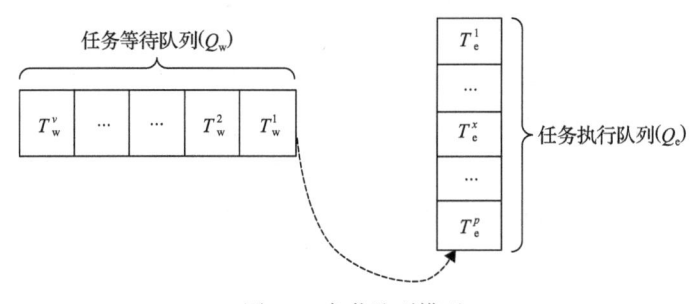

图 6.4 负载队列模型

任务执行队列表示制造服务节点正在并行处理的制造任务，记为 Q_e，采用先进先出的执行方式，即任务先到先处理；任务等待队列表示处于等待执行的制造任务，记为 Q_w。只有当任务执行队列处于空闲状态时，任务等待队列中的任务才能进入执行状态。实际情况下，受到制造资源自身条件的限制，任务执行队列和任务等待队列的长度都是有限的，其容量分别记为 Cap_e 和 Cap_w，则

$L_{max} = \text{Cap}_e + \text{Cap}_w$。因此，某一时刻的制造服务复杂网络所能承受的总负载量是一定的。

制造服务的服务质量具有动态性，不同的时刻，由于制造服务所处的环境不同，其 QoS 会发生波动。例如，低价的制造服务往往具有更大的任务数量，从而导致较长的任务排队时间[3]。本章采用负载队列模型对 QoS 进行动态评估，并选取两个典型 QoS 指标：响应时间和成本。其中，成本不受负载状态影响，在服务调用过程中是不变的；响应时间包括等待时间和服务时间[4]，随着负载的增加，等待时间延长，从而使响应时间延长，具体计算公式如下：

$$\begin{cases} \Delta t_r = \Delta t_s + \Delta t_w \\ \Delta t_w = (y+1)\Delta t_s + t_x \\ x = L_Q \% C_e \\ y = [(L_Q - 1)/C_e], \ L_Q \geqslant 1 \end{cases} \quad (6.1)$$

式中，Δt_r 表示服务的响应时间；Δt_s 表示制造服务的服务时间，其值由制造资源的执行性能决定，为常数；Δt_w 表示当前任务的等待时间；t_x 表示制造任务执行队列中 T_e^x 执行完成需要的时间；C_e 表示任务执行队列容量；L_Q 表示任务等待队列的任务个数；%表示取余；[ ]表示取整。

由上可知，通过负载队列模型可以评估不同负载状态下的响应时间，进而实现制造服务组合 QoS 的动态评估。

在实际的制造服务组合过程中，制造需求方总是希望在调用成本一定的条件下获取 QoS 最优的服务或服务组合，导致优质的制造服务被频繁地调用且负载量往往较大。实际情况下，制造服务的负载能力是有限的，这决定了整个制造服务复杂网络的负载能力也是有限的。合理的负载分布可以改善制造服务复杂网络的承载能力，提高网络节点的利用率，使制造资源利用最大化，这也是云制造的重要理念之一。

因此，制造服务组合自适应需要综合考虑两个优化目标。

第一，从用户的角度，云制造服务平台需要为用户提供 QoS 最优的制造服务或服务组合。

第二，从云制造服务平台管理的角度，在多用户环境下通过合理调度资源，优化负载队列，实现各制造服务节点的负载均衡。

下面给出制造服务组合自适应模型，如式(6.2)所示。为了便于描述，本节假设当前制造任务流程需要调用的制造服务类数量为 N，每个制造服务类所含的服务个数为 n。

$$\begin{cases} \min\left(W_1\cdot\sum_{j=1}^{N}\sum_{i=1}^{n}U(S_{ji})+W_2\cdot\sum_{j=1}^{N}\sum_{i=1}^{n}L(S_{ji})\right)x_{ji} \\ \text{s.t.}\sum_{j=1}^{N}\sum_{i=1}^{n}q_k(S_{ji})\cdot x_{ji}\leqslant\text{Cons}_k,\ 1\leqslant k\leqslant r \\ \sum_{i=1}^{n}x_{ji}=1,\ x_{ji}=\{0,1\} \end{cases} \quad (6.2)$$

式中，r 表示服务的 QoS 属性个数；$U(S_{ji})$ 表示制造服务 S_{ji} 的效用函数值(由于本节选用的是消极 QoS 指标，且采用式(6.2)进行计算，故对 QoS 效用进行最小化优化)；$L(S_{ji})$ 表示制造服务 S_{ji} 的当前负载；Cons_k 表示第 k 维属性的约束值；x_{ji} 表示决策变量，$x_{ji}=1$ 表示制造服务 S_{ji} 被选中，$x_{ji}=0$ 表示制造服务 S_{ji} 未被选中；W_1 和 W_2 表示权重，且 $W_1+W_2=1$。

基于复杂网络拥塞控制理论[5]对上述模型进行求解。寻找全局最优的服务组合可以转化为从制造服务复杂网络中搜寻一条代价最小的服务组合路径，这里的代价函数即为式(6.2)中需要优化的目标函数。本节假设在制造服务复杂网络中，每个制造服务节点都具有接收、执行、转发任务的功能，当一个任务执行完成时，自动为下一个任务寻找合适的制造服务，直至最后一个任务执行完成。该过程的具体算法实现见算法 6.3。

算法 6.3　制造服务组合自适应算法

输入：制造任务执行状态 T_{status}，制造任务约束 Cons_{n-m}，制造服务组合代价矩阵 **MC**

输出：当前最优制造服务 S_{ji}

$T=\text{getExetask}(T_{\text{status}})$
　$C^S=\text{getComunity}(T)$
　for $j=m$ to n do
　　len=getLength(C_j)
　　for $i=1$ to len do
　　　$L_{ji}=\text{getLoad}(S_{ji})$
　　　$\text{QoS}_{ji}=\text{updateQoS}(L_{ji})$
　　end for
　end for
MC=updateMatrix(L_{ji}, QoS_{ji})
MinPath=minPath(**MC**, Cons_{n-m})
SC←MinPath
S_{ji}←SC[1]
return S_{ji}

首先,由制造任务子网中的任务执行状态(T_{status})确定制造任务序列 $T=(T_m, T_{m+1}, \cdots, T_n)$,其中 T_m 为待执行制造任务,$T_{m+1} \sim T_n$ 为未执行制造任务,并根据 T 选择需要调用的制造服务类 $C^S = (C_m, C_{m+1}, \cdots, C_n)$(第 1~2 行);然后,获取需要调用的制造服务类中各个服务 S_{ji} 的负载 L_{ji},并根据负载队列模型对制造服务的 QoS 进行动态评估,更新制造服务组合代价矩阵 **MC**(第 3~10 行);接着,基于最短路径算法从制造服务复杂网络中选出满足制造任务约束 $Cons_{n-m}$ 的代价最小的服务组合 $SC = (S_{ji}, S_{j+1,i}, \cdots, S_{ni})$(第 11~13 行);最后,实现制造任务 T_m 与制造服务 S_{ji} 动态匹配(第 14 行)。

6.4 实 验 评 价

为了验证所提制造服务组合自适应方法的有效性,设计仿真实验。选取最为常见的顺序结构作为制造任务的执行结构,如图 6.5 所示。文献[3]表明不同的结构都可以转换为顺序结构处理,这里不再赘述,转换后的顺序结构验证方便,且不会影响实验结果的有效性。设计的主要实验参数如表 6.1 所示。

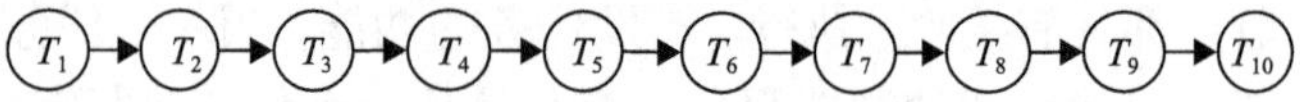

$T_1 \rightarrow T_2 \rightarrow T_3 \rightarrow T_4 \rightarrow T_5 \rightarrow T_6 \rightarrow T_7 \rightarrow T_8 \rightarrow T_9 \rightarrow T_{10}$

图 6.5 顺序结构制造任务

表 6.1 主要实验参数

主要实验参数	参数说明
制造任务平均到达速率(λ)	10~100req/s①
QoS 指标(Resp, Cost)	响应时间 Resp:200~800ms(通过调用已注册的电梯设计服务得到的范围);成本 Cost:80~100 元(随机生成,设置时若响应时间小,则成本设置相对大一些)
最大负载(L_{max})	各服务节点设置相同(L_{max} = 18),其中取 Cap_e = 3,Cap_w = 15
端到端 QoS 约束($Cons_n$)	随机生成
制造服务变更(S_{change})	m(10~20)个,随机注入
制造任务变更(T_{change})	n(20~50)个,随机注入
制造任务网络(Net^T)	任务序列长度 10,任务类型相同
制造服务网络(Net^S)	800 个制造服务(10 类,为其编号 $C_1 \sim C_{10}$),采用无标度网络模型生成

①req 表示请求数量。

仿真实验中设置三种对比执行算法。

算法 1 为本章算法,按制造服务组合自适应算法进行服务组合,变更发生时进行自动调整(three-phase manufacturing sewice composition self-adaption approach,TPMSCSAA)。

算法 2 按制造服务静态调度算法进行服务组合(不失一般性,采用 Zeng 等[6]提出的经典全局优化算法),变更发生时采取重规划,将其命名为 Globle-Replanning 算法。

算法 3 采用朱勇等[7]提出的动态选择算法进行服务组合,由于算法本身不包含自适应功能,故变更发生时按其算法进行重选取,将其命名为 LADSSM-Replanning 算法。

仿真实验每 1s 取一次样,共执行 50s,实验数据均是执行 100 次的平均值。为了方便分析,提出了制造任务执行成功率、制造服务类负载均衡度、全局负载队列优化能力和制造服务组合平均 QoS 效用四个评价指标。

1) 制造任务执行成功率(R_{mtsr})

制造任务执行成功率是指满足端到端 QoS 约束的已执行完成的制造任务所占的比例,计算公式如下:

$$R_{mtsr} = \frac{N_s}{N_f} \tag{6.3}$$

式中,N_s 表示满足端到端 QoS 约束的制造任务数量;N_f 表示所有已完成的满足功能性需求的制造任务数量。制造任务执行完成的判断依据是该制造任务子网中最后一个任务执行完成。

该指标体现了制造服务组合算法对动态环境的适应能力。图 6.6 为三种算法在不同制造任务平均到达速率下(取 $m=20, n=50$)的制造任务执行成功率。由图可知,在制造任务平均到达速率较低($\lambda=10 \text{req/s}$)时,三种算法的执行成功率差距

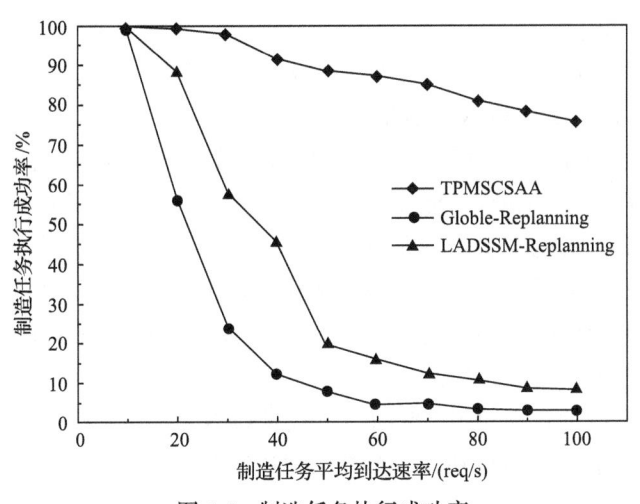

图 6.6 制造任务执行成功率

较小,因为此时各制造服务节点的负载对 QoS 的影响较小。随着制造任务平均到达速率的增加,负载不断增加,TPMSCSAA 算法的执行成功率下降速度最慢,明显优于其余两种算法,在负载较高(λ > 80req/s)时,执行成功率还能保持在 75%以上,且优于其余两种算法 60%以上。可见,TPMSCSAA 算法对动态环境具有很好的适应能力,主要原因在于考虑了制造服务复杂网络中的服务依赖关系以及制造服务节点的负载状态。而 LADSSM-Replanning 算法虽然对服务组合实行了在线优化,却忽略了服务之间的潜在调用关系;Global-Replanning 算法没有考虑服务节点的负载状态及其对 QoS 的影响,导致执行成功率下降明显,动态适应性不足。

2)制造服务类负载均衡度(S_1)

制造服务类负载均衡度表示同一个制造服务类内各服务节点的负载偏差情况,具体计算如下:

$$S_1 = \sqrt{\frac{1}{n}\sum_{j=1}^{n}\left(L(j,t) - \frac{1}{n}\sum_{j=1}^{n}L(j,t)\right)^2} \qquad (6.4)$$

式中,$L(j,t)$ 表示 t 时刻制造服务节点的负载,n 表示制造服务类内服务的个数。

该指标体现了制造服务组合算法对负载均衡的局部优化能力,即对同一类制造资源的合理利用程度,图 6.7 为不同制造任务平均到达速率的制造服务类负载均衡度(这里以 C_2 和 C_6 两个制造服务类的负载均衡度为例进行说明,其余类似,取 m = 20,n = 50;λ = 30req/s, 60req/s, 90req/s)。

由图 6.7 可知,TPMSCSAA 算法对负载的局部优化能力最佳,其次为 LADSSM-Replanning 算法,Global-Replanning 算法最差。在低负载下(图 6.7(a)和图 6.7(b)),TPMSCSAA 算法和 LADSSM-Replanning 算法在运行一段时间后,负载均衡度能保持在相对平稳的状态,说明两种算法都对负载具备适应能力,但总体来说,TPMSCSAA 算法优于 LADSSM-Replanning 算法,因为前者对制造服务复杂网络中的负载队列和服务的动态 QoS 同时进行了优化,而后者仅通过基于负载等级的 QoS 进行服务的动态选取,因此负载的优化效果相对较差。随着负载的增加,在中等负载下(图 6.7(c)和图 6.7(d))和高负载下(图 6.7(e)和图 6.7(f)),TPMSCSAA 算法优势更为明显,且负载均衡度能够始终处于稳定,维持在 1 上下,说明算法更有利于制造资源的合理使用。此时,负载对 QoS 产生的影响逐渐增大,在保证 QoS 满足要求的前提下,TPMSCSAA 算法通过选择次优的服务来减少负载对 QoS 的影响。

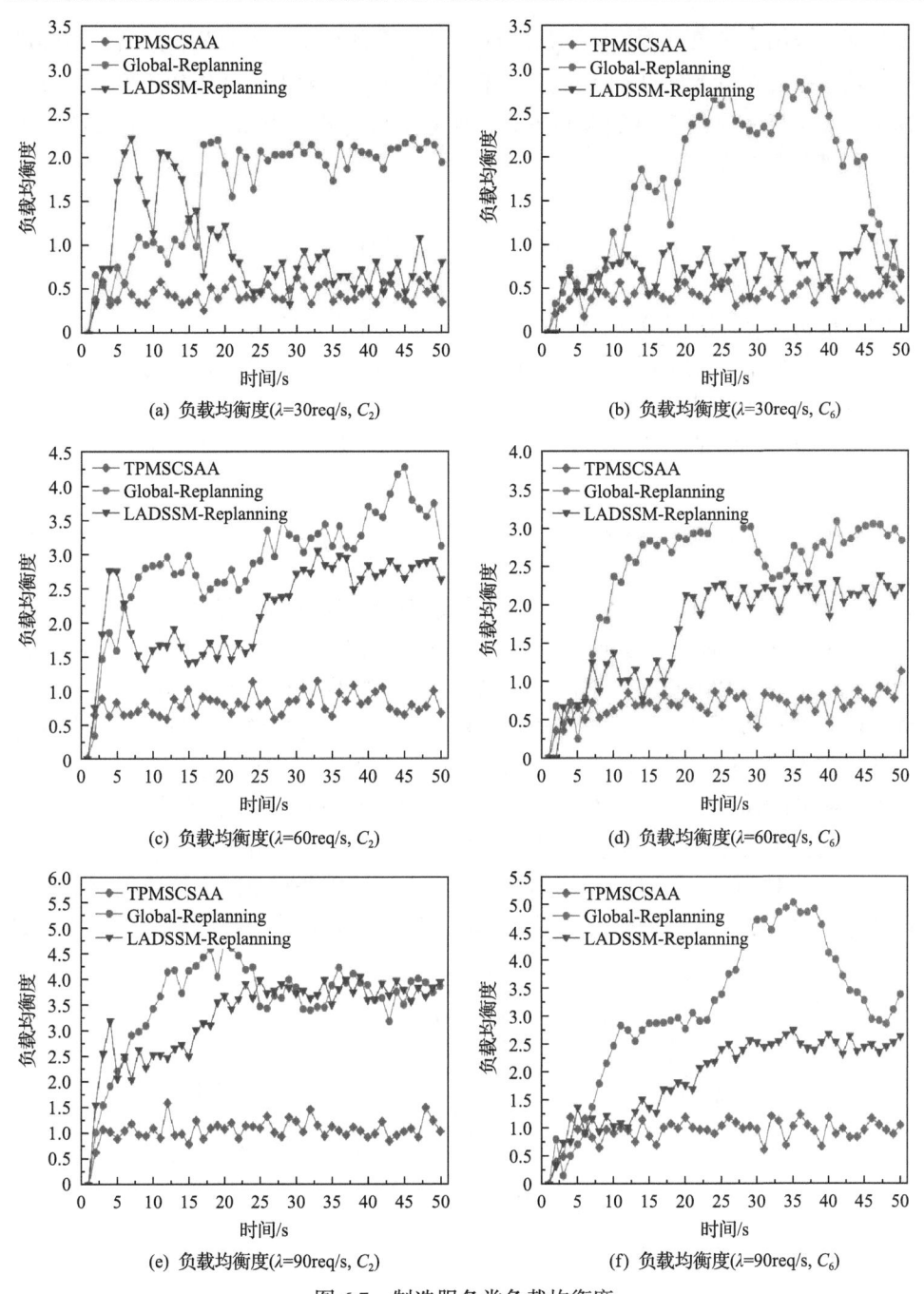

图 6.7 制造服务类负载均衡度

3) 全局负载队列优化能力（GA_{LQ}）

全局负载队列优化能力表示对制造服务复杂网络中各服务节点负载队列的优

化程度。采用全局负载等待队列长度 G_{Q_w} 和拥塞服务节点数量 $N_{congest}$ 两个指标进行评估。全局负载等待队列长度用于评估任务等待队列中制造任务的数量,该值越小,表示任务全局等待的时间越短,任务执行的效率越高,t 时刻的负载队列排队长度计算如下:

$$G_{Q_w}(t) = \sum_{i=1}^{num} Q_w(i,t) \tag{6.5}$$

式中,num 表示制造服务总数;Q_w 表示任务等待队列长度。

拥塞服务节点数量用于评估制造服务复杂网络中处于满载状态的节点个数。当服务节点处于满载状态时,其不再接受任何任务请求。因此,满载节点越多,制造服务复杂网络的可用节点数量就越少,可用性越差,具体计算如下:

$$N_{congest}(t) = \sum_{i=1}^{num} a(i,t), \quad a(i,t) = \begin{cases} 1, & L(i) = l_{max} \\ 0, & L(i) < l_{max} \end{cases} \tag{6.6}$$

式中,$a(i,t)$ 表示 t 时刻服务节点 i 是否处于满载状态;$L(i)$ 表示节点的负载。

图 6.8 为不同时刻下的全局负载等待队列长度和拥塞服务节点数量。由图 6.8(a)、(c)、(e)可知,TPMSCSAA 算法对全局负载等待队列的优化能力远远高于其余两种算法,在较短的时间内就能使全局负载等待队列保持稳定的状态,即使在制造任务量较大(λ=90req/s)的情况下,仍能使全局负载等待队列长度稳态值保持在 35 上下,而 Global-Replanning 算法和 LADSSM-Replanning 的稳态值分别为 1150 和 550 左右。可见本章算法能使制造服务复杂网络的总体任务等待数量较少,从而降低了负载对 QoS(响应时间)的影响,提高了制造服务复杂网络的执行效率和制造任务的执行成功率。同时,由图 6.8(b)、(d)、(f)可知,TPMSCSAA 算法能够

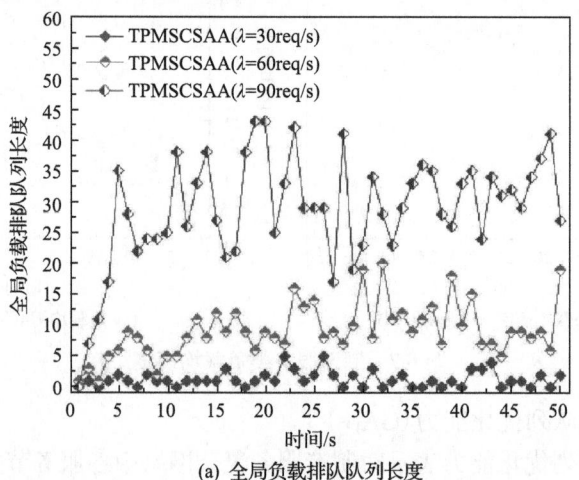

(a) 全局负载排队队列长度

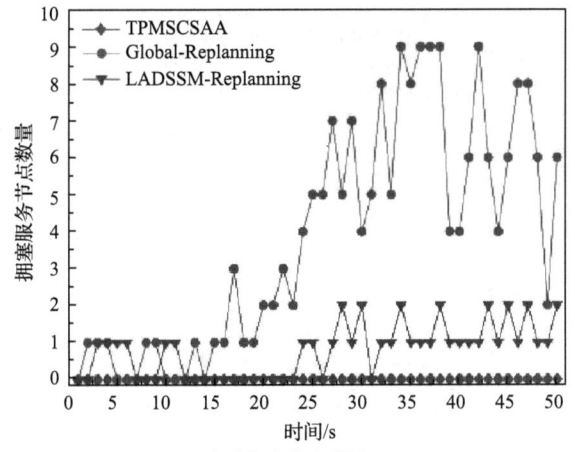

(b) 拥塞服务节点数量(λ=30req/s)

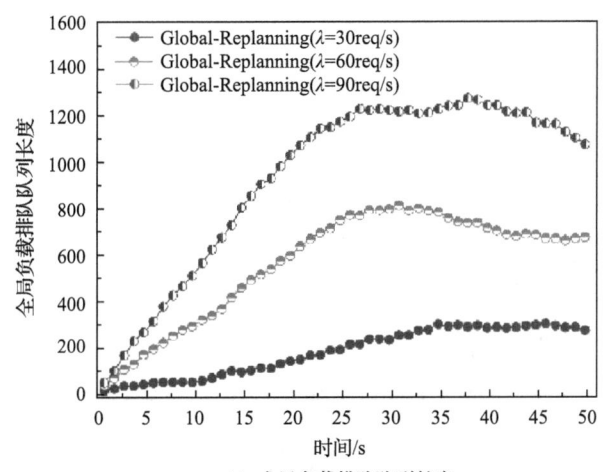

(c) 全局负载排队队列长度

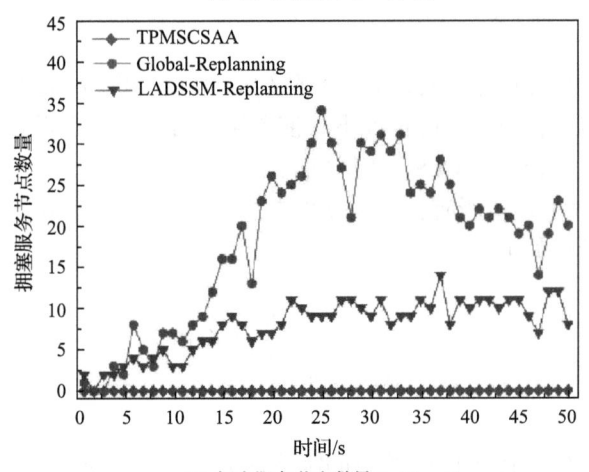

(d) 拥塞服务节点数量(λ=60req/s)

(e) 全局负载排队队列长度

(f) 拥塞服务节点数量(λ=90req/s)

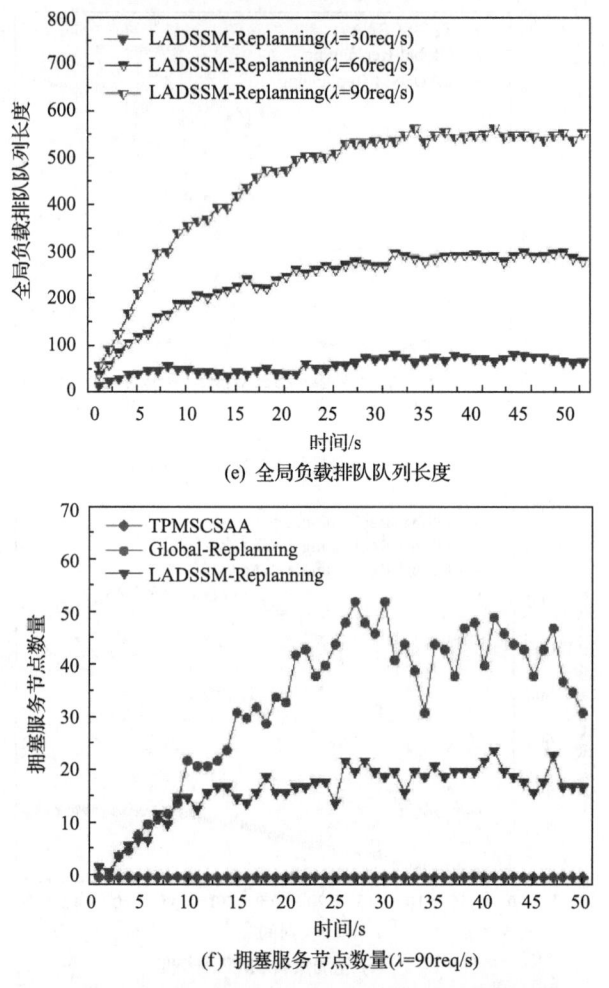

图6.8 不同任务到达速率下全局负载队列优化能力

有效避免服务节点的拥塞,通过对负载队列的优化,减少对优质 QoS 服务的过度调用,在网络负载容量一定的情况下,使资源的可用性大大提高。

4) 制造服务组合平均 QoS 效用(AU_{QoS})

平均 QoS 效用是指所有执行成功的制造任务所对应的制造服务组合的 QoS 效用的平均值计算如下:

$$AU_{QoS} = \frac{\sum_{i=1}^{N_s} U(SC)_i}{N_s} \tag{6.7}$$

式中,N_s 表示满足端到端 QoS 约束的制造任务数量;$U(SC)$ 表示制造服务组合的

QoS 效用，其值计算如下：

$$U(\text{SC}) = \sum_{k=1}^{r} \frac{q_k(\text{SC}) - \text{QSC}_k^{\min}}{\text{QSC}_k^{\max} - \text{QSC}_k^{\min}} w_k \tag{6.8}$$

其中，$q_k(\text{SC})$ 表示服务组合中第 k 维属性值；$\text{QSC}_k^{\max}$ 表示所有执行成功的制造服务组合中 QoS 第 k 维属性最大值；$\text{QSC}_k^{\min}$ 表示所有执行成功的制造服务组合中 QoS 第 k 维属性的最小值。由于本章选取的是消极指标，按式(6.8)计算得到的服务组合 QoS 效用越小，代表 QoS 优化效果越好。因此，AU_{QoS} 的值越小越好。

该指标体现了制造服务组合算法对 QoS 的优化能力。图 6.9 为三种算法在不同制造任务到达速率下的平均 QoS 效用。

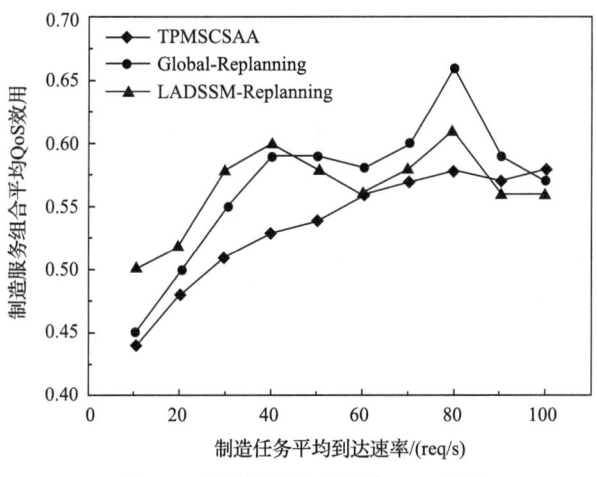

图 6.9 制造服务组合平均 QoS 效用

由图 6.9 可知，随着制造任务平均到达速率的增加，Global-Replanning 算法和 LADSSM-Replanning 算法的制造服务组合平均 QoS 效用上升速度较快，在 $\lambda>40\text{req/s}$ 之后表现出相同的变化趋势，即产生大幅度的波动；而 TPMSCSAA 算法由于对负载进行了优化，制造服务组合平均 QoS 效用上升缓慢，随后($\lambda>70\text{req/s}$)逐渐趋于平稳。在负载较高($\lambda>90\text{req/s}$)时，TPMSCSAA 算法的制造服务组合平均 QoS 效用会略高于其余两种算法，原因是在满足端到端 QoS 约束、保证全局制造任务执行成功率的前提下，TPMSCSAA 算法选择了次优的制造服务。

综上所述，本章所提方法系统地考虑了制造需求(制造任务)和制造资源(制造服务)的动态变化及不确定性，对动态环境具有很好的自适应能力；值得一提的是，TPMSCSAA 算法不仅可以运用于像电梯设计服务之类的软件制造资源，也可以运用于机床加工等具有独占性的硬件制造资源，只需将服务执行队列的容量设置为 1 即可；此外，对于服务时间较长(几天乃至数月)的制造服务组合，制造需求和制造资源的变动更加频繁，TPMSCSAA 算法可以根据动态环境实现在线分步组合，更具灵活性。

参 考 文 献

[1] 章振杰. 基于复杂网络的云制造服务组合动态自适应方法研究[D]. 杭州: 浙江工业大学, 2019.

[2] 章振杰, 张元鸣, 徐雪松, 等. 基于动态匹配网络的制造服务组合自适应方法. 软件学报, 2018, 29(11): 3355-3373.

[3] Ren L, Cui J, Wei Y C, et al. Research on the impact of service provider cooperative relationship on cloud manufacturing platform[J]. International Journal of Advanced Manufacturing Technology, 2016, 86(5-8): 2279-2290.

[4] 林闯, 陈莹, 黄霁崴, 等. 服务计算中服务质量的多目标优化模型与求解研究[J]. 计算机学报, 2015, 38(10): 1907-1923.

[5] Zhao L, Lai Y, Park K, et al. Onset of traffic congestion in complex networks[J]. Physical Review E, 2005, 71(2): 026125.

[6] Zeng L Z, Benatallah B, Ngu A H H, et al. QoS-aware middleware for web services composition[J]. IEEE Transactions on Software Engineering, 2004, 30(5): 311-327.

[7] 朱勇, 李伟, 罗军舟. 一种面向多用户的负载感知动态服务选择模型[J]. 软件学报, 2014, 25(6): 1196-1211.

第7章　云制造服务组合演化

通过外部运行环境和用户制造需求对服务组合的结构和服务质量进行演化，能够降低重新组合带来的成本与周期。与传统软件演化相比，制造服务具有动态、异构以及自治的特点，且系统所集成的服务往往来源于不同的组织，这使得服务组合演化面临更多的挑战。本章介绍一种云制造服务组合演化方法，将用户不确定性演化需求转换为能够被计算机理解的演化操作，以驱动服务组合演化过程，同时给出详细的服务组合演化过程与执行方法，实现服务组合的正向演化推理和反向演化推理，以补全断开的连接弧和剔除无效的连接弧，并通过一个复杂电梯设计计算服务组合实例对演化的过程进行验证。

7.1　云制造服务组合演化模型

7.1.1　服务接口依赖关系

云制造服务组合演化涉及原子制造服务(以下简称原子服务)、复合制造服务(以下简称复合服务)与顺序接口依赖等基本概念，其定义如下。

定义 7.1　原子服务 AS。原子服务是指可被独立调用且功能不可再分的制造服务。

定义 7.2　复合服务 CS。复合服务是指由若干原子服务组合且可被独立调用的制造服务。

一般地，调用服务通过自身对外发布的接口完成，接口是服务间传递数据信息与控制信息的主要方法，包括输入接口和输出接口。为此，基于接口匹配的方式能够较好地描述服务之间的组合关系，从而生成一个功能更加复杂的复合服务。

定义 7.3　顺序接口依赖。对于两个原子服务 $AS_i(I_i, O_i)$ 与 $AS_j(I_j, O_j)$，若 $O_i \supseteq I_j$，则 $AS_i \rightarrow AS_j$，AS_i 与 AS_j 之间是顺序接口依赖，AS_i 为 AS_j 的前驱服务，AS_i 为 AS_j 的后继服务。

根据定义 7.3，可以推出以下服务接口依赖关系。

推论 7.1　对于原子服务 $AS_1, AS_2, \cdots, AS_m$ 以及 AS_j，若 $O_1 \cup O_2 \cup \cdots \cup O_m \supseteq I_j$，则 $AS_1 \wedge AS_2 \wedge \cdots \wedge AS_m \rightarrow AS_j$，称为同步接口依赖。

推论 7.2　对于原子服务 $AS_1, AS_2, \cdots, AS_m$ 以及 AS_j，若 $(O_1 \supseteq I_j) \vee (O_2 \supseteq I_j) \vee \cdots$

∨($O_m⊇I_j$)，则 $AS_1∨AS_2∨…∨AS_m→AS_j$，称为合并接口依赖。

推论 7.3 对于原子服务 AS_i 以及 $AS_1, AS_2,…, AS_m$，若($O_i⊇I_1$)∧($O_i⊇I_2$)∧…∧($O_i⊇I_m$)，则 $AS_i→AS_1∧AS_2∧…∧AS_m$，称为并发接口依赖。

推论 7.4 对于原子服务 AS_i 以及 $AS_1, AS_2,…, AS_m$，若($O_i⊇I_1$)∨($O_i⊇I_2$)∨…∨($O_i⊇I_m$)，则 $AS_i→AS_1∨AS_2∨…∨AS_m$，称为选择接口依赖。

7.1.2 演化模型形式化

Petri 网是一种高效的建模与分析工具，适合描述异步、并发的计算机系统模型，用于服务组合建模。将服务、服务接口映射为 Petri 网的各种要素，可以构建基于 Petri 网的服务组合演化模型[1,2]。

定义 7.4 服务组合演化模型 SCE。 服务组合演化模型可以表示为一个八元组：

$$SCE = \langle P,T,I,O,\mu,\Gamma,C,M_c \rangle$$

式中，$P = \{p_1, p_2,…, p_n\}$ 表示一个有限库所集，每个库所代表一个原子服务；$T = \{t_1, t_2,…, t_n\}$ 表示一个有限变迁集，表示服务依赖关系的实现；I 表示输入连接弧权系数，$0<I≤1$；O 表示输出连接弧权系数，$0<O≤1$；μ 表示变迁的阈值；Γ 表示服务依赖关系的可信度；C 表示 Token 的集合；M_c 表示一个 Token 的值，即服务的真实度，取值范围为[0, 1]。聚焦于服务组合的结构演化特性，将定义中的连接弧权系数 I 与 O、变迁阈值 μ、可信度 Γ、M_c 设为 1，从而简化服务的选择。

根据上述定义以及服务接口依赖的定义，可以得到以下包括顺序控制结构、同步控制结构、合并控制结构、并发控制结构、选择控制结构在内的五种控制结构 Petri 网基本模型，如图 7.1 所示。

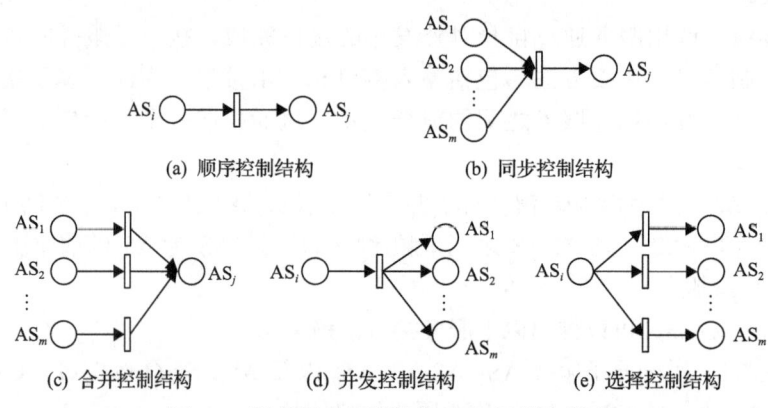

(a) 顺序控制结构

(b) 同步控制结构

(c) 合并控制结构

(d) 并发控制结构

(e) 选择控制结构

图 7.1 服务组合控制结构 Petri 网基本模型

(1)顺序控制结构：对应定义 7.1，指执行 AS_i 之后才能执行 AS_j。

(2) 同步控制结构：对应推论 7.1，指执行全部的 $AS_1, AS_2, \cdots, AS_m$ 之后才能执行 AS_j。

(3) 合并控制结构：对应推论 7.2，指 $AS_1, AS_2, \cdots, AS_m$ 中至少执行一个才能执行 AS_j。

(4) 并发控制结构：对应推论 7.3，指执行 AS_i 后才能执行 $AS_1, AS_2, \cdots, AS_m$ 的所有服务。

(5) 选择控制结构：对应推论 7.4，指执行了 AS_i 只能执行 $AS_1, AS_2, \cdots, AS_m$ 中的一个服务。

对于任意一个服务组合，基于以上五种控制结构建立与其对应的服务组合控制结构 Petri 网，简称控制结构网（control structure network, CSN），将服务组合演化定义为一组 CSN 的渐变过程。

7.2 云制造服务全局依赖网

为了保证服务组合演化是可计算的，需要给出制造服务组合演化域的概念，并在此基础上构建全局依赖网。

定义 7.5 演化域。演化域是指服务组合演化涉及的所有原子服务集合。

定义 7.6 全局依赖网 GDN。全局依赖网是指在演化域范围内基于接口依赖关系构建的 Petri 网。

GDN 限定了服务组合的演化范围，是演化操作以及演化推理的基础和参照物。根据 CSN 与 GDN 的定义，有

$$CSN \subseteq GDN$$

因此，任意服务组合的 CSN 是 GDN 的一个子网，而服务组合演化是在 GDN 的基础上根据演化需求求解的一个过程。

GDN 可以通过遍历演化域中的所有服务及其接口依赖关系进行构建，可以采用接口依赖反向匹配策略[3]，基本思想是通过对演化域中任意一个原子服务执行服务反向匹配，生成其前驱服务结构，并循环这个过程，直到演化域中的所有原子服务和接口依赖被遍历完成，从而得到 GDN。

当演化域变化之后，可以按照以上策略重新生成 GDN，但这种方式在原子服务较多的情况下将导致较高的空间复杂度。为此，可以根据演化域的变化情况在已有 GDN 的基础上做更新操作。更新操作一般包括新增原子服务、删除原子服务和替换原子服务：新增原子服务被定义为在 GDN 中加入新的库所及其连接弧；删除原子服务被定义为在 GDN 中删除库所及其连接弧；替换原子服务被定义为删除和新增的复合操作。

对 GDN 进行更新的基本方法是以要新增的原子服务或要删除的原子服务对应的库所为起点,从该库所向输入端方向进行更新,对库所执行服务反向匹配策略,逐步得到其服务前驱结构,若其中所有枝干与 GDN 已有的网络相接,或者无法执行服务反相匹配策略,则从库所向输出端进行更新;根据该原子服务输出端找出与之匹配的服务集合,对集合中的所有元素执行服务反向匹配策略,若原子服务在某元素的服务前驱结构中,则该元素为库所的后继服务,依此类推,逐步得到其服务后继结构,直到后继结构的所有枝干与 GDN 已有的网络相接,此时更新结束。更新过程如算法 7.1 所示。

算法 7.1　全局依赖网更新算法

输入:全局依赖网 GDN,演化域 D,新原子服务 W
输出:更新后的全局依赖网 GDN

```
for(i=1; i<= W.size; i++){
  Func(W[i]);
}
Func(WS){//WS 为单个原子服务
  W=W–{WS};
  D=D∪{WS};
   if(∃ WS_pre ∈ Pre, WS_pre ∉ D){
      Func(WS_pre); //∃ WS_pre ∈ Pre
    }
   List S;
   for(j=1; j<=(W∪D).size; j++){
      if(O⊇ I_j){
        S.add((W∪D)[j]);
      }
   }
   if(S.size!=0){
      for(k=1; k<=S.size; k++){
        Func(S[k]);
      }
   }
}
```

定义 7.7　关系矩阵。GDN 对应的关系矩阵可以表示为 $A = \{a_{ij}\}$,$1 \leqslant i \leqslant m$,

$1 \leqslant j \leqslant n$，其中，

$$a_{ij}=\begin{cases} 1, & \text{库所}P_i\text{为变迁}T_j\text{的输入} \\ -1, & \text{库所}P_i\text{为变迁}T_j\text{的输出} \\ 0, & \text{其他} \end{cases} \quad (7.1)$$

CSN 对应的关系矩阵也可以按照上述定义得到。此外，在根据服务组合构建 CSN 及其对应的关系矩阵时，如果服务组合中包括复合服务，则需要将复合服务分解为原子服务。

7.3 云制造服务组合演化过程

演化需求是云制造服务组合演化的基本依据，将驱动服务组合演化过程。为提供能够使计算机理解的演化需求，需要对其进行形式化描述。

定义 7.8 演化点 EP。演化点是指服务组合中根据需要进行变更的原子服务。

定义 7.9 演化操作 EO。演化操作可以表示为一个四元组 EO = ⟨EP, OP, I, O⟩，其中，EP 是指演化点；OP = {Add, Del}表示演化基本操作集合，Add 操作是指使 EP 接口数量增加的操作，Del 操作是指使 EP 接口数量减少的操作；I 是指 EP 需要变化的输入接口集合；O 是指 EP 需要变化的输出接口集合。

定义 7.10 演化需求 ER。演化需求可以表示为一个二元组 ER = ⟨PEO, NEO⟩，其中，PEO 为正向演化操作集合(positive evolution operations)，PEO = $\{EO_i|1 \leqslant i \leqslant n\}$，表示对 EP 需要执行的演化操作集合；NEO 为反向演化操作集合(negative evolution operations)，NEO = $\{EO_j|1 \leqslant j \leqslant m\}$，表示对 EP 需要避免的演化操作集合。

由于 PEO 中的演化操作是需要执行的，而 NEO 与之相反，说明 NEO 是 PEO 的约束，若 NEO 中存在任意一个属于 PEO 的演化操作，即 PEO 不满足 NEO 的约束，则该演化需求 ER 不能正确执行。

一般地，演化需求包括一组演化点及其演化操作，这些演化操作之间可能会存在冲突。为此，在执行演化之前，需要对这些演化操作进行冲突检测，以消解可能的冲突。

从演化操作对演化点接口的影响效果来看，演化操作可能导致互逆、相似、覆盖和触发[4]四种冲突。先设置四种冲突的优先级级别如下：

互逆冲突 > 覆盖冲突 > 触发冲突 > 相似冲突

给出两个演化操作冲突的检测与消解方法，实现过程如算法 7.2 所示。

算法 7.2 演化操作冲突检测与消解算法

输入：两个演化操作 $EO_x = \langle WS_i, OP_x, I_x, O_x \rangle$ 和 $EO_y = \langle WS_j, OP_y, I_y, O_y \rangle$

输出：消解后的演化操作集合

CS=φ; //消解集合

POS= CS;

hasConflict=0;

if(WS$_i$ equals WS$_j$ && OP$_x$ is additive operation && OP$_y$ is subtractive operation && ($I_x \cap I_y \neq \varphi$ || $I_x \cap I_y \neq \varphi$)){

 the conflict of OP$_x$ and OP$_y$ is inverse conflict;

 hasConflict=1;

 $I_x = I_x - I_x \cap I_y$, $I_y = I_y - I_x \cap I_y$, $O_x = O_x - O_x \cap O_y$, $O_y = O_y - O_x \cap O_y$, CS = CS $\cup$ {EO_x, EO_y}; }

if(WS$_i$ equals WS$_j$ && OP$_x$ is subtractive operation && I_x equals input of WS$_i$ && equals output of WS$_i$){

 the conflict of OP$_x$ and OP$_y$ is advanced conflict;

 hasConflict=1;

 CS=CS $\cup$ {EO_x};

}

if(WS$_i$ equals WS$_j$ && OP$_x$ and OP$_y$ is the same operation && ($I_x \subseteq I_y$ && $O_x \subseteq O_y$)){

 the conflict of OP$_x$ and OP$_y$ is triggered conflict;

 hasConflict=1;

 CS=CS $\cup$ { EO_y };

}

if(WS$_i$ equals WS$_j$ && OP$_x$ and OP$_y$ is the same operation &&($I_x \cap I_y = \varphi$ || $O_x \cap O_y = \varphi$)){

 the conflict of OP$_x$ and OP$_y$ is similar conflict;

 hasConflict=1;

 EO_{xy}={WS$_i$, OP$_x$, $I_x \cup I_y$, $O_x \cup O_y$};

 CS=CS $\cup$ {EO_{xy}};

}

CS is the set of evolution operation after digesting.

根据定义的演化操作集合，对服务组合执行演化操作。对于演化操作的两种基本类型，首先判定 PEO 的演化操作是否满足 NEO 中的约束，如果不满足，则演化需求 ER 无法执行；否则，开始执行 PEO。

对于 PEO，先执行 Del 操作，后执行 Add 操作，具体步骤包括：首先，执行

Del 操作，删除指定的演化点的输入输出接口，若演化点成为一个孤立点，则根据关系矩阵表示方法，当控制结构网表示为关系矩阵时孤立点将不会在其中表示，即被自动消去；然后，执行 Add 操作，增加演化点，在控制结构网中加入新的库所；最后，演化点的替换可以由 Del 操作和 Add 操作复合而成，可以综合上面两个步骤执行。

演化操作的执行可能会导致控制结构网产生一部分失效连接以及孤立的演化点，这些演化点将会在后续的演化推理中被补全到控制结构网中。

演化操作执行之后服务组合将在演化点及其接口上发生变更。除此之外，还应考虑演化操作对服务组合中其他服务所产生的影响，因为演化操作除直接影响演化点所对应的服务外，还可能会级联影响其他的服务，这些服务是被迫进行的变更。为此，直接受影响的演化点可以理解为"策动源"，而被迫调整的服务可以理解为"激活点"，这是在演化操作之后需要考虑的重要内容，称为演化推理。

为了给演化推理提供基础和参照系，需要对 GDN 进行"伪演化"，即对 GDN 执行演化操作中的 Del 操作，屏蔽掉 GDN 有关的服务及其接口，使这些服务及其接口失效。这一过程仅仅是屏蔽操作，不会真正删除相关的服务及其接口，因此称为 GDN 伪演化。

7.4 云制造服务组合演化推理

云制造服务组合演化操作之后可能会导致组合控制结构网中产生无效的连接弧，需要对服务组合进行演化推理以补全断开的连接弧和剔除无效的连接弧。演化推理包括反向演化推理、正向演化推理两个阶段。下面定义反向演化推理与正向演化推理需要使用的参数与运算规则[5,6]。

对于一个拥有 m 个库所与 n 个变迁的全局依赖网，定义如下。

(1) 输入关联矩阵：

$$\boldsymbol{D}^{-}=[d_{ij}^{-}]_{m\times n},1\leqslant i\leqslant m,1\leqslant j\leqslant n,\quad d_{ij}^{-}=\begin{cases}1,&p_i\in I(t_j),p_i\in P,t_j\in T\\0\end{cases} \quad (7.2)$$

(2) 输出关联矩阵：

$$\boldsymbol{D}^{+}=[d_{ij}^{+}]_{m\times n},1\leqslant i\leqslant m,1\leqslant j\leqslant n,\quad d_{mn}^{+}=\begin{cases}1,&p_i\in O(t_j),p_i\in P,t_j\in T\\0\end{cases} \quad (7.3)$$

(3) ⊕加运算：

$$X \oplus Y = Z, \ z_{ij} = \max(x_{ij}, y_{ij}) \tag{7.4}$$

式中，X 和 Y 均为 $s \times q$ 矩阵。

(4) ⊗乘运算：

$$X \otimes Y = Z, \ z_{1i} = \max_{1 \leqslant k \leqslant s}(x_{1k} \times y_{k1}), \ 1 \leqslant i \leqslant r \tag{7.5}$$

式中，X、Y 和 Z 分别为 $1 \times s$、$s \times q$、$1 \times q$ 矩阵。

(5) ⊖减运算：

$$X \ominus Y = Z, \ z_{1i} = \min_{1 \leqslant k \leqslant s}(x_{1k} - y_{k1}), \ 1 \leqslant i \leqslant q \tag{7.6}$$

式中，X、Y 和 Z 分别为 $1 \times s$、$s \times q$、$1 \times q$ 矩阵。

7.4.1 反向演化推理

反向演化推理是为了补全服务组合初始库所到演化点之间断开的通路，并剔除无效的支路，其推理过程包括反向推理通路补全和剔除无效支路。

反向推理通路补全是以伪演化后的 GDN 为基础，初始补全部分为所有演化点，之后每执行一步，补全部分沿着 GDN 在演化点前驱结构方向上扩展一个库所，直到扩展到经演化操作后控制结构网的所有起始库所上，补全过程结束之后得到的 Petri 网是 GDN 的子网，记为 D_p。

将 GDN 的子网 D_p 与控制结构网 D 执行加运算得到一个新的 Petri 网 D_{cp}：

$$D_{cp} = D_p \oplus D \tag{7.7}$$

D_{cp} 中存在一些支路，其端点并不是控制结构网的输入输出接口或演化点，因此这些支路不在所需的服务组合中，需要将其剔除。

对于 Petri 网转换得到的关系矩阵，不考虑全为 0 的行和列，给出以下判定无效支路的规则。

(1) 无效支路端点：除起止库所与演化点的行外存在若干行，其中的值除 0 外皆为 1 或 –1，表示该行所代表的库所并非期望开始或结束的端点。

(2) 无效变迁：作为一个有效变迁，必须同时具有输入和输出连接弧，否则就称为一个无效变迁。其在关系矩阵中的表示是：列中的值除 0 外，其余值皆为 1 或 –1。

剔除无效支路的方法是：首先，根据无效支路端点的判定规则，找出所对应的行并将其删除；然后，根据无效变迁的判定规则，找出所对应的列并将其删除；最后，删除全为 0 的行和列。多次执行以上过程，直到无任何行和列满足无效支路端点及无效变迁的判定规则，如算法 7.3 所示。

算法 7.3　服务组合反向演化推理算法

输入：初始位置向量 $A(0)=(a_1, a_2, \cdots, a_n)$，初始迁移向量 $B(0)=(0, 0, \cdots, 0)$，全局依赖网关系矩阵 D，服务组演化操作后的矩阵 W

输出：从开始位置到服务组合演化点的路径

reverse Inference cycle value i, initial value of i is 1;
while(value of beginning place of web service composition in $A(i)$ equals 0){
 $B(i) = A(i-1) \otimes (-D), A(i) = B(i-1) \otimes D \oplus A(i-1)$;
 i++;
}
$W = W \oplus D_p$
while(!(∃row and column of which all value is 1 or –1 but 0 except rows of input, output and evolution point)){
 delete row of which all value is 1 or –1 but 0.
 delete column of which all value is 1 or –1 but 0;
 delete row and colomn of which all value is 0.
}

7.4.2　正向演化推理

正向演化推理是为了补全演化点到服务组合终止库所之间断开的通路并剔除无效的支路，其推理过程分为正向推理通路补全和剔除无效支路。

正向推理通路补全是以伪演化后的 GDN 为基础，初始补全部分为所有演化点，之后每执行一步，补全部分沿着 GDN 在演化点后继结构方向上扩展一个库所，直到扩展到经演化操作后控制结构 Petri 网的所有终止库所上，补全过程结束，得到一个 GDN 的子网，表示为 D_r。

将 GDN 的子网 D_r 与控制结构网 D 执行加运算得到一个新的 Petri 网 D_{cr}：

$$D_{cr} = D_r \oplus D \tag{7.8}$$

进行与反向演化推理中同样的剔除无效操作，如算法 7.4 所示。

算法 7.4　服务组合正向演化推理算法

输入：初始位置向量 $A(0) = (a_1, a_2, \cdots, a_n)$，初始迁移向量 $B(0) = (0, 0, \cdots, 0)$，全局依赖网关系矩阵 D，输出关系矩阵 D^+，输入关系矩阵 D^-，服务组合演化后的矩阵 W

输出：从演化点到结束位置服务组合路径

---

positive Inference cycle value *i*, initial value of *i* is 1;
while(value of ending place of web service composition in $A(i)$ equals 0){
 $B(i) = A(i-1)\Theta(D^-) + (1,1,\cdots,1), A(i) = D^- \otimes B(i)^{\mathrm{T}} \oplus A(i-1)$;
 i++;
}
D_r is the projection of D on $A(i)$;
$W = W \oplus D_r$;
while(!(∃row and column of which all value is 1 or −1 but 0 except rows of input, output and evolution point)){
 delete row and colomn of which all value is 0.
 delete row of which all value is 1 or −1 but 0.
 delete column of which all value is 1 or −1 but 0;
}

将以上服务组合反向演化推理得到的 D_{cp} 和正向演化推理得到的服务组合 D_{cr} 执行加运算：

$$D_w = D_{cr} \oplus D_{cp} \tag{7.9}$$

D_w 即演化推理得到的最终服务组合演化结果。

7.5　实验评价

本节以曳引系统设计服务库为例说明本章提出的服务组合演化过程，与曳引系统设计相关的原子服务如表 7.1 所示，这些服务构成了服务组合的演化域。基于演化域构建的服务全局依赖网如图 7.2 所示，Petri 网对应的关系矩阵可以根据定义 7.7 转换得到。

表 7.1 与曳引系统相关的原子服务列表

标识	服务名称	服务描述	输入接口参数	输出接口参数
A	基本性能参数设计	获得基本设计参数	P, Q, V, α, H	P, Q, V, α, H
B	曳引驱动悬挂方案设计	曳引悬挂驱动方案选择	Q, V	Traction schedule
C	曳引参数设计	根据曳引方案得到曳引参数	Traction schedule	r, θ
D	曳引机功率计算	$P_d = \dfrac{(1-\alpha)QV}{102\eta}$	Q, V, α, η	P_d
E	曳引机选型	曳引机产品选型	V, r, P_d	D_1, N, n_1, RGS
F	对重侧质量计算	$M_{cwt} = P + \alpha Q$	P, Q, α	M_{cwt}
G	补偿链质量计算	$M_{CR} = n_s q_s r H - M$	n_s, q_s, r, H, M_{Trav}	M_{CR}
H	轿厢侧钢丝绳计算	$M_{SRcar} = H n_s q_s$	H, q_s, n_s	M_{SRcar}
I	对重侧钢丝绳计算	$M_{SRcwt} = H n_s q_s$	H, q_s, n_s	M_{SRcwt}
J	随行电缆质量计算	$M_{Trav} = n_t q_t H$	H, q_t, n_t	M_{Trav}
K	轿厢侧井道上的摩擦力计算	$FR_{car} = f_j P g_n$	f_j, P	FR_{car}
L	对重侧井道上的摩擦力计算	$FR_{cwt} = f_j M_{cwt} g_n$	M_{cwt}	FR_{cwt}
M	工况选择	选取校验的工况	LC, RC, EBC	LC, RC, EBC
N	摩擦系数查询 μ_1（装载工况）	查询	LC	μ_1
O	摩擦系数查询 μ_2（滞留工况）	查询	RC	μ_2
P	摩擦系数计算 μ_3（紧急制动工况）	$\mu_3 = \dfrac{0.1}{1+\dfrac{V_c}{10}}$	EBC, V_c	μ_3
Q	半圆槽当量摩擦系数 f 计算（适用于带切口的半圆槽三种工况）	$f_1 = \mu \dfrac{4\left(\cos\dfrac{\gamma}{2} - \sin\dfrac{\gamma}{2}\right)}{\pi - \beta - \gamma - \sin\beta + \sin\gamma}$	$\gamma, \beta, \mu_1, \mu_2, \mu_3$	f_1, f_2, f_3
R	V 型槽当量摩擦系数 f 计算（适用于未经硬化处理的轿厢装载和紧急制停的工况）	$f = \mu \dfrac{4\left(1 - \sin\dfrac{\gamma}{2}\right)}{\pi - \beta - \sin\beta}$	$\gamma, \beta, \mu_1, \mu_2$	f_1, f_2
S	V 型槽当量摩擦系数 f 计算（适用于经过硬化处理的轿厢装载和紧急制停的工况）	$f = \mu \dfrac{1}{\sin\dfrac{\gamma}{2}}$	γ, μ_1, μ_2	f_1, f_2
T	V 型槽当量摩擦系数 f 计算（适用于硬化或未经硬化处理的轿厢的滞留工况）	$f = \mu \dfrac{1}{\sin\dfrac{\gamma}{2}}$	γ, μ_3	f_3
U	V 型槽当量摩擦系数 f 计算	合并服务	f_1, f_2, f_3	f_1, f_2, f_3

续表

标识	服务名称	服务描述	输入接口参数	输出接口参数
V	轿厢装载工况轿厢侧拉力计算(轿厢在最低层)	$T_1 = \dfrac{P+125\% \cdot Q}{r} \cdot g_n + M_{\text{SRcar}} \cdot g_n$	$P, Q, r, M_{\text{SRcar}}$	T_1
W	轿厢装载工况对重侧拉力计算(轿厢在最低层,无补偿装置)	$T_2 = \dfrac{M_{\text{cwt}}}{r} \cdot g_n$	r, M_{cwt}	T_2
X	轿厢装载工况对重侧拉力计算(轿厢在底层,有补偿装置,无补偿张紧装置)	$T_2 = \dfrac{M_{\text{cwt}} + M_{\text{CRcwt}}}{r} \cdot g_n$	$r, M_{\text{cwt}}, M_{\text{CRcwt}}$	T_2
Y	拉力比 1 计算	$TR_1 = \dfrac{T_1}{T_2}$	T_1, T_2	TR_1
Z	轿厢装载工况校验(轿厢在最低层)	$TR_1 \leqslant e^{f_1 \theta}$	TR_1, f_1, θ	Accept1 GB
$A1$	轿厢紧急制动工况轿厢侧拉力计算(轿厢空载在最高层,无补偿链)	$T_3 = \dfrac{(P+M_{\text{Trav}})(g_n - a)}{r} + \dfrac{\text{FR}_{\text{car}}}{r}$	$P, r, M_{\text{Trav}}, \text{FR}_{\text{car}}, a$	T_3
$B1$	轿厢紧急制动工况轿厢侧拉力计算(轿厢空载在最高层,有补偿链)	$T_3 = \dfrac{(P+M_{\text{CRcar}}+M_{\text{Trav}})(g_n-a)}{r} + \dfrac{\text{FR}_{\text{car}}}{r}$	$M_{\text{CRcwt}}, P, r, M_{\text{Trav}}, \text{FR}_{\text{car}}, a$	T_3
$C1$	轿厢紧急制动工况对重侧拉力计算(轿厢空载在最高层)	$T_4 = \dfrac{M_{\text{cwt}}(g_n+a)}{r} + M_{\text{SRcwt}}(g_n+ra) - \dfrac{\text{FR}_{\text{car}}}{r}$	$M_{\text{cwt}}, r, a, M_{\text{SRcwt}}, \text{FR}_{\text{cwt}}$	T_4
$D1$	拉力比 2 计算	$TR_2 = \dfrac{T_3}{T_4}$	T_3, T_4	TR_2
$E1$	轿厢紧急制动工况校验(轿厢空载在最高层)	$TR_2 \leqslant e^{f_2 \theta}$	TR_2, f_2, θ	Accept2 GB
$F1$	轿厢紧急制动工况轿厢侧拉力计算(轿厢额定载荷在最低层)	$T_{33} = \dfrac{P(g_n+a)}{r} + M_{\text{SRcar}}(g_n+ra) - \dfrac{\text{FR}_{\text{car}}}{r}$	$P, a, r, \text{FR}_{\text{car}}, M_{\text{SRcar}}$	T_{33}
$G1$	轿厢紧急制动工况对重侧拉力计算(轿厢额定载荷在最低层,无补偿链)	$T_{44} = \dfrac{M_{\text{cwt}}(g_n-a)}{r} + \dfrac{\text{FR}_{\text{cwt}}}{r}$	$a, r, M_{\text{cwt}}, \text{FR}_{\text{cwt}}$	T_{44}
$H1$	轿厢紧急制动工况对重侧拉力计算(轿厢额定载荷在最低层,有补偿链)	$T_{44} = \dfrac{(M_{\text{CRcwt}}+M_{\text{cwt}})(g_n-a)}{r} + \dfrac{\text{FR}_{\text{cwt}}}{r}$	$a, r, M_{\text{cwt}}, \text{FR}_{\text{cwt}}, M_{\text{CRcwt}}$	T_{44}

续表

标识	服务名称	服务描述	输入接口参数	输出接口参数
$I1$	拉力比3计算	$\mathrm{TR}_3 = \dfrac{T_{33}}{T_{44}}$	T_{33}, T_{44}	TR_3
$J1$	轿厢紧急制动工况校验（轿厢额定载荷在最低层）	$\dfrac{T_{33}}{T_{44}} \leqslant e^{f_2\theta}$	$\mathrm{TR}_3, f_2, \theta$	Accept3 GB
$K1$	轿厢滞留工况轿厢侧拉力计算（对重压在缓冲器上，即轿厢在最高层，无补偿链）	$T_5 = \dfrac{P + M_{\mathrm{Trav}}}{r}$	P, r, M_{Trav}	T_5
$L1$	轿厢滞留工况轿厢侧拉力计算（对重压在缓冲器上，即轿厢在最高层，有补偿链）	$T_5 = \dfrac{P + M_{\mathrm{CRcar}} + M_{\mathrm{Trav}}}{r}$	$P, r, M_{\mathrm{Trav}}, M_{\mathrm{CRcar}}$	T_5
$M1$	轿厢滞留工况对重侧拉力计算（对重压在缓冲器上）	$T_6 = M_{\mathrm{SRcwt}}$	M_{SRcwt}	T_6
$N1$	拉力比4计算	$\mathrm{TR}_4 = \dfrac{T_5}{T_6}$	T_5, T_6	TR_4
$O1$	轿厢滞留工况校验	$\mathrm{TR}_4 \geqslant e^{f_3\theta}$	$\mathrm{TR}_4, f_3, \theta$	Accept4 GB

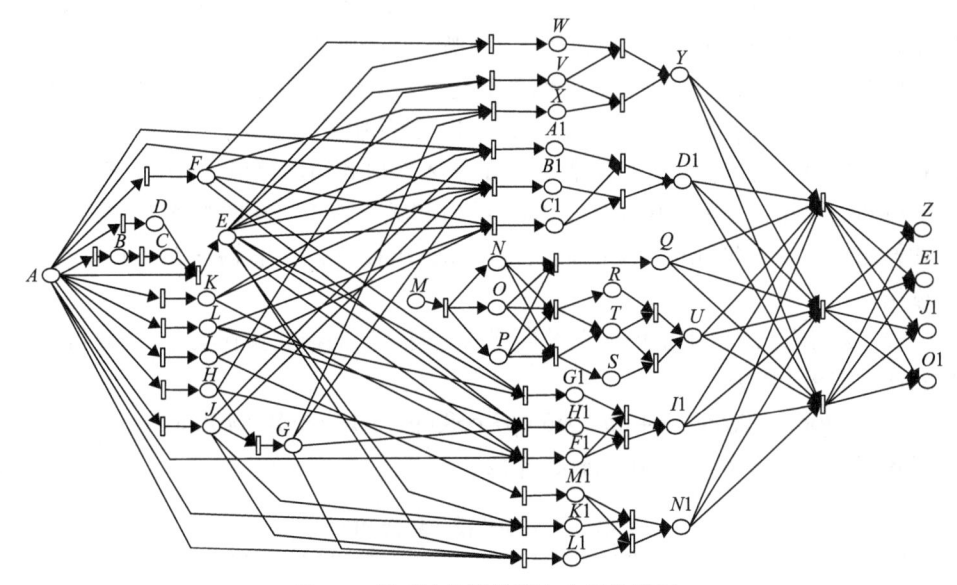

图 7.2 基于演化域的服务全局依赖网

设已存在一个服务组合实例 W_0，它通过原子服务 A、B、D、E、F、H、I、J、K、L、M、N、O、P、Q、V、W、Y、Z、$A1$、$B1$、$E1$、$F1$、$G1$、$J1$、$M1$、$N1$、$K1$、$I1$、$O1$ 组合而成，实现了曳引方案的设计、曳引机的选型计算、曳引条件的

校核等主要功能。由这些服务组合成的 W_0 的控制结构网如图 7.3 所示。由于原子服务 A、B、C、D、E、F、H、I、J、M、N、O、P 是设计过程中必须包含的服务，在服务组合演化过程中不允许发生变更。

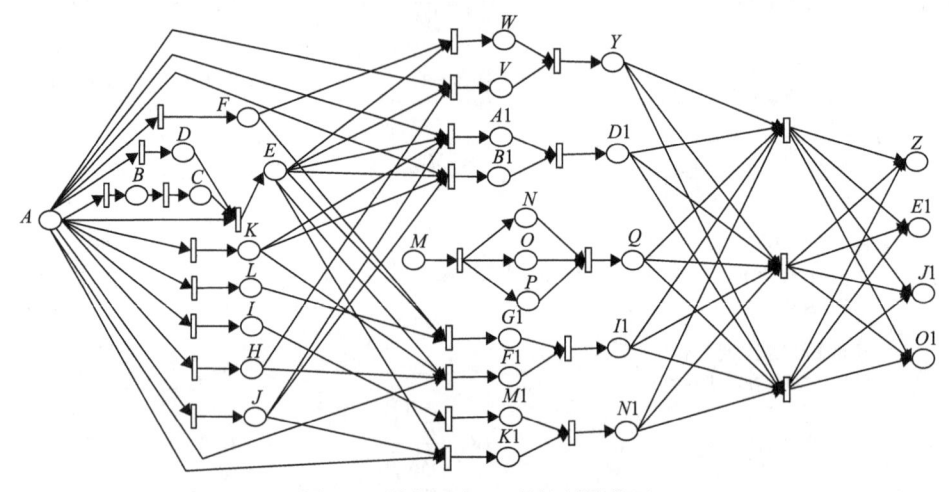

图 7.3 服务组合 W_0 的控制结构网

在服务组合 W_0 中，曳引系统的设计是不包含补偿装置的。由于新的需求，需要在设计中添加补偿链，曳引轮改为 V 型槽，不经硬化处理。

根据以上需求，找出演化点，明确演化操作，建立演化需求。演化点为 G、Q、U、W、X、$A1$、$B1$、$G1$、$H1$、$K1$、$L1$，删除服务 Q、W、$A1$、$G1$ 和 $K1$ 中所有输入接口和输出接口，新增服务 G 的输入接口和输出接口，新增服务 X 的输入接口和输出接口，新增服务 U 的输入接口和输出接口，新增服务 $B1$ 的输入接口和输出接口，新增服务 $H1$ 的输入接口和输出接口，新增服务 $L1$ 的输入接口和输出接口。

表 7.2 与表 7.3 给出了根据需求得到的正向与反向演化操作集合，由此得到初步的演化需求 ER 为

ER = $\langle$\{op1, op2, op3, op4, op5, op6, op7, op8, op9, op10, op11\}, \{op1′, op2′, op3′, op4′, op5′, op6′, op7′, op8′, op9′, op10′, op11′, op12′\}$\rangle$。

表 7.2 正向演化操作集合 PEO

标识	正向演化操作四元组
op1	$\langle Q, \text{Del}, \{\gamma, \beta, \mu_1, \mu_2, \mu_3\}, \{f_1, f_2, f_3\}\rangle$
op2	$\langle W, \text{Del}, \{r, M_{\text{cwt}}\}, \{T_2\}\rangle$
op3	$\langle A1, \text{Del}, \{P, r, M_{\text{Trav}}, \text{FR}_{\text{car}}, a\}, \{T_3\}\rangle$
op4	$\langle G1, \text{Del}, \{a, r, M_{\text{cwt}}, \text{FR}_{\text{cwt}}\}, \{T_{44}\}\rangle$

第 7 章 云制造服务组合演化

续表

标识	正向演化操作四元组
op5	$\langle K1, \text{Del}, \{P, r, M_{\text{Trav}}\}, \{T_5\}\rangle$
op6	$\langle G, \text{Add}, \{n_s, q_s, r, H, M_{\text{Trav}}\}, \{M_{\text{CR}}\}\rangle$
op7	$\langle X, \text{Add}, \{r, M_{\text{cwt}}, M_{\text{CRcwt}}\}, \{T_2\}\rangle$
op8	$\langle U, \text{Add}, \{f_1, f_2, f_3\}, \{f_1, f_2, f_3\}\rangle$
op9	$\langle B1, \text{Add}, \{M_{\text{CRcar}}, P, r, M_{\text{Trav}}, \text{FR}_{\text{car}}, a\}, \{T_3\}\rangle$
op10	$\langle H1, \text{Add}, \{a, r, M_{\text{cwt}}, \text{FR}_{\text{cwt}}, M_{\text{CRcwt}}\}, \{T_{44}\}\rangle$
op11	$\langle L1, \text{Add}, \{P, r, M_{\text{Trav}}, M_{\text{CRcar}}\}, \{T_5\}\rangle$

表 7.3 反向演化操作集合 NEO

标识	反向演化操作四元组
op1′	$\langle A, \text{Del}, \{P, Q, V, \alpha, H\}, \{P, Q, V, \alpha, H\}\rangle$
op2′	$\langle B, \text{Del}, \{Q, V\}, \{\text{Traction schedule}\}\rangle$
op3′	$\langle C, \text{Del}, \{\text{Traction schedule}\}, \{r, \theta\}\rangle$
op4′	$\langle D, \text{Del}, \{Q, V, \alpha, \eta\}, \{P_d\}\rangle$
op5′	$\langle E, \text{Del}, \{V, r, P_d\}, \{D_1, N, n_1, \text{RGS}\}\rangle$
op6′	$\langle F, \text{Del}, \{P, Q, \alpha\}, \{M_{\text{cwt}}\}\rangle$
op7′	$\langle H, \text{Del}, \{H, q_s, n_s\}, \{M_{\text{SRcar}}\}\rangle$
op8′	$\langle I, \text{Del}, \{H, q_s, n_s\}, \{M_{\text{SRcwt}}\}\rangle$
op9′	$\langle J, \text{Del}, \{H, q_t, n_t\}, \{M_{\text{Trav}}\}\rangle$
op10′	$\langle M, \text{Del}, \{\text{LC}, \text{RC}, \text{EBC}\}, \{\text{LC}, \text{RC}, \text{EBC}\}\rangle$
op11′	$\langle N, \text{Del}, \{\text{LC}\}, \{\mu_1\}\rangle$
op12′	$\langle O, \text{Del}, \{\text{RC}\}, \{\mu_2\}\rangle$
op13′	$\langle P, \text{Del}, \{\text{EBC}, V_c\}, \{\mu_3\}\rangle$

对演化需求 ER 中的演化操作进行冲突检测与消解。对于 ER 中的 PEO 操作集合，通过算法 7.2 未检测到冲突，由此得到 ER 为最终的演化需求。根据演化需求 ER 对服务组合 W_0 执行演化操作。

由于 PEO 完全满足 NEO 的约束，可以执行 PEO 中的演化操作。首先执行 Del 演化操作，对于演化点 Q、W、A1、G1 和 K1，op1、op2、op3、op4、op5 对其接口进行了 Del 操作，因此需要将接口对应的连接弧消除；然后执行 Add 演化操作，将代表相应服务的库所添加到控制结构网中。演化操作执行完成后得到的控制结构网如图 7.4 所示。其中，灰色库所代表执行演化操作后的演化点，孤立的

演化点 G、U、X、$B1$、$H1$、$L1$ 将会在后续的服务组合演化推理中被补全到控制结构网中。

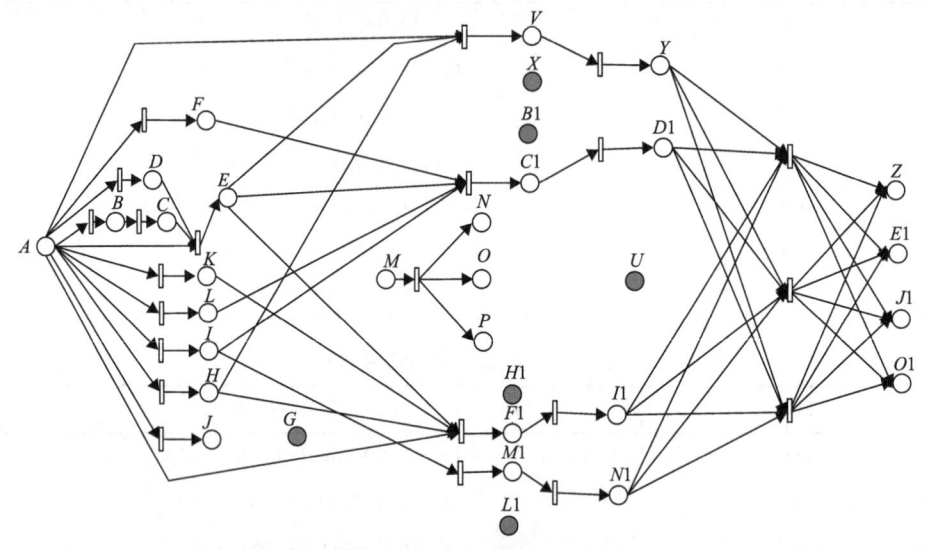

图 7.4 对 W_0 执行演化操作后的控制结构网

在执行演化推理之前，需先对 GDN 执行伪演化操作，得到新的 GDN，如图 7.5 所示。

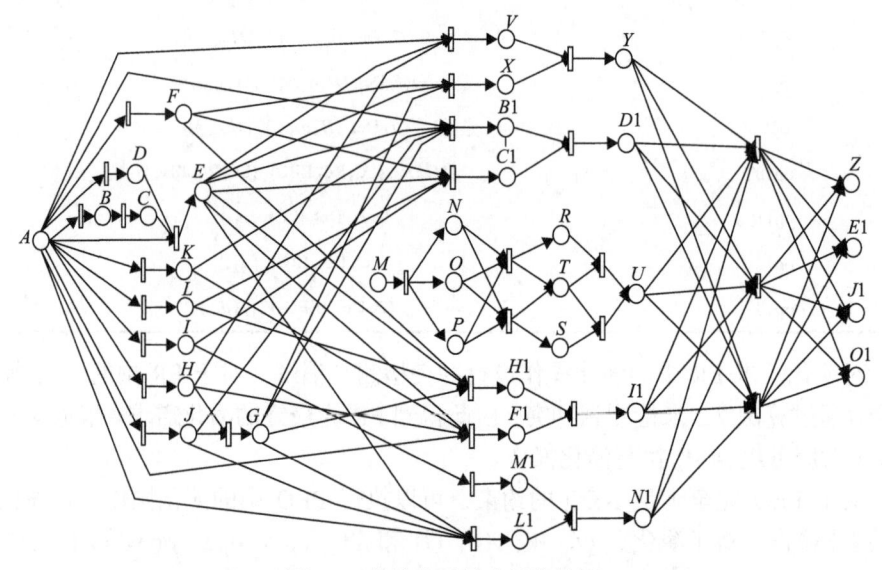

图 7.5 伪演化后的全局依赖网

基于伪演化后的 GDN，对图 7.4 所示的控制结构网进行反向演化推理和正向演化推理。

(1) 反向演化推理。根据算法 7.3，进行反向推理通路补全，初始补全部分为 G、U、X、$B1$、$H1$、$L1$，补全部分沿着 GDN 在演化点前驱结构方向上扩展到库所 A、M 后结束，得到包含库所 R、T 的 GDN 的子网 $\boldsymbol{D}_p$，将 $\boldsymbol{D}_p$ 与 $\boldsymbol{D}$ 执行加运算得到 $\boldsymbol{D}_{cp}$，剔除其中无效支路端点 S、Z、$J1$、$E1$、$O1$ 及与其相关的无效变迁，其控制结构网如图 7.6 所示。

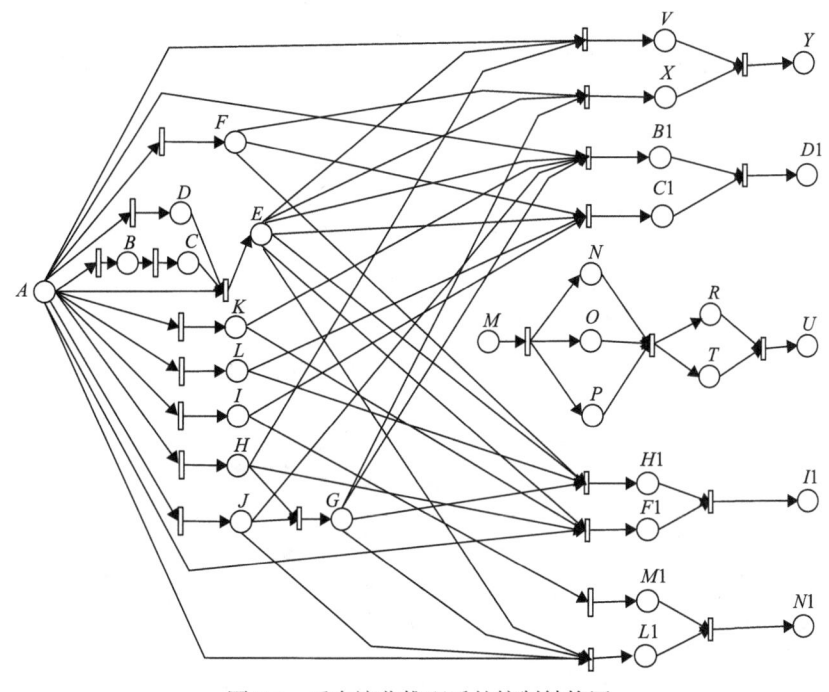

图 7.6 反向演化推理后的控制结构网

(2) 正向演化推理。根据算法 7.4，进行正向推理通路补全，初始补全部分为 G、U、X、$B1$、$H1$、$L1$，补全部分沿着 GDN 在演化点前驱结构方向上扩展到库所 Z、$J1$、$E1$、$O1$ 后结束，得到包含库所 G 的 GDN 的子网 $\boldsymbol{D}_r$，将 $\boldsymbol{D}_r$ 与 $\boldsymbol{D}$ 执行加运算得到 $\boldsymbol{D}_{cr}$，剔除其中无效支路端点 A、B、C、D、E、F、H、I、J、K、L、M、N、O、P、R、T 及与其相关的无效变迁，其控制结构网如图 7.7 所示。

将反向演化推理得到的 $\boldsymbol{D}_{cp}$ 与正向演化推理得到的 $\boldsymbol{D}_{cr}$ 执行加运算，即执行 $\boldsymbol{D}_{cp} \oplus \boldsymbol{D}_{cr}$，得到服务组合演化的最终结果 $\boldsymbol{D}_w$，其控制结构网如图 7.8 所示。

根据最终演化得到的服务组合，用户首先通过 A、B、C、D、E、F、I、K、L 完成曳引参数、曳引方案以及曳引机的选型设计，并根据 H、J、G 设计补偿链的质量；然后 G 驱动后续服务 X、$B1$、$H1$、$L1$ 完成带补偿链的曳引力计算；接着通过 M、N、O、P 完成摩擦系数的计算，再根据 R、T、U 完成未经硬化处理的 V 型槽当量摩擦系数的设计计算；最后通过 Y、D1、I1、N1、Z、E1、J1、M1、O1 完成曳引力的计算和校验。至此，曳引系统设计计算结束。因此，演化得到的服务组合完全符合用户需求。

图 7.7　正向演化推理后的控制结构网

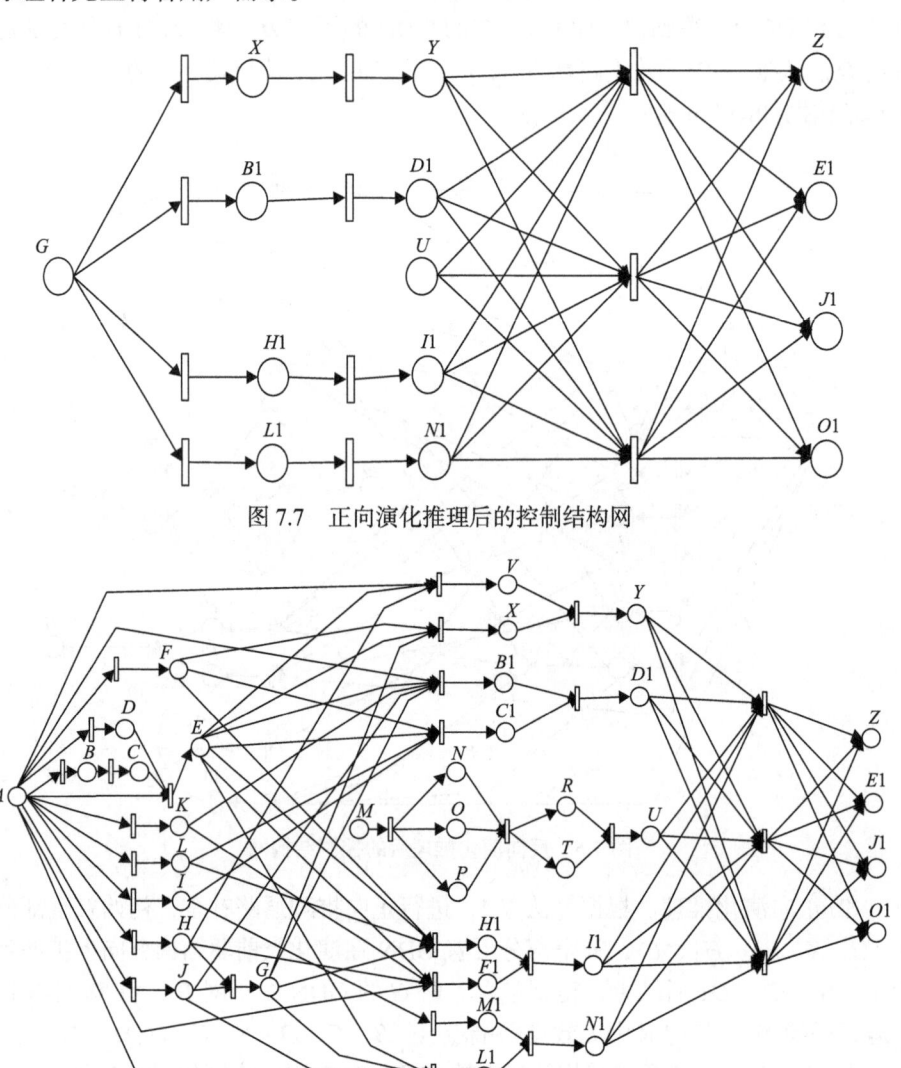

图 7.8　最终演化得到的控制结构网

参 考 文 献

[1] 张元鸣, 倪宽, 陆佳炜, 等. 基于全局依赖网的 Web 服务组合自动演化方法研究[J]. 电子学报, 2017, 45(2): 267-277.
[2] 倪宽, 云环境下服务组合演化方法及应用研究[D]. 杭州: 浙江工业大学, 2016.

[3] 杨丽琴. 基于 Petri 网的 Web 服务动态组合方法研究与实现[D]. 上海: 东华大学, 2009.
[4] 郑浩, 冯毅雄, 谭建荣, 等. 一类制造资源的协同建模、优化与求解技术[J]. 计算机集成制造系统, 2012, 18(7): 1387-1395.
[5] 鲍爱华. 语义 Web 环境下组合服务演化方法及其关键技术研究[D]. 长沙: 国防科技大学, 2009.
[6] 鲍培明. 模糊 Petri 网模型的反向推理算法[J]. 南京师范大学学报: 工程技术版, 2003, (3): 21-25.

第8章 云制造数据服务集成

云制造模式下，数据资源具有跨域分布、类型多样以及数据敏感等特点。本章介绍基于服务的跨域异构数据集成方法，包括基于数据依赖图的云制造数据服务抽取方法、云制造数据服务封装方法、云制造数据服务组合方法、云制造数据服务视图表达和更新方法等，给出相关算法，并对云制造数据服务抽取、封装、组合、视图生成与更新等方法进行评估。

8.1 云制造数据服务抽取

8.1.1 数据依赖图

数据集所包含的元数据是实现云制造模式下数据集成和共享的关键，通过解析元数据，可以获得诸如数据源、数据结构和数据依赖关系等信息。数据拥有者需要提供必要的数据源连接信息，借助现有的数据连接接口，数据集的元数据就可以被提取出来。

表 8.1 给出了两个抽取自电梯企业信息系统的数据集，分别为电梯设计数据集和电梯维修数据集，其中包含它们的关系模式以及相对应的属性集。

表 8.1 电梯企业信息系统数据集

数据来源部门	关系模式名称	数据属性集
设计部门	电梯基本信息	a, b, c, d
	电梯客户信息	e, f, g, h
	电梯订单信息	a', e', i, j
维修部门	电梯基本信息	k, l, m, n
	电梯维修记录	o, p, q, r
	电梯维修信息	k', o', s, t

数据项定义

a: 设备编号; b: 电梯型号; c: 电梯规格; d: 电梯装饰

e: 客户编号; f: 客户名称; g: 客户地址; h: 联系方式

i: 注册代码; a': 设备编号; e': 客户编号; j: 电梯价格

k: 注册代码; l: 电梯楼层; m: 使用单位; n: 安装位置

o: 维修标识; p: 报修故障; q: 报修时间; r: 维修时间

k': 注册代码; o': 维修标识; s: 维修部件; t: 维修价格

通过参考关系数据模型中的数据依赖等概念，来构建数据服务之间的依赖关系。

定义 8.1 函数依赖。设 X、Y 为关系模式 $R(U)$ 的属性集合，如果对于 R 中任意两个 X 值相等的元组，其 Y 值也相等，那么称 Y 函数依赖于 X，可表示为 $X \rightarrow Y$。

按照函数依赖的定义，可以得到部分函数依赖、完全函数依赖以及相互函数依赖的定义，具体如下。

推论 8.1 如果存在 X 的真子集 X'，有 $X' \rightarrow Y$，那么称 Y 部分函数依赖于 X，可表示为 $X \xrightarrow{p} Y$；反之，若不存在，那么称 Y 完全函数依赖于 X，可表示为 $X \xrightarrow{f} Y$。

推论 8.2 如果存在 $X \rightarrow Y$，且 $Y \rightarrow X$，那么称 X 和 Y 相互函数依赖，可表示为 $X \leftrightarrow Y$。

定义 8.2 连接依赖。设 X 为关系模式 $R_1(U_1)$ 与 $R_2(U_2)$ 的公共属性集，如果 $X \rightarrow U_2$，那么称属性集 U_2 连接依赖于 X。

连接依赖可看作关系模式间的特殊函数依赖，因此函数依赖就定义了关系模式间和属性集间的数据依赖关系。对于任一关系模式集，根据其属性集之间的函数依赖，构造得到数据依赖图 (attribute dependence graph, ADG)，其定义如下。

定义 8.3 数据依赖图。关系模式集定义的属性集间函数依赖可以描述为一个有向图，有向图中的节点代表属性，边代表节点之间的依赖关系，可以用一个二元组表示：ADG=(U, E)。

其中，$U = \{a_1, a_2, \cdots, a_n\}$ 表示属性集合；$E = \{e_1, e_2, \cdots, e_m\}$ 表示函数依赖集合，$e_i = X \rightarrow a_j$ 表示属性 a_j 函数依赖于属性集 $X(X \subseteq U)$。

根据表 8.1 的属性集，可以构建得到数据依赖图，如图 8.1 所示，其中单箭头的边表示完全函数依赖关系，带有弧线的有向边表示部分函数依赖。例如，属性 b、c 和 d 完全函数依赖于属性 a，属性 a 相互函数依赖于属性 a'，而属性 o' 和 k'

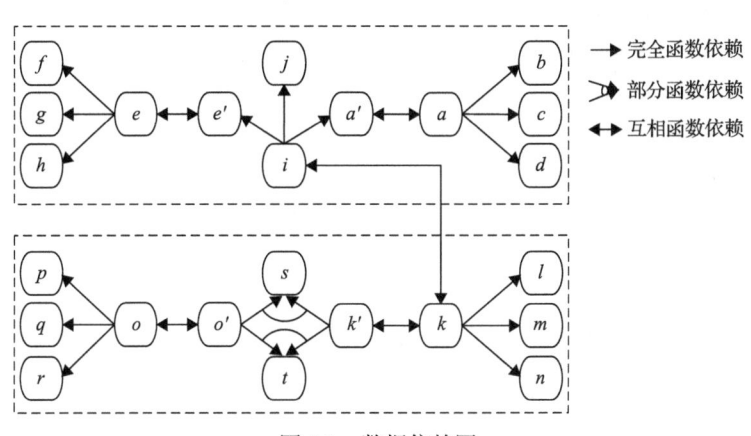

图 8.1 数据依赖图

部分函数依赖于属性 t，即 $\{o'\} \xrightarrow{P} \{t\}$、$\{k'\} \xrightarrow{P} \{t\}$。属性 i 和 k 都表示电梯注册代码，两者的语义等价为连接两个数据集的桥梁。

8.1.2 数据服务抽取算法

根据数据依赖图，从数据集中抽取数据服务。数据服务的粒度大小会直接影响数据服务的可用性和灵活性。下面给出原子数据服务（atomic data service, ADS）的概念。

定义 8.4 原子数据服务。语义不可分割且可独立调用的数据服务称为原子数据服务，可以用一个八元组表示：ADS=(ID, Name, Fields, Description, Input, Output, Operations, Publisher)，其中，ID 为服务唯一标识符；Name 为服务名称；Fields 为服务所包含属性集合；Description 为服务的语义描述；Input 为服务的输入，可以有多个；Output 为服务的输出，可以是一个关系；Operations 为服务的待执行操作；Publisher 为服务发布方。

算法 8.1 给出了数据服务抽取算法，其输入是数据集的元数据，输出是原子数据服务集。首先从元数据中提取出属性集（$U=\{a_1, a_2, \cdots, a_n\}$）和依赖关系集（$E=$

算法 8.1 数据服务抽取算法

输入：数据集的元数据 Metadata
输出：原子数据服务集 ADSs

U: The attribute set $\{a_1, a_2, \cdots, a_n\}$, a_i is an attribute
E: The dependency set $\{e_1, e_2, \cdots, e_m\}$, $e_i=X \rightarrow a_j (X \subseteq U)$
for each table in Metadata do
    Add the attributes of table into U
    Add the dependenciess into E
    $X \leftarrow$ the primary key of table
    for each attribute in X do
        $ADS_1 \leftarrow$ attribute
        Add ADS_1 into ADSs
    end
    for each e in E do
        $ADS_2 \leftarrow e.X + e.a$
        Add ADS_2 into ADSs
    end
end
return ADSs

$\{e_1, e_2, \cdots, e_m\}$），然后依次按以下规则处理依赖关系集中的每个函数依赖（$e_i = X \rightarrow a_j, X \subseteq U$）并抽取得到原子数据服务：

X 中的每个属性都各自单独封装成一个原子数据服务，其输入和输出都是该属性。

X 中的所有属性依次与属性 a_j 封装成一个原子数据服务，其输入可以是 X 中的某个属性或者属性 a_j，输出是 X 中的所有属性和属性 a_j。

根据图 8.1 所示的数据依赖图，完成原子数据服务的抽取，如表 8.2 所示。以依赖关系 $\{k', o'\} \rightarrow s$ 为例，属性 k' 和 o' 会分别被封装为两个原子数据服务，即 ADS_{21} 和 ADS_{22}；属性集 $\{k', o', s\}$ 会被封装为一个原子数据服务，其输入可以是 $\{k', o', s\}$ 中的任一属性，输出是所有属性 $\{k', o', s\}$，即 ADS_{23}。基于上述数据服务抽取规则，抽取出的原子数据服务数据等于属性集的属性总数，按功能可分为两类。

(1) 用于原子数据服务的连接。例如，ADS_9 和 ADS_{13} 分别封装了语义等价的属性 i 和 k，则这两个原子数据服务之间可以建立互相依赖关系。

(2) 用于查询。例如，ADS_2 封装了属性 a 和 b，可以用来查询设备编号或电梯型号。

表 8.2 属性依赖图抽取得到的部分原子数据服务

序号	名称	实例域	描述	输入	输出	操作	提供者
01	ADS_1	$\{a\}$	查询设备编号	设备编号	设备编号	get	设计部门
02	ADS_2	$\{a, b\}$	查询设备编号、电梯型号	设备编号或电梯型号	设备编号和电梯型号	get	设计部门
03	ADS_3	$\{a, c\}$	查询设备编号、电梯规格	设备编号或电梯规格	设备编号和电梯规格	get	设计部门
04	ADS_4	$\{a, d\}$	查询设备编号、电梯装饰	设备编号或电梯装饰	设备编号和电梯装饰	get	设计部门
05	ADS_5	$\{e\}$	查询客户编号	客户编号	客户编号	get	设计部门
06	ADS_6	$\{e, f\}$	查询客户编号、客户名称	客户编号或客户名称	客户编号和客户名称	get	设计部门
07	ADS_7	$\{e, g\}$	查询客户编号、客户地址	客户编号或客户地址	客户编号和客户地址	get	设计部门
08	ADS_8	$\{e, h\}$	查询客户编号、联系方式	客户编号或联系方式	客户编号和联系方式	get	设计部门
09	ADS_9	$\{i\}$	查询注册代码	注册代码	注册代码	get	设计部门
10	ADS_{10}	$\{i, e'\}$	查询注册代码、客户编号	注册代码或客户编号	注册代码和客户编号	get	设计部门
11	ADS_{11}	$\{i, a'\}$	查询注册代码、设备编号	注册代码或设备编号	注册代码和设备编号	get	设计部门

续表

序号	名称	实例域	描述	输入	输出	操作	提供者
12	ADS_{12}	$\{i, a', e'\}$	查询注册代码、设备编号、客户编号	注册代码、设备编号或客户编号	注册代码、设备编号和客户编号	get	设计部门
13	ADS_{13}	$\{k\}$	查询注册代码	注册代码	注册代码	get	维修部门
14	ADS_{14}	$\{k, l\}$	查询注册代码、电梯楼层	注册代码或电梯楼层	注册代码和电梯楼层	get	维修部门
15	ADS_{15}	$\{k, m\}$	查询注册代码、使用单位	注册代码或使用单位	注册代码和使用单位	get	维修部门
16	ADS_{16}	$\{k, n\}$	查询注册代码、安装位置	注册代码或安装位置	注册代码和安装位置	get	维修部门
17	ADS_{17}	$\{o\}$	查询维修标识	维修标识	维修标识	get	维修部门
18	ADS_{18}	$\{o, p\}$	查询维修标识、报修故障	维修标识或报修故障	维修标识和报修故障	get	维修部门
19	ADS_{19}	$\{o, q\}$	查询维修标识、报修时间	维修标识或报修时间	维修标识和报修时间	get	维修部门
20	ADS_{20}	$\{o, r\}$	查询维修标识、维修时间	维修标识或维修时间	维修标识和维修时间	get	维修部门
21	ADS_{21}	$\{k\}$	查询注册代码	注册代码	注册代码	get	维修部门
22	ADS_{22}	$\{o\}$	查询维修标识	维修标识	维修标识	get	维修部门
23	ADS_{23}	$\{k, o, s\}$	查询注册代码、维修标识、维修部件	注册代码、维修标识或维修部件	注册代码、维修标识和维修部件	get	维修部门
24	ADS_{24}	$\{k, o, t\}$	查询注册代码、维修标识、维修价格	注册代码、维修标识或维修价格	注册代码、维修标识和维修价格	get	维修部门

8.2 云制造数据服务封装

8.2.1 数据服务封装框架

抽取得到的原子数据服务将被封装成 REST 服务。REST 定义了一组约束和属性，并使用 IITTP 请求来执行获得(get)、更新(put)、递交(post)和删除(delete)资源。这里提出一种数据服务封装框架，利用 Spring Boot 框架来构建 REST 服务，如图 8.2 所示。该框架主要分为三层[1,2]。

(1) 实体(Entity)层。它是数据集的映射，一个实体对象对应数据源中的一张表或其他数据结构。

(2) 数据访问接口(data access object, DAO)层。主要负责与数据源进行交互，为服务层提供数据访问接口。

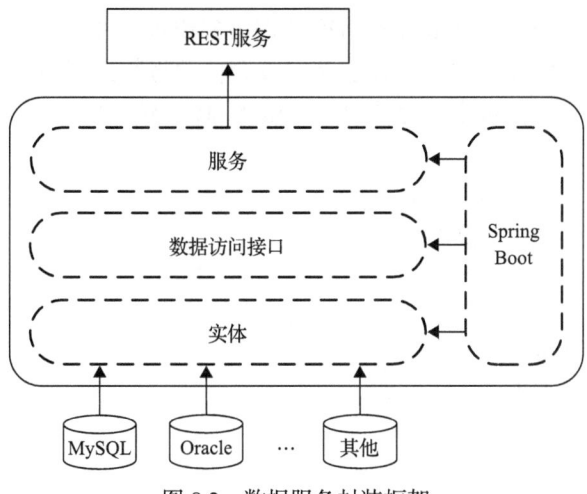

图 8.2　数据服务封装框架

(3) 服务(Service)层。定义了数据服务接口类中的操作方法，包括检索资源的 get 操作、用于更改或更新资源的 put 操作、用于创建资源的 post 操作以及用于删除资源的 delete 操作。

基于该框架设计了一个可重用的模板，内容主要包括所需的代码、占位符(如 ${variableName})和逻辑语句(如条件判断、循环等)等。表 8.3 显示了数据服务封装所必需的模板文件，分别对应图 8.2 中的三层结构。

表 8.3　数据服务封装模板文件

序号	模板	功能描述
1	Entity 模板	实体对象模板文件
2	DAO 模板	数据访问接口及其实现模板文件
3	Service 模板	数据服务接口及其实现模板文件

(1) Entity 模板。主要定义了实体对象的属性和方法，其中属性是数据源的表或其他数据结构中的所有字段，方法是属性的访问方法，如 get 和 set 方法。所有属性的数据类型都转换为字符串类型，便于统一处理。

(2) DAO 模板。主要包含数据访问操作的抽象接口以及结构化查询语言(structured query language，SQL)或其他数据操作方法的实现。

(3) Service 模板。主要包含数据服务接口和实现细节，其中数据服务接口定义 REST 服务的名称、输入、输出、操作和 URI。通过使用 CXF 创建 REST 服务，实现 JAX-RS 规范，并且可以轻松地与 Spring Boot 框架集成。

图 8.3 给出了数据服务的封装过程。首先，根据数据服务模板的定义，从数据集中提取出相关元数据，并将模板所需的总体数据封装为数据模型(data-model)。

然后，借助模板引擎 FreeMarker 来进行数据服务模板文件的解析。以数据模型和数据服务的模板文件作为输入，该引擎工具会自动将数据模型中的相关数据填充到模板文件的对应占位符中，完成 REST 服务源代码的生成。

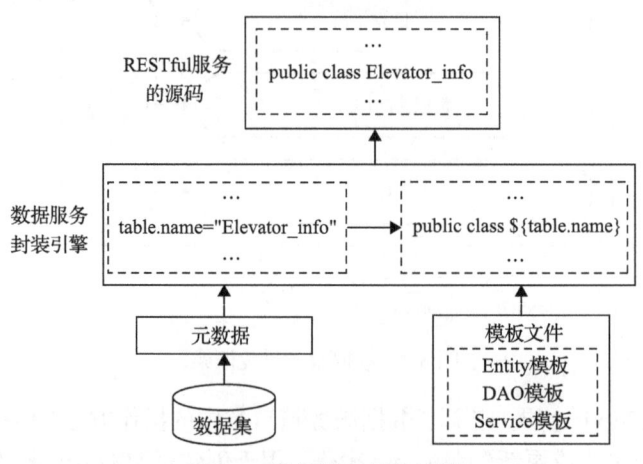

图 8.3 数据服务封装过程

8.2.2 数据服务封装算法

算法 8.2 给出了数据服务自动封装算法，其输入是数据集的元数据和数据服务

算法 8.2 数据服务自动封装算法

输入：元数据集，数据服务模板
输出：REST 服务代码

Objects: Entity objects from Metadata
Entity template: entity object template file
DAO template: data access interface and implementation template files
Service template: data service interface and implementation template files
for each object in Objects do
   Get all attributes and the dependencies among attributes of object
   entity_data ← get the data-model of Entity template
   Source code ← Entity template + entity_data
   dao_data ← get the data-model of DAO template
   Source code ← DAO template + dao_data
   service_data ← get the data-model of Service template
   Source code ← Service template + service_data
end
return Source code

的模板文件，输出是 REST 服务的源代码。首先，需要得到供模板文件使用的所有 data-model：元数据包含了数据集中的表和属性等信息，将这些信息映射为实体，可以生成 Entity 模板的 data-model；结合属性之间的依赖关系，可以得到 DAO 模板的 data-model；再根据提取得到的原子数据服务集合，可以得到 Service 模板的 data-model。然后，FreeMarker 会依次将 data-model 填充进模板文件中，输出 REST 服务的源代码。最后，对源代码进行编译以完成数据服务的封装。

以 ADS_2 为例，该原子数据服务包含两个 get 操作方法：一个是 getElevatorInfoElevatorModel 方法，其输入是设备编号，输出是设备编号和电梯型号列表；另一个是 getElevatorInfoByElevatorModel 方法，其输入是电梯型号，输出是设备编号和电梯型号列表。ADS_2 的部分接口源代码如下。

```
@Path("/ElevatorInfo")@Produces({MediaType.APPLICATION_JSON+"; charset=UTF-8"})
public interface ElevatorInfoService{
@GET@Path("/ElevatorModel/{elevatorNo}")
List<ElevatorInfo> getElevatorInfoElevatorModel(@PathParam(value="elevatorNo")String elevatorNo);
@GET@Path("/ElevatorNo/ElevatorModel/{elevatorModel}")
List<ElevatorInfo> getElevatorInfoByElevatorModel(@PathParam(value="elevatorModel")String elevatorModel);
…
}
```

对应接口的实现源代码如下。

```
@Component("elevatorInfoService")
public class ElevatorInfoServiceImpl implements ElevatorInfoService{
@Resource
private ElevatorInfoDao elevatorInfoDao;
public List<ElevatorInfo> getElevatorInfoElevatorModel(String elevatorNo){
return elevatorInfoDao.getElevatorInfoElevatorModel(elevatorNo);
}
Public List<ElevatorInfo> getElevatorInfoByElevatorModel(String elevatorModel){
return elevatorInfoDao.getElevatorInfoByElevatorModel(elevatorModel);
}
…
}
```

8.2.3 数据服务封装评价

本节将基于电梯企业业务系统的数据[3]来评价数据服务抽取与封装方法的正确性和有效性。选择了五个不同源的数据集作为实验数据集，包括电梯设计单位数据集、电梯使用单位数据集、电梯制造单位数据集、电梯销售单位数据集、电梯维保单位数据集等。所有数据集具体的信息包括表总数和属性总数、根据算法 8.1 提取出的原子数据服务总数以及算法 8.2 生成的源文件总数，如表 8.4 所示。

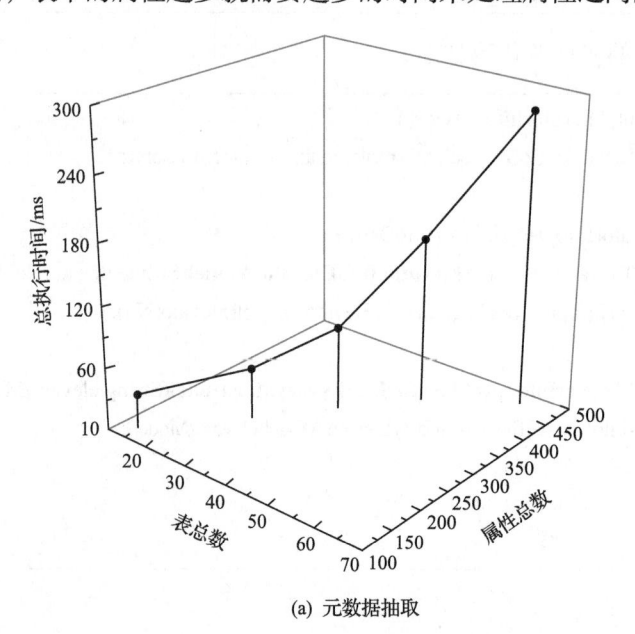

表 8.4 数据服务抽取与封装算法实验数据集

实验数据集	表总数	属性总数	数据服务总数	源文件总数
电梯设计单位数据	62	473	473	314
电梯使用单位数据	14	120	120	74
电梯销售单位数据	27	231	231	139
电梯制造单位数据	37	317	317	189
电梯维保单位数据	47	400	400	239

1. 数据服务抽取方法评价

首先评价数据服务抽取方法。图 8.4(a) 显示了数据集的元数据抽取总执行时间随着表和属性总数的增加而变化的情况。结果表明，数据集的元数据可以在较短时间内解析得到，表中的属性越多就需要越多的时间来处理属性之间的依赖关系。

(a) 元数据抽取

图 8.4(b) 原子数据服务抽取

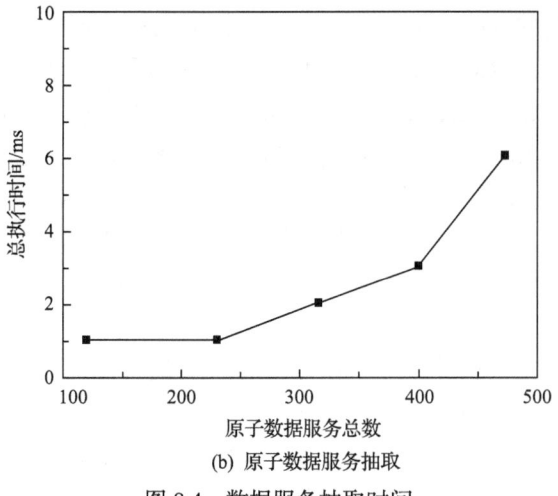

图 8.4 数据服务抽取时间

图 8.4(b)显示了数据服务抽取过程总执行时间随原子数据服务总数的增加而变化的情况。可以看出，随着原子数据服务总数的增加，总执行时间有一定幅度的增长，整体上能较快完成数据服务的抽取。

2. 数据服务封装方法评价

数据服务封装方法的评价主要分为数据服务封装算法性能的分析和数据服务质量的分析。图 8.5 显示了原子数据服务封装总执行时间随着源文件总数的增加而改变的情况。相比抽取算法，数据服务封装算法会消耗更多的时间，因为服务封装涉及文件读写而导致的输入/输出(input/output, I/O)时间。总体来说，数据服务封装方法具有较高的效率。

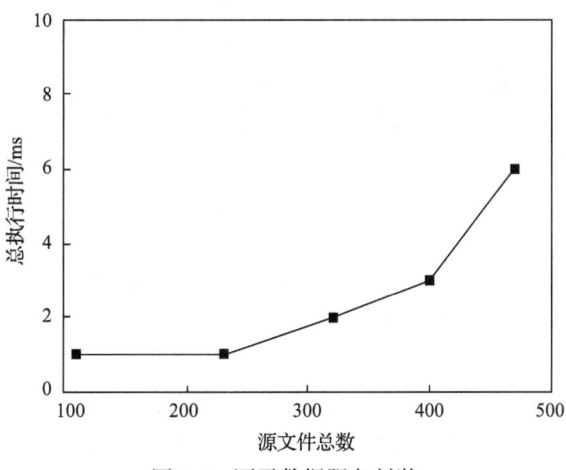

图 8.5 原子数据服务封装

对于封装得到的 REST 服务，从以下三个方面进行分析。

(1) 成熟度。使用 Richardson 成熟度模型来评价所封装的数据服务应用程序接口(application program interface, API)。微软发布的开放数据协议(open data protocol, OData)服务 API，由于其响应体中没有包含超媒体控制[4]，无法给出后续可能执行的操作，成熟度未能达到第三级。与之相比，本服务封装方法基于数据服务依赖关系图模型，所有的数据服务通过依赖关系连接起来，可以返回与用户请求相关联的资源，具备自描述的能力。因此，本服务 API 在成熟度方面可达到最高级别。

(2) 可发现性。可发现性是指用户在请求资源时可以访问到所需的数据服务，为实现数据服务的自动组合提供了基础。传统的服务接口中，服务发现过程是易错和耗时的，如 Twitter API；而本服务通过搜索数据服务依赖图，获取用户期望的数据服务集，可以确保服务的可发现性。

(3) 可复用性。可复用性是指数据服务可以被多次重用而无须进行配置或修改。张元鸣等[2]提出的方法中，设计的数据服务与用户数据需求是一对一的关系；而本服务提供了更细粒度的服务，具备更高的灵活性，可以根据各种业务需求对原子数据服务进行组合。灵活且易扩展的数据服务允许用户根据特定要求定制复合数据服务，这有利于提高服务的可复用性。

8.3 云制造数据服务组合

8.3.1 数据服务依赖图

通过将属性间的数据依赖关系映射为数据服务间的依赖关系，可构建出数据服务依赖图(data service dependence graph, DSDG)，其定义如下[5]。

定义 8.5 数据服务依赖图。数据服务依赖图是指原子数据服务之间的依赖关系所形成的一个有向图，有向图中的节点代表原子数据服务，边代表依赖关系，可以用一个二元组表示：

$$DSDG = (D, E)$$

式中，$D = \{ADS_1, ADS_2, \cdots, ADS_n\}$ 为原子数据服务集合；$E = \{e_1, e_2, \cdots, e_m\}$ 为原子数据服务依赖集合，$e_i = A \rightarrow ADS_j$ 表示原子数据服务 ADS_j 依赖于原子数据服务集合 $A(A \subseteq D)$。

根据图 8.1 所示的数据依赖图，构造出数据服务依赖图，如图 8.6 所示，图中的节点为表 8.2 所示的原子数据服务。数据服务依赖图显示了原子数据服务的全局逻辑结构，为数据服务组合提供了基础。

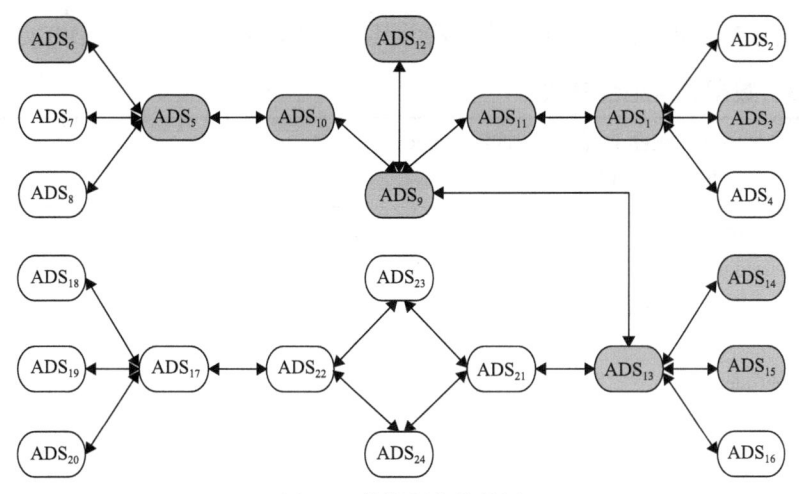

图 8.6 数据服务依赖图

8.3.2 数据服务组合算法

单个原子数据服务仅提供简单数据，在大多数情况下无法满足用户的复杂需求，可以通过组合若干个原子数据服务实现用户的数据需求（data requirements, DR）。首先给出数据需求的定义，具体如下。

定义 8.6 **数据需求**。数据需求由属性集合、约束条件和待执行操作组成，可以用一个三元组表示：

$$DR = (Requires, Conditions, Operations)$$

式中，Requires 为所属属性集合；Conditions = {⟨Field, Value⟩ | Field 为属性名，Value 为属性值} 表示约束条件，可为空；Operations 为待执行操作，可以为 get、update 或 delete。

以查询使用单位为 "CS" 的电梯价格为例，该数据需求可表示为：DR=({使用单位, 电梯价格}, {⟨使用单位, "CS"⟩}, get)。

基于数据服务依赖图，自动搜索与用户数据需求相关的原子数据服务，并根据服务之间的依赖关系进行组合，生成复合数据服务（composite data service, CDS），其定义如下。

定义 8.7 **复合数据服务**。多个具有依赖关系的原子数据服务组合而成且可独立调用的数据服务称为复合数据服务，可以用一个八元组表示：

$$CDS = (ID, Name, Sub\text{-}DSDG, Description, Input, Output, Operations, Publisher)$$

式中，ID 为服务唯一标识符；Name 为服务名称；Sub-DSDG 为数据服务依赖图的子图；Description 为服务的语义描述；Input 为服务的输入，可以有多个；Output 为服务的输出，可以是一个关系；Operations 为服务的待执行操作；Publisher 为服务发布方。

算法 8.3 给出了数据服务组合算法，其输入为数据服务依赖图 DSDG 和数据

算法 8.3　数据服务组合算法

输入：数据服务依赖图 DSDG，数据需求 DR
输出：复合数据服务 CDS

fields: The attribute set $\{a_1, a_2, \cdots, a_n\}$ in DR, a_i is an attribute;
for each field in fields do
　　ADSs ← ADS related to field;
end
InitQueue(queue);
EnQueue(queue, ADS_0);
while !QueueEmpty(queue) do
　　ADS_i ← DeQueue(queue);
　　adj_ADSs ← DSDG;
　　for each ADS in adj_ADSs do
　　　　if ADS haven't been visited then
　　　　　　EnQueue(queue, ADS);
　　　　　　pre_ADSs ← ADS_i is the prior node of ADS;
　　　　　　if all ADSs have been visited then
　　　　　　　　break;
　　　　　　end
　　　　end
　　end
end
for $j = 1 \rightarrow$ the size of ADSs do
　　cur_ADS ← ADS_j;
　　pre_ADS ← pre_ADSs(cur_ADS);
　　while cur_ADS is not ADS_1 do
　　　　if CDS dosen't contain cur_ADS then
　　　　　　Add cur_ADS into CDS;
　　　　else
　　　　　　break
　　　　end
　　　　cur_ADS ← pre_ADS;
　　　　pre_ADS ← pre_ADSs(cur_ADS);
　　end
end
return CDS;

需求 DR，输出为复合数据服务 CDS。该算法首先以数据需求的属性集合中第一个属性作为起始节点，按广度优先策略访问数据服务依赖图中的节点，同时记录该节点的前置节点，直至已访问队列中包含所有需求属性节点，并得到起始节点至其余需求属性节点之间的访问路径；然后依次搜索并选取每条访问路径中所有属性节点相关的原子数据服务，通过组合得到复合数据服务。

该算法是假定数据服务依赖图中的所有节点都连通，若依赖图未连通，则将依次遍历依赖图中的所有子图。若存在多条满足需求的访问路径，则意味着存在多个组合方案，需要从所有组合方案中选出最佳复合数据服务。原子数据服务的数量和复合数据服务中的属性数量会直接影响数据视图的生成效率，因此最佳复合数据服务应具有最少数量的原子数据服务和属性。在算法中，数据服务依赖图是无加权图，广度优先搜索策略可以选择包含最少原子数据服务和属性的路径来生成最佳复合数据服务。

以查询客户名称是"ZJUT"且使用单位是"CS"的电梯价格、电梯规格和电梯楼层为例，该数据需求可以表示为 DR=({客户名称, 电梯价格, 电梯规格, 电梯楼层, 使用单位}, {⟨客户名称,"ZJUT"⟩, ⟨使用单位,"CS"⟩}, get)。按照算法 8.3 搜索图 8.6 所示的数据服务依赖图，选择与需求相关的原子数据服务，获得原子数据服务集合{ADS_1, ADS_3, ADS_5, ADS_6, ADS_9, ADS_{10}, ADS_{11}, ADS_{12}, ADS_{13}, ADS_{14}, ADS_{15}}，并组合生成复合数据服务，其对应的数据服务依赖子图如图 8.6 中灰色节点部分所示。

8.4 云制造数据服务视图

8.4.1 视图表达操作

根据数据服务之间的依赖关系，依次执行复合数据服务生成数据组合视图。参考关系数据模型的基本操作，给出连接操作、选择操作、投影操作以及集合操作等定义。

定义 8.8 连接操作 ⋈。连接操作是指对应的复合数据服务中存在服务依赖关系的 ADS_i 和 ADS_j，其中 $X_i \in \text{Fields}(ADS_i)$，$ADS_j$ 依赖于 ADS_i 中的 X_i，即 $ADS_i \rightarrow ADS_j$，将以 X_i 属性值为参数值执行 ADS_j 的结果与 ADS_j 进行连接，可表示为 $ADS_i \bowtie ADS_j$。

设 Schema 为复合数据服务的模式结构，Tuple 为执行复合数据服务得到的元组集合，则复合数据服务的执行结果可以定义为

$$\text{Result}(\text{CDS}) = \langle \text{Schema}, \text{Tuple} \rangle$$

根据用户的数据需求，对复合数据服务的执行结果进行选择、投影和集合等

操作，生成数据组合视图(data composition view, DCV)，具体定义如下。

定义 8.9 选择操作 σ。选择操作是指根据用户数据需求中的 Conditions，对复合数据服务执行结果中匹配的元组进行选择，输出二维表格形式的结果，可表示为 $\sigma_{\text{Table(CDS)}}$。

定义 8.10 投影操作 Π。投影操作是指根据用户数据需求中的 Requires，对复合数据服务执行结果中匹配的属性进行投影，输出二维表格形式的结果，可表示为 $\Pi_{\text{Table(CDS)}}$。

定义 8.11 集合操作*。对于 $\text{DCV}(\text{CDS}_1)$ 和 $\text{DCV}(\text{CDS}_2)$，设模式结构的属性集 $\text{PI}(\text{Schema}_1) = \text{PI}(\text{Schema}_2) = R$，通过集合操作生成新的 $\text{DCV}(\text{CDS}_3)$，即 $\text{DCV}(\text{CDS}_3) = \text{DCV}(\text{CDS}_1) * \text{DCV}(\text{CDS}_2)$，则 $\text{PI}(\text{Schema}_3) = R$，$\text{PI}(\text{Tuple}_3) = \text{PI}(\text{Tuple}_1) * \text{PI}(\text{Tuple}_2)$。其中，*可以为交、并或差运算中的一种，分别对应符号∩、∪、-。

定义 8.12 数据组合视图。对复合数据服务的执行结果按用户要求的条件和属性分别进行选择和投影操作，生成二维表格形式的虚拟数据视图，称为数据组合视图，可表示为

$$\text{DCV}(\text{CDS}) = \langle \text{PI}(\text{Schema}), \text{PI}(\text{Tuple}) \rangle$$

8.4.2 视图表达算法

算法 8.4 给出了数据组合视图生成算法，其输入为复合数据服务 CDS 和数据需求 DR，输出为数据组合视图 DCV。

算法 8.4 数据组合视图生成算法

输入：复合数据服务 CDS，数据需求 DR
输出：数据组合视图 DCV

---

conditions ← DR.Conditions;
for each condition in conditions do
   ADSs ← ADS related to condition;
   condition_values ← condition;
end
InitQueue(queue);
EnQueue(queue, ADS_1);
while !QueueEmpty(queue_1) do
   ADS_i←DeQueue(queue_1);
   InitQueue(queue_2);
   EnQueue(queue_2, ADS_i);
   Add ADS_i and input value of ADS_i into sub_dataView;

```
while !QueueEmpty(queue₂) do
    ADSⱼ ← DeQueue(queue₂);
    adj_ADSs ← CDS;
    for each ADS in adj_ADSs do
        if ADS haven't been visited then
            result ← Execute(ADS);
            Add ADS and result into sub_dataView;
            if there is a case of data redundancy then
                ADSₖ ← The next adjacent node of ADS;
                EnQueue(queue₁, ADSₖ);
            else
                EnQueue(queue₂, ADS);
            end
        end
    end
end
Add ADSᵢ and sub_dataView into dataView;
end
for j = 0 → the size of dataView do
    DCV ← Join(DCV, dataView[i]);
end
DCV ← Projection(DCV, DR.Fields);
DCV ← Selection(DCV, DR.Conditions);
return DCV;
```

该算法以数据需求的约束条件中第一个属性相关的原子数据服务作为起始节点，加入待访问队列，并以条件值作为输入执行该原子数据服务。以约束条件〈客户名称,"ZJUT"〉为例，该条件值为"ZJUT"。起始节点的输出将作为下一个节点的输入，按广度优先策略依次访问并执行复合数据服务中的所有节点，再对每个执行结果进行连接操作；若可能存在冗余计算的情况，则对执行结果进行投影操作，将与该节点连通的所有未访问节点划分开，并继续访问待访问队列中的ADS，直至待访问队列为空，得到一个局部数据视图；继续按广度优先策略依次访问并执行之前划分出的节点集，直至复合数据服务中所有节点执行完毕。对所有产生的局部数据视图依次进行连接操作组成完整的数据视图，再按所有约束条件对数据视图进行投影和选择操作，得到最终的数据组合视图。

同样以 8.3 节中的数据需求进行说明，按照算法 8.4 执行组合得到的复合数据服务。首先选取约束条件中第一个属性对应的原子数据服务，即以输入为客户名称、输出为客户编号和客户名称的 ADS_6 作为起始执行节点，并以"ZJUT"作为 ADS_6 的输入值，按广度优先策略依次访问并执行 ADS_5、ADS_{10}、ADS_9、ADS_{12} 和 ADS_{11}，并对执行结果进行连接操作得到局部数据视图 $VIEW_1$，以表 8.5 所示的数据为例。

表 8.5 数据组合视图的连接操作结果

客户名称	客户编号	注册代码	电梯价格/元	设备编号
ZJUT	c30025	31003301062008020012	280000	e11016
ZJUT	c30025	31003301062009050051	315000	e11037
ZJUT	c30036	31003301062010020030	306000	e11037

如果以 ADS_{11} 的输出值作为后续原子数据服务的输入值继续执行，可能会造成冗余计算。例如，表 8.5 中，客户编号为 c30025 和 c30036 的客户都有设备编号为 e11037 的电梯。为了避免以"e11037"作为输入值重复执行 ADS_1，需要将与 ADS_{11} 连通的后续所有未访问节点划分出来，即将 ADS_{11} 和 ADS_1 划分开，并以 ADS_{11} 输出值的投影结果作为 ADS_1 的输入。因为待访问队列中还有未访问的原子数据服务，即 ADS_{13}、ADS_{14}、ADS_{15}，所以依次将每个执行结果与 $VIEW_1$ 进行连接操作得到局部数据视图 $VIEW_2$。

此时待访问队列已空，将之前划分出来的原子数据服务加入队列，即 ADS_1 和 ADS_3，依次对执行结果进行连接操作得到局部数据视图 $VIEW_3$。$VIEW_1$、$VIEW_2$ 和 $VIEW_3$ 对应的数据服务依赖图如图 8.7 所示。

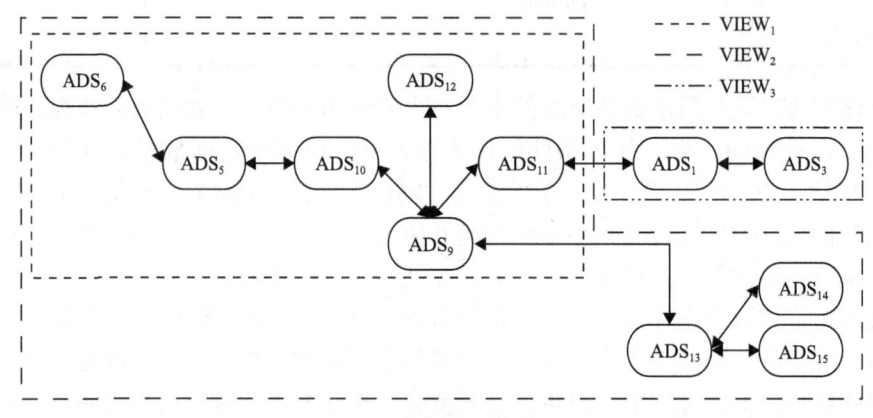

图 8.7 数据服务依赖图

复合数据服务中所有的原子数据服务执行完毕后，对数据集 $VIEW_2$ 和 $VIEW_3$ 进行集合操作，对得到的数据视图分别按需求属性列表和约束条件进行投影和选择操作,生成最终的数据组合视图,如表 8.6 所示。

表 8.6 数据组合视图

客户名称	电梯价格/元	电梯规格	电梯楼层	使用单位
ZJUT	280000	TKJ 1000/1.6-JX	5	CS
ZJUT	325000	TKZ 1000/2.5-JXW	6	CS

8.4.3 视图表达评价

1. 数据服务组合算法分析

本节从组合效率和质量两个方面对数据服务组合算法进行评价。数据服务组合效率是通过数据服务组合过程所需的时间开销来评价的;数据服务组合质量通过判断服务组合方案是否为最优来评价。实验数据集同样是通过抽取电梯数据[1]得到的,由于数据服务的组合过程与数据需求属性有关,实验参数主要为数据需求的属性个数和原子数据服务的总数,具体如表 8.7 所示。

表 8.7 数据服务组合算法实验数据集

实验数据集	数据需求属性数量	原子数据服务数量
实验数据集 1	6	100, 200, 400, 600, 800
实验数据集 2	2, 4, 6, 8, 10	800

实验数据集 1 具有相同的属性数量,数据服务数量分别为 100、200、400、600、800。

实验数据集 2 具有相同的数据服务数量,属性数量分别为 2、4、6、8、10。

每次测试均按照随机方式给出属性列表,并选取 10 次测试结果的平均值作为实验结果。

(1)数据服务组合效率评价,主要评估服务组合算法所消耗的总时间。图 8.8 显示了数据服务组合时间随着原子数据服务数量增加的变化情况。可以发现,数据服务组合时间随着原子数据服务数量的增加而增加,因为数据服务数量会直接影响数据服务的搜索范围。

图 8.9 显示了数据服务组合时间随着属性数量增加的变化情况。与图 8.8 类似,数据服务组合时间也随着属性数量的增加而增加,因为越多的属性意味着复合数据服务有越多的原子数据服务需要进行组合。

(2)数据服务组合质量评价,主要评估是否得到最佳的数据服务组合结果。如前所述,给定的数据需求可能会存在多个符合的组合方案,其中包含的原子数

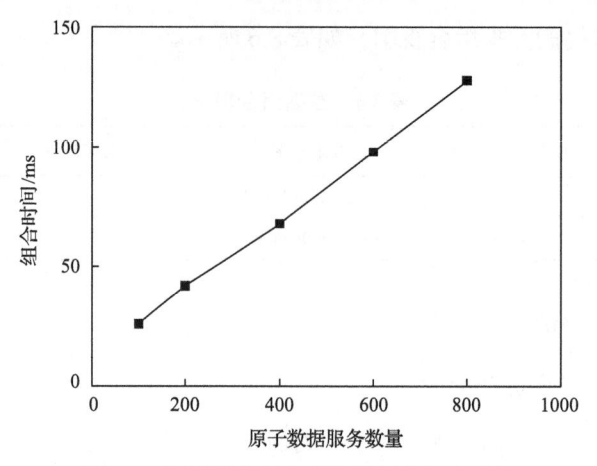

图 8.8　不同服务数量的数据服务组合时间

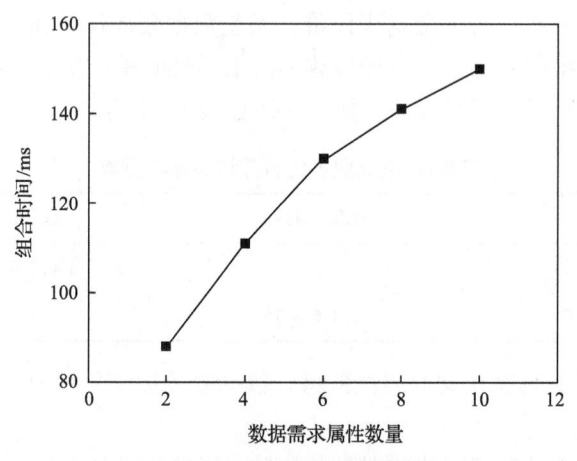

图 8.9　不同属性数量的数据服务组合时间

服务和属性的数量可能不同，而最佳组合结果的数量应该是最少的。表 8.8 给出了不同属性数量的组合结果。当数据需求包含的属性数量为 2 时，有三个不同的组合结果都满足该需求。第一个复合数据服务包含 4 个原子数据服务和 4 个属性；第二个复合数据服务包含 4 个原子数据服务和 5 个属性；第三个复合数据服务包含 8 个原子数据服务和 8 个属性。第一个复合数据服务包含的原子数据服务和属性的数量最少，因此它是最佳的组合方案。此外，实验结果表明，数据需求所含的属性数量越多，符合的组合方案就越少。例如，当属性数量为 10 时，只存在一个组合方案。总体来看，数据服务组合算法可以在较短时间内取得最佳组合方案。

2. 数据组合视图生成算法分析

下面从视图生成效率和准确率两个方面对数据组合视图生成算法进行评价。

表 8.8 数据服务组合质量

数据需求属性数量	组合结果 服务总数	组合结果 属性总数	是否最佳
2	4	4	是
2	4	5	否
2	8	8	否
4	6	6	是
4	8	8	否
4	8	9	否
6	7	7	是
6	10	10	否
8	9	9	是
8	12	12	否
10	12	12	是

数据组合视图生成效率是通过数据组合视图生成过程所需时间开销来评价的；数据组合视图生成的准确率通过判断生成的视图能否满足数据需求来评价。实验数据集从元组数量、数据需求所含的属性数量与约束条件数量三个方面，对数据组合视图生成算法进行评价，如表 8.9 所示。

表 8.9 数据组合视图生成算法实验数据集

实验数据集	需求属性数量	约束条件数量	元组数量
实验数据集 1	6	1	200, 400, 600, 800, 1000
实验数据集 2	2, 4, 6, 8, 10	1	200
实验数据集 3	6	1, 2, 4, 6	200

实验数据集 1 具有相同的需求属性数量与约束条件数量，元组数量分别为 200、400、600、800、1000。

实验数据集 2 具有相同的约束条件数量与元组数量，需求属性数量分别为 2、4、6、8、10。

实验数据集 3 具有相同的需求属性数量与元组数量，约束条件数量分别为 1、2、4、6。

(1) 数据组合视图生成效率评价，主要评估视图生成算法所消耗的总时间。图 8.10 显示了不同元组数量下的视图生成时间。可以看出，随着元组数量的增加，视图生成效率逐渐下降。元组数量越多，就意味着更多的集合操作和更长的数据传输时间，因此会消耗更多的时间。

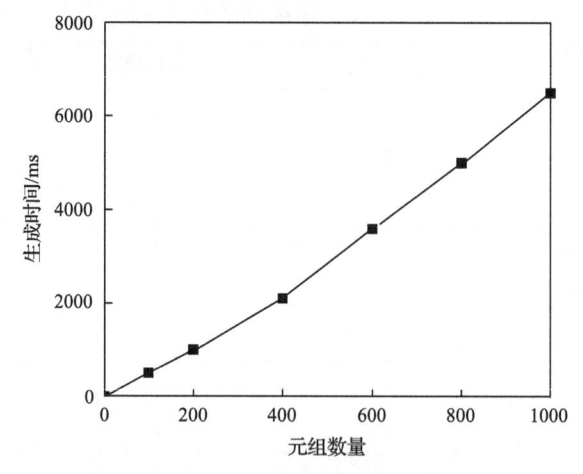

图 8.10　不同元组数量的数据组合视图生成

图 8.11 显示了不同需求属性数量下的视图生成时间。同样，视图生成效率也随着数据需求属性数量的增加而降低，因为属性数量越多会导致越多的连接操作。

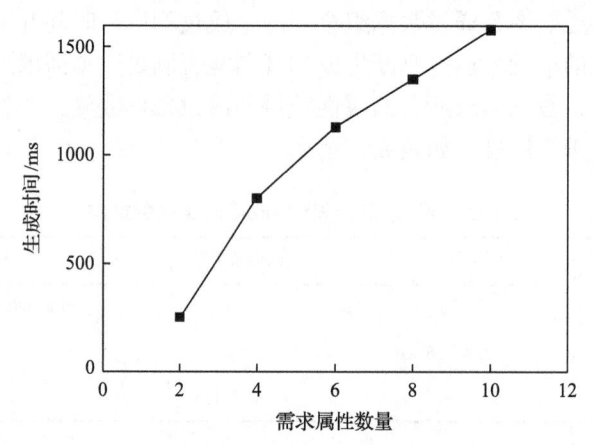

图 8.11　不同需求属性数量的数据组合视图生成

图 8.12 显示了不同约束条件数量下的视图生成时间。视图生成效率也随着约束条件所含属性数量的增加而降低，因为约束条件数量增加会产生更多的选择操作和集合操作。

(2)算法生成准确率评价，主要检查数据组合视图是否满足给定的数据需求。该算法的执行过程表明，数据组合视图所含的属性和数据需求的属性集合相一致，且数据组合视图所含的元组符合数据需求的约束条件。该结果显示生成的数据组合视图可以正确地实现数据需求，实验结果也证明了这一结论。因此，算法的生成准确率为 100%。

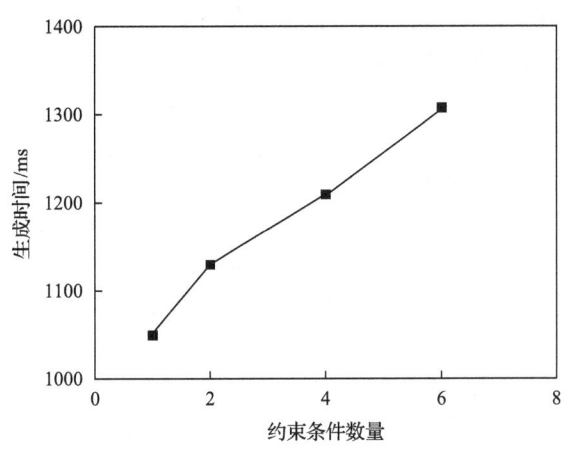

图 8.12 不同约束条件数量的数据组合视图生成

8.5 云制造数据服务视图更新

8.5.1 视图更新获取

每个数据库管理系统都会有记录对应数据库上的事务行为和对数据库修改的日志文件，包括数据操作语言(data manipulation language, DML)和数据定义语言(data definition language, DDL)操作，一般用于数据库故障恢复以维护数据的完整性，也用于实现数据库变化数据的捕获。对于 Oracle、SQL Server 等数据库，主要使用数据库管理系统的事务日志。事务日志是一个有逻辑顺序的日志序列，将每个事务期间对数据的操作和事务回滚所需的控制信息持久化到存储设备上，包括已提交的和未提交的所有 DML 和 DDL 的记录。它按时间逆序不断追加数据操作记录，主要有撤销日志(undo log)、重做日志(redo log)以及更新日志(undo/redo log)，分别记录了未成功提交的事务、已经成功提交的事务以及数据库元素的前像和后像。而 MySQL 数据库由于其独特的插件式存储引擎，较多地通过分析二进制日志(Binary log, Binlog)来获取数据的增量变化。Binlog 保存了对 MySQL 数据库执行的所有更改操作，但是不包括不会对数据本身进行修改的 SELECT 和 SHOW 这类语句[6]。

相关应用程序接口[7]可以读取各类数据库的日志文件，通过实时获取日志文件增量部分来感知数据的变化，解析增量日志中的事务，提取具体的变更类型和内容[8]。根据事务中的数据操作，就可以增量更新数据视图以维护数据的一致性。这种方式对数据源系统的影响较小，同时又保证了数据组合视图更新的实时性。

当数据源中的数据发生变化时,如何即时更新数据组合视图成为数据服务技术的一个关键。如前所述,数据源的数据操作往往会以增量修改的方式反映在日志文件中,因此可在数据服务中增加一个日志组件,以监测日志的变化并获取增量日志,解析该增量日志能够得到数据源的操作内容。

图 8.13 给出了一种基于增量日志的数据组合视图实时更新框架。每个数据源抽取出的数据服务可以部署在数据拥有者指定的节点上,以保证数据的安全性和数据服务的稳定性,日志组件和数据源一一对应,获取的增量日志完成解析后汇总到数据服务中心进行统一处理。日志组件主要负责数据源的日志同步和日志内容解析,包括 Tracker 模块、Parser 模块和 Store 模块。

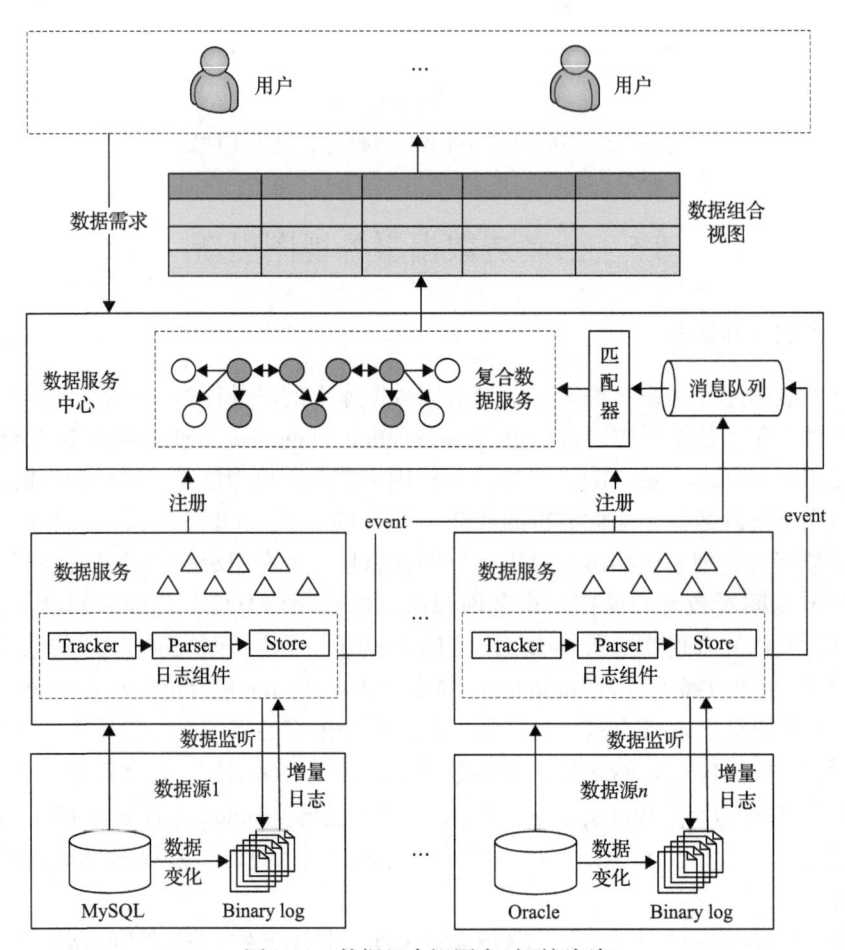

图 8.13 数据组合视图实时更新框架

(1) Tracker 模块:该模块主要负责与数据源端进行交互,监听数据源发送的增量日志。

(2) Parser 模块：由于原始的日志信息无法直接利用，该模块主要负责将增量日志解析成 event(事件)转发给 Store 模块。

(3) Store 模块：该模块主要负责对接收的 event 进行暂存，供数据服务中心查询。

数据服务中心依次提取 event 中的变更类型和变更内容，通过匹配器对数据组合视图进行检测。若数据组合视图包含变更属性，则与数据组合视图中的数据进行匹配，对数据组合视图与最新数据源的差异数据进行更新。

通过数据源的增量日志获取更新数据，算法 8.5 给出了更新数据实时获取算法。日志组件请求同步指定的日志检测点之后的日志，数据源端收到日志组件的请求后，若日志检测点之后存在日志或写入了新的日志，则将增量日志及其日志位点信息传送给日志组件。日志组件监听到数据源端发送的信息后，对增量日志进行解析，并返回新的日志检测点；数据源端根据新的检测点读取日志，循环往复，实现增量日志的实时获取。如果数据服务与数据源之间的网络断开了，那么数据服务的日志组件会在网络恢复正常时批量地同步指定的日志检测点之后的所有增量日志。

算法 8.5　更新数据实时获取算法

输入：连接信息与日志位置
输出：事件 event

open the log mechanism of data source;
configure the Data source Connection information;
set the log position;
if connect to data source then
  monitor log file;
  while listen to arrival of log data do
    get incremental log;
    event ← Parse(incremental log);
    Store.enqueue(event);
    return new log position;
    if network connection interrupted then
      break;
    end
  end
end

以 MySQL 数据库为例，日志组件实时获取数据库的 Binlog，提取解析增量日志，并以 event 的形式进行记录，内容包含同步时间和日志位置信息以及其中每个事务的起始和结束时间、具体的数据操作内容等，具体的事件数据格式如表 8.10

所示。

表 8.10 事件的数据格式

对象	文件	字段	说明
Entry	Header	logfile_name	Binlog 文件名
		logfile_offset	Binlog 字节偏移位置
		execute_time	变更时间
		schema_name	模式名称
		table_name	表名称
		event_type	变更类型
	entry_type		事务头 BEGIN/事务尾 END/数据 row_data
	store_value		byte 数据,对应类型为 row_change
Row_chang	is_ddl		是否是 DDL 操作
	sql		DDL 操作的 sql 语句
	row_datas	before_columns	变更前数据,可为多条
		after_columns	变更后数据,可为多条
Column	index		列索引
	sql_type		jdbc 类型
	name		属性名称
	is_key		是否为主键
	updated		是否变更
	is_null		是否为 null
	value		值

当 MySQL 数据库发生了更新操作时,解析增量日志得到的 event 内容主要如下:Batch ID 是增量日志的唯一标识符,其中可能包含多个事务,Start 和 End 分别对应增量日志同步的起始时间和完成时间,剩余部分依次列出每个事务对应的所在 Binlog 文件名、执行时间、读取延迟时间、变更类型和变更对象等信息,指明变更对象所在的数据库名称、表名以及其中所有属性的具体信息。

```
****************************************************************
* Batch ID: [5], count: [3], memsize: [180], Time: 2018.12-09 12:23:36
* Start: [mysql-bin.000011:2672:1544329416000(2018.12-09 12:23:36)]
* End: [mysql-bin.000011:2879:1544329416000(2018.12-09 12:23:36)]
****************************************************************
```

```
    binlog[mysql-bin.000011:2672], executeTime: 1544329416000（2018.12-09 12:23:36）, gtid: (),
delay: 380ms
    ----------------
    BEGIN Thread id: 22
    binlog[mysql-bin.000011:2806], name[elevator_design, customer], eventtype: UPDATE,
executeTime: 1544329416000（2018.12-09 12:23:36）, gtid: (), delay: 380 ms
    id: 3    type = int(11) unsigned
    name: a    type = varchar(255)
    sex: 0    type = int(11)
    address: XXX    type = varchar(255)    update=true
    …
    ----------------
    END transaction id: 638
    binlog[mysql-bin.000011:2879], executeTime: 1544329416000(2018.12-09 12:23:36), gtid: (),
delay: 380ms
    …
```

8.5.2 视图更新策略

当数据源更新不频繁，且数据组合视图包含的数据较少或者更新数据比例较大时，可以重新执行复合数据服务生成新的数据组合视图，或者遍历所有的数据对差异部分进行相应的更新操作。然而，当数据源更新频繁，且数据组合视图包含的数据较多而更新数据占比较小时，重新生成或遍历生成新的数据组合视图所需的时间将会增加，难以满足实时性要求。

为了提高数据组合视图的更新效率，本节提出一种数据组合视图定位更新方法，对数据组合视图中的属性和元组建立索引，并选择某些属性作为定位属性，它是更新数据组合视图的主要依据。由于主键属性值可以唯一确定其他属性值，一般选择视图中的主键属性作为定位属性。将增量日志中定位属性的属性值与数据组合视图中定位属性的属性值进行匹配，如果成功，则根据相关索引对该视图中与数据源存在数据差异的元组进行定位并直接执行数据更新操作，否则不予更新。

在数据组合视图的生成阶段，根据定位属性值对视图中的元组进行分块，将相同的定位属性值划分在同一块中，并对块内的元组赋予索引号。若定位属性包括多个属性，则选取其中一个即可，从而能够根据块号和索引号进行快速定位。只要准确地定位到视图中的元组，就可以实时更新视图。

与重载更新方法[9]相比,定位更新方法所需的网络传输数据量大幅地减少;与计数更新方法[10]相比,定位更新方法能够直接定位需要更新的元组,找到变更元组的时间更短;与 Delta 更新方法[11]相比,定位更新方法能够避免重新执行部分数据服务与相关集合操作。

8.5.3 视图更新算法

算法 8.6 给出了数据组合视图定位更新算法。从增量日志解析出的 event 中提取变更类型、Schema 中的属性及其属性值,再选取出定位属性与数据组合视图中的定位属性进行匹配。若变更类型为 INSERT,则根据 event 中定位属性的属性值得到其在数据组合视图中的块号,再根据定位属性之间的依赖关系对新增数据和块内其余属性的属性值进行拼接,将得到的元组添加进所属块内。若变更类型为 DELETE,且 event 中的定位属性与数据组合视图的划块属性相同,则根据定位属性的属性值定位到块号,直接将块内的所有元组删除,否则需要根据所有定位属性的属性值依次定位变更元组进行删除操作。若变更类型为 UPDATE,则根据 event 中定位属性的属性值定位到数据组合视图中的更新元组,对变更属性的属性值进行更新操作。

算法 8.6 数据组合视图定位更新算法

输入:事件 event
输出:数据组合视图 DCV

Type ← get the event type from the event;
Content ← get the content of schema.attributes from the event;
DCV ← get the DCV from Cache;
pos_attributes ← get the positional attributes from DCV
partition ← select one of pos_attributes
   if differences exist in DCV then
     block ← getBlock(partition);
     switch Type do
       case INSERT
          insert ← get insert data from Content;
          tuple ← newTuple(block, pos_attributes, insert);
          DCV^{new} ← insertTuple(tuple);
          break;
       case DELETE
          if Content.pos_attribute equals to partition then

```
                DCV^new ← deleteTuple(block);
            else
                indexes ← getIndex(pos_attributes)
                DCV^new ← deleteTuple(indexes);
            end
            break;
        case UPDATE
            index ←getIndex(block)
            new_data ← get the update attribute;
            DCV^new ← updateTuple(new_data);
            break;
        otherwise
            DELETE( DCV );
            return null;
        end
    end
end
Output DCV^new
```

图 8.14 给出了一个电梯维修数据组合视图的更新过程，右侧的视图包括注册代码、设备编号、规格型号、零件 ID、维修项目、维修状态等属性，其中的数据来源于维修部门和制造部门，视图的定位属性是注册代码和零件 ID，并按注册代码的属性值对视图进行分块。数据源的更新类型包括以下三类。

(1) INSERT 类型。若维修部门在其所属的数据源中新增了一条电梯维修记录，数据服务的日志组件获取更新数据，定位属性即零件 ID 和注册代码的属性值，其分别为 m0151 和 3110…025，根据注册代码的属性值可以唯一确定数据组合视图中对应设备编号和规格型号的属性值以及新增数据所属的块号，将新增数据拼接成完整元组，对数据组合视图的 1 号块执行插入操作。

(2) DELETE 类型。若制造部门在其所属的数据源中删除了注册代码为 3210…006 的电梯基本信息记录，根据定位属性值去匹配数据组合视图，定位得到块号为 2，由于数据组合视图的划块属性就是注册代码，可以直接将 2 号块内的元组执行删除操作。

(3) UPDATE 类型。若维修部门又将一条电梯维修记录的维修状态修改为"已完成"，同理，根据该定位属性值定位得到块号为 1，元组索引号为 2，对该元组中维修状态的属性值进行更新操作。

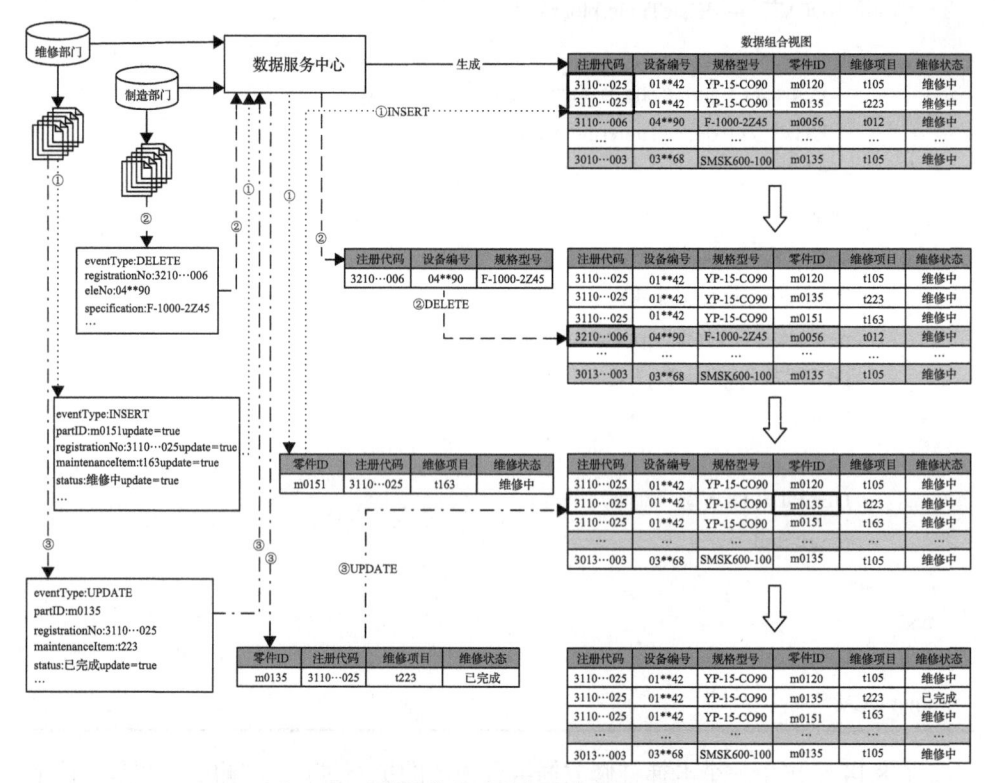

图 8.14　电梯维修状态数据组合视图更新过程

8.5.4　视图更新评价

1. 更新数据算法分析

本实验通过更新数据同步延时来评价增量日志内容传输的实时性，主要由两部分组成，一是数据源的数据操作发生到增量日志写入磁盘的过程，二是增量日志同步至数据服务中心完成解析的过程。更新效率用来评价数据组合视图更新所花费的时间代价。针对 INSERT、DELETE 和 UPDATE 三种更新类型，每次增量日志所解析出的元组总数分别为 1、50、100、200、400，测试从数据变更操作写入日志到增量日志同步至数据服务端之间的延迟时间。每组测试 10 次，将测试结果中的最大值和最小值去掉后取平均值作为实验最终结果。

图 8.15 给出了不同变更类型的数据延迟时间变化情况，三种更新类型的数据延迟时间随着元组数量的增加都有小幅度的增加，但都能够在 1s 内获取到数据源的增量日志，可以保证后续数据组合视图更新的实时性。

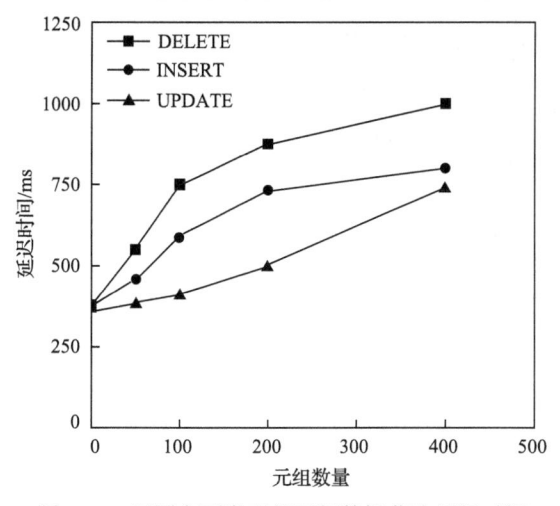

图 8.15 不同变更类型的更新数据获取延迟时间

2. 数据组合视图更新算法分析

本节对重载更新方法[9]、计数更新方法[10]、Delta 更新方法[11]与本章提出的定位更新方法进一步进行对比分析，重点在于这些方法的更新效率。

数据组合视图更新的主要影响因素有 Schema 中的属性数量和 Tuple 中的元组数量。本实验设计两组测试数据集，如表 8.11 所示。

表 8.11 数据组合视图定位更新算法实验数据集

实验数据集	表数量/张	属性数量	元组数量
实验数据集 1	6	6	100, 200, 400, 600, 800
实验数据集 2	6	2, 4, 6, 8, 10	200

实验数据集 1 有相同的表数量和属性数量，元组数量分别为 100、200、400、600、800。

实验数据集 2 有相同的表数量和元组数量，属性数量分别为 2、4、6、8、10。

以随机方式选取相应数量的表和属性生成数据组合视图，数据缓存在本地，对选取的属性进行变更操作，每次的变更元组数量在 50 以内，并取平均值作为实验结果。

图 8.16 给出了不同元组数量的数据组合视图更新效率。当变更元组数量占元组总数的 50%左右时，四种更新方法更新数据组合视图所需的时间开销比较接近；而随着元组总数的增加，变更元组数量与元组总数的比值在不断变小，定位更新法在数据组合视图更新效率方面的优势变得明显。各种情况下，定位更新方法都

能取得较好的数据组合视图更新效率。

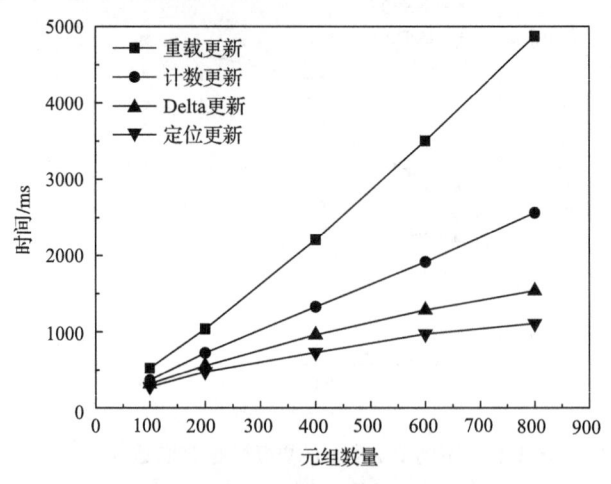

图 8.16　不同元组数量的数据组合视图更新效率

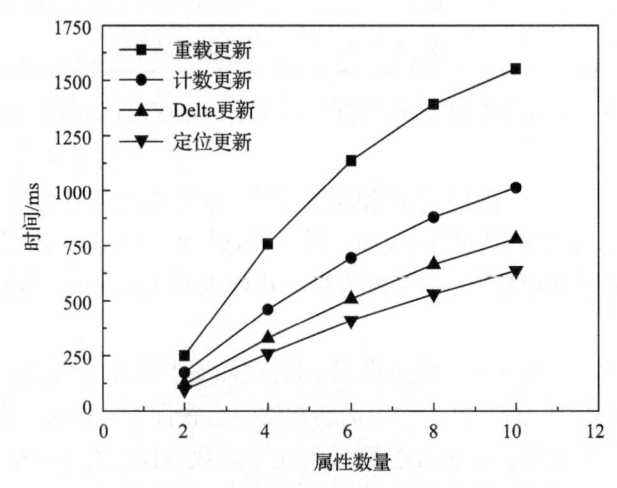

图 8.17 给出了不同属性数量的数据组合视图更新效率。可以发现，随着属性数量的增加，重载更新方法需要执行复合数据服务所含的原子数据服务数量变多，网络请求次数和传输数据量相应增多，生成新的数据组合视图代价不断变大，更新数据组合视图的用时明显多于其他三种方法。而定位更新方法较 Delta 更新方法在视图更新效率上没有明显的扩大优势，说明属性数量对定位更新方法的影响较大。因为模式集中的属性增多，定位更新方法需要维护的定位属性数量就会增加，而计数更新方法遍历的时间会增加，Delta 更新方法差异元组的计算时间也相应增加。整体上，定位更新方法还是优于其他的更新方法。

图 8.17　不同属性数量的数据组合视图更新效率

参 考 文 献

[1] 黄浪游. 云环境下数据服务若干关键技术研究[D]. 杭州: 浙江工业大学, 2019.

[2] 张元鸣, 李梦妮, 黄浪游, 等. 基于增量日志的数据组合视图定位更新方法[J]. 计算机科学, 2020, 47(6): 85-91.

[3] Zhang Z J, Zhang Y M. A cloud manufacturing application mode for industry alliance[J]. International Journal of Advanced Manufacturing Technology, 2018, 98: 2967-2985.

[4] Zhang Y. Data service API design for data analytics[C]. International Conference on Services Computing, Seattle, 2018: 87-102.

[5] 张元鸣, 叶成龙, 黄浪游, 等. 数据服务依赖图模型及自动组合方法研究[J]. 小型微型计算机系统, 2018, 3(3): 450-456.

[6] Ragothaman P. Analyzing transaction logs for effective damage assessment[C]. Proceedings of the 16th International Conference on Data and Applications Security, Boston, 2002: 89-101.

[7] 邹先霞, 贾维嘉. 基于数据库日志的变化数据捕获研究[J]. 小型微型计算机系统, 2012, 33(3): 532-536.

[8] 陈创, 徐波. 基于事务日志的社会网络抽取[J]. 计算机研究与发展, 2015, 52(11): 2508-2516.

[9] 温彦, 刘晨. 利用数据服务即时生成跨域数据视图[J]. 计算机科学与探索, 2012, 6(3): 221-236.

[10] Gupta A, Mumick I S. Materialized Views: Techniques, Implementations, and Applications[M]. Cambridge: MIT Press, 1999.

[11] 张鹏, 韩燕波. 基于数据服务的嵌套视图动态更新方法[J]. 计算机学报, 2013, 36(2): 226-237.

第9章 面向电梯产业联盟的云制造服务平台

本章将以典型特种设备电梯为例,介绍一个面向电梯产业联盟的云制造服务平台,包括服务平台开发背景、服务平台总体架构、制造服务管理、设计计算服务模块、制造服务组合模块和制造数据服务模块等,为面向产业联盟的云制造服务平台开发提供应用示范。

9.1 服务平台开发背景

电梯是一种典型的特种设备,由于具有民生保障和公共安全属性,世界上大部分国家都将其纳入政府的安全监管范围。《中华人民共和国特种设备安全法》将电梯纳入八大类特种设备进行监管,对电梯制造企业要求资质许可,对电梯产品要求型式试验,对电梯安装和使用进行监督检验和定期检验。根据市场监督管理总局《关于2021年全国特种设备安全状况情况的通报》,截至2021年底,我国电梯总量达到879.98万台,已成为世界上电梯保有量最多的国家。

我国已经是电梯生产制造大国和电梯使用大国,但与先进国家相比还有较大差距,电梯行业仍存在以下问题:大而不强,自主创新能力弱,关键核心技术与高端装备对外依存度高,以企业为主体的制造业创新体系不完善;电梯产品档次不高,产业结构不合理,缺乏世界知名品牌,全球高端电梯市场的竞争力不足;电梯企业信息化水平不高,资源利用效率低,与工业化融合深度不够;电梯产业国际化程度不高,企业全球化经营能力不足;面临着行业发展模式转型和行业新旧动能转换等压力。新一代信息技术与制造业深度融合,正在引发影响深远的产业变革,形成新的生产方式、产业形态、商业模式和经济增长点,为电梯行业转型升级、创新发展带来了前所未有的机遇和挑战。

2015年,我国实施制造强国战略,要求深化互联网在制造领域的应用。发展基于互联网的个性化定制、众包设计、云制造等新型制造模式,推动形成基于消费需求动态感知的研发、制造和产业组织方式。实施工业云及工业大数据创新应用试点,建设一批高质量的工业云服务和工业大数据平台,推动软件与服务、设计与制造资源、关键技术与标准的开放共享。引导整机企业和"四基"企业、高校、科研院所产需对接,建立产业联盟,形成协同创新、产用结合、以市场促基础产业发展的新模式。

当前,影响我国电梯行业整体制造能力和发展水平的主要问题有:①电梯企业产品自主研发制造能力不平衡。由于绝大多数电梯企业属于中小型企业,不同电梯企业专业技术人才的能力和水平存在差异,尤其在数字化设计与制造能力和水平方面亟待加强。②电梯行业制造资源缺乏有效整合共享机制。少数大型电梯企业拥有丰富的制造资源,具备较强的自主产品研发能力,但也存在设计能力、加工设备、测试装置等制造资源闲置浪费现象。③电梯全生命周期相关部门缺乏有效多跨协同机制。例如,电梯行业监管部门,在产品检测、质量验证等环节如何高效行使行业监管职能,加强电梯产品合规性检查,规范电梯行业治理;电梯安装维保单位,在电梯安装、运维等环节如何严格按照行业规范标准有效保证保障电梯运行安全,同时为电梯行业新产品设计提供大数据支持等。基于此,需要产业界、监管部门、高校和科研机构等通过协同创新来推动电梯行业的转型升级。

国家电梯产业技术创新战略联盟(简称电梯产业联盟)的成立有助于提高电梯行业技术创新水平、增强整体制造能力、优化制造资源配置、提升专技人员素养、加强行业整体实力、提高电梯产业质量、形成电梯品牌国际竞争力等。充分利用以云计算、大数据、物联网、人工智能等为基础的新一代信息技术,研究并开发面向电梯产业联盟的云制造服务平台,为电梯产业联盟成员提供服务,将有效提升电梯行业制造资源共享和产品创新能力,并推动电梯企业的数字化转型。

9.2 服务平台总体架构

根据面向产业联盟的云制造应用模式,以电梯产业联盟企业为应用对象,确定面向电梯产业联盟的云制造服务平台体系结构,如图9.1所示[1]。

该体系结构以云制造技术体系、产业联盟理论体系和电梯领域知识体系等为支撑,主要包含平台门户系统、权限管理系统、后台管理系统、主要功能系统等模块。

(1)平台门户系统。平台门户系统是云制造服务平台的入口,主要包括用户注册、用户登录、云制造动态、各类制造服务入口等。

(2)权限管理系统。权限管理系统主要是对产业联盟内不同类型用户的权限进行管理,根据角色功能分为云制造平台运营者、产业联盟组织监管者、企业服务使用人员、企业管理员等四类,分配不同的用户权限。

(3)后台管理系统。根据不同的权限,用户可以进行相应的后台管理,如图9.2所示。

云制造平台运营者具有制造服务发布、制造服务查询、制造服务测试、制造服务管理、制造服务组合管理等权限;企业服务使用人员具有使用制造服务的权限,包括设计服务、分析服务、测试服务、装配服务等;企业管理员具有制造服

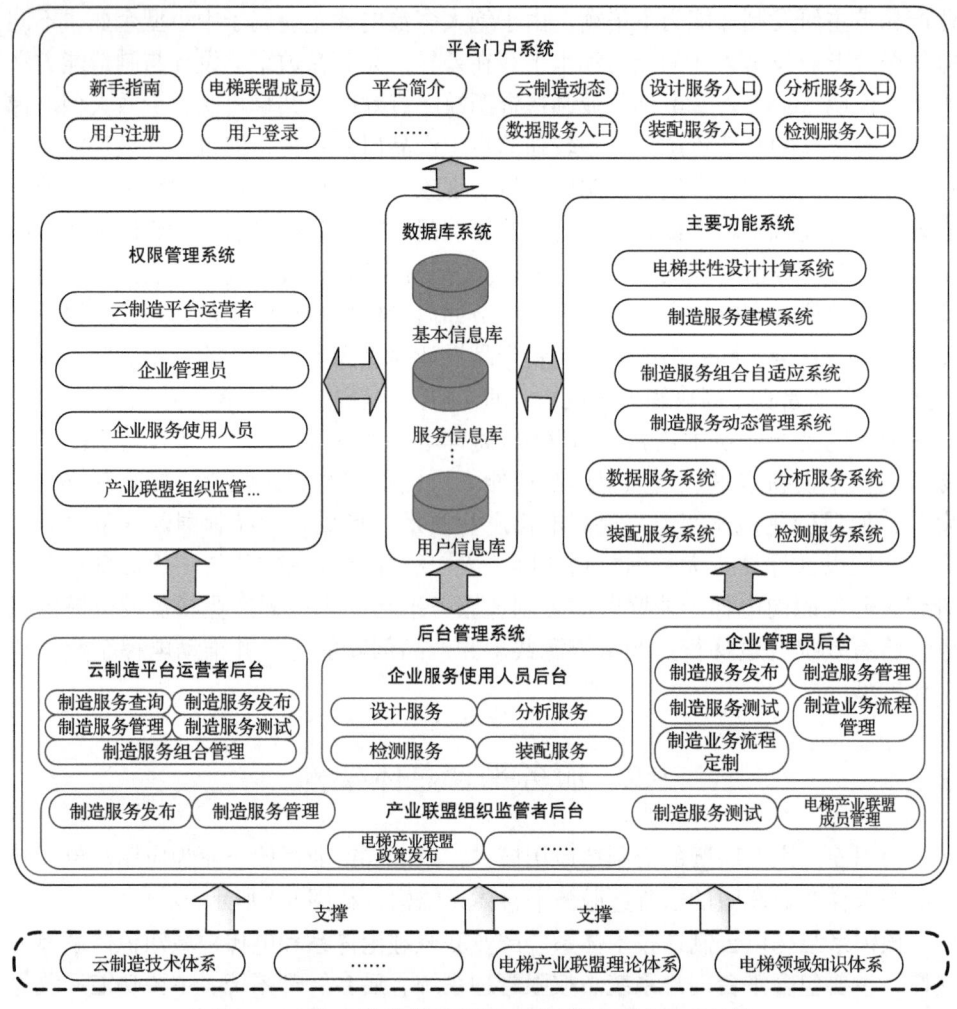

图 9.1 面向电梯产业联盟的云制造服务平台体系结构

务发布、制造服务管理、制造服务测试、制造业务流程管理、制造业务流程定制等权限；产业联盟组织监管者具有制造服务发布、制造服务管理、制造服务测试、产业联盟成员管理、产业联盟政策发布等权限。

(4) 主要功能系统。云制造服务平台包含的主要功能系统有电梯共性设计计算系统、制造服务建模系统、制造服务组合自适应系统、制造服务动态管理系统、分析服务系统、装配服务系统、检测服务系统、数据服务系统等。

(5) 数据库系统。数据库系统包括基本信息库、服务信息库、用户信息库等，具有存储、查询、修改等基本功能。

图 9.3 为面向电梯产业联盟的云制造服务平台界面。平台用户分为企业用户

和云制造服务平台管理者两类,可通过注册的账号进入相应系统。

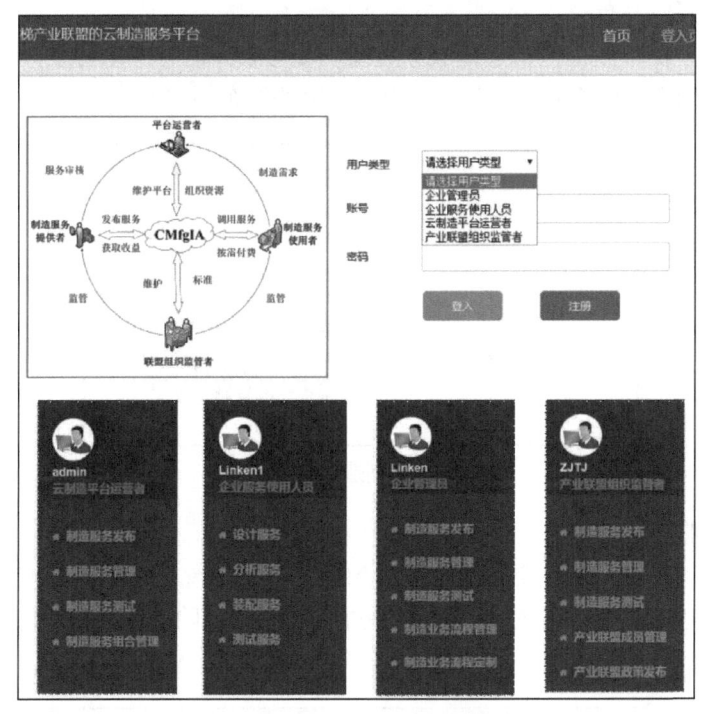

图 9.2　产业联盟用户权限管理

图 9.3　面向电梯产业联盟的云制造服务平台界面

9.3　制造服务管理

制造服务管理包括制造服务发布、制造服务查询、制造服务调用和制造服务组合等模块，以下是每个模块的具体功能。

1) 制造服务发布

制造服务发布流程包括选择服务类型、填写服务信息、填写服务输入参数、填写服务返回参数四个步骤。图 9.4 为制造服务发布的界面。

图 9.4 制造服务发布

2) 制造服务查询

制造服务查询功能主要是对已注册到平台中的制造服务进行查询，输入服务关键字即可进行搜索，并对查询的结果进行修改和删除。图 9.5 为制造服务查询的界面。

图 9.5 制造服务查询

3) 制造服务调用

制造服务调用功能提供了服务执行的具体途径。图 9.6 为服务调用的界面。输入服务的参数，提交之后结果区域显示服务调用结果，同时展示了调用代码。

4) 制造服务组合

制造服务组合功能通过拖动原子制造服务，在可视化编辑区进行组合，通过添加、删除箭头，或者删除原子制造服务，最后填写组合描述信息，保存成 JSON 文件，存储组合好的制造服务。此外，也可以对组合案例库进行编辑形成组合好的案例，将需要编辑的制造服务组合拖动到可视化编辑区，然后拖动需要添加的原子制造服务、箭头进入可视化编辑区，或者删除组合中的制造服务箭头。图 9.7 为制造服务组合的界面。

图 9.6　制造服务调用

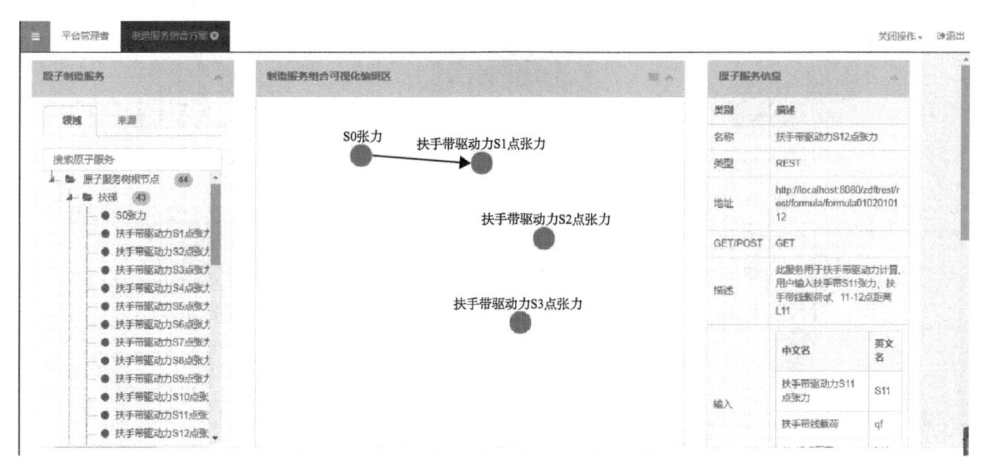

图 9.7　制造服务组合

9.4　设计计算服务模块

电梯产品研发过程主要包括需求分析、设计计算、结构设计、加工装配、型式试验、安装等[2]。设计计算作为产品创新设计的源头，是电梯产品研发过程最重要的环节。由于针对电梯产品已有成熟的设计标准和规范，所有电梯企业在电梯产品设计计算过程中，都必须遵循电梯相关设计标准和规范。另外，电梯企业往往也积累了许多电梯产品设计经验知识。如果能将电梯产品设计过程中需要遵循的标准规范、设计经验知识、产品案例库等资源封装成制造服务，通过制造服务组合的方式，为产业联盟内的电梯企业提供可定制的电梯设计计算云服务，将大大提高电梯企业的设计效率，提升电梯企业的设计能力，缩短电梯产品的研发周期。

下面以垂直电梯设计计算为例，阐述电梯设计计算服务建模、管理及应用。图 9.8 给出了垂直电梯设计计算包含的内容，包括动力控制设计、轿厢设计、曳引平衡设计等[3]。

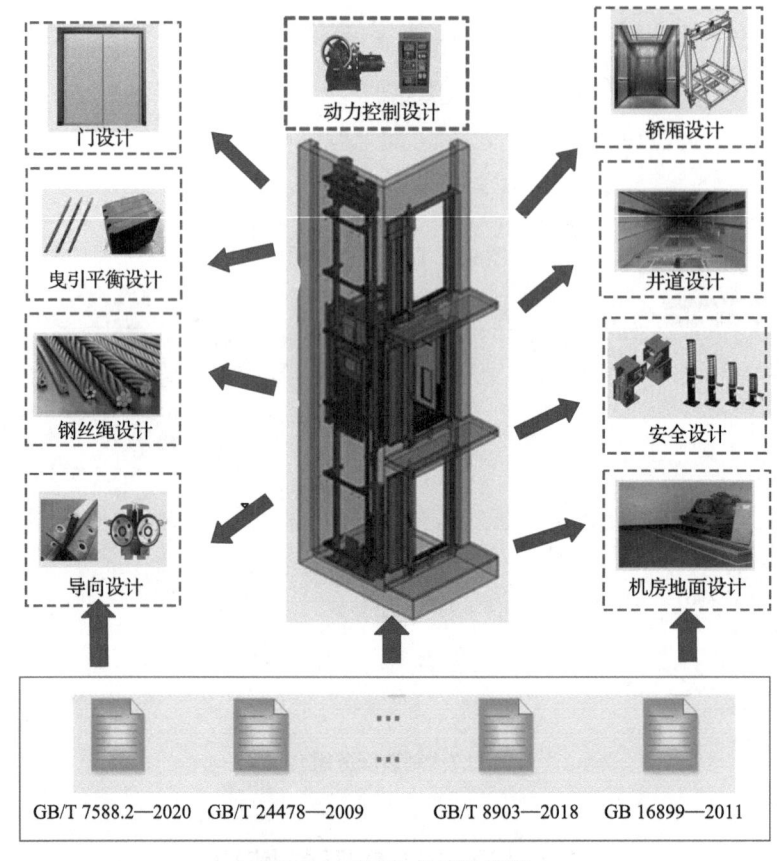

图 9.8　垂直电梯设计计算

9.4.1　设计计算服务建模

电梯设计计算服务建模是构建电梯设计计算云服务系统的基础。根据领域驱动的制造服务建模方法，首先需要对产业联盟内的垂直电梯设计计算服务需求进行描述，构建垂直电梯设计的全局特征模型；然后提取原子特征，并建立原子设计计算服务与原子特征之间的映射关系，从而完成原子设计计算服务的建模。

制造服务发布模块采用 Jersey 框架对设计计算资源进行封装，构建 REST 制造服务。Jersey 框架是一种对 JAX-RS（Java 领域 REST 式的 Web 服务的标准规范）

的实现和扩展，其元素如图 9.9 所示，它的丰富特性和功能进一步简化了服务的开发。

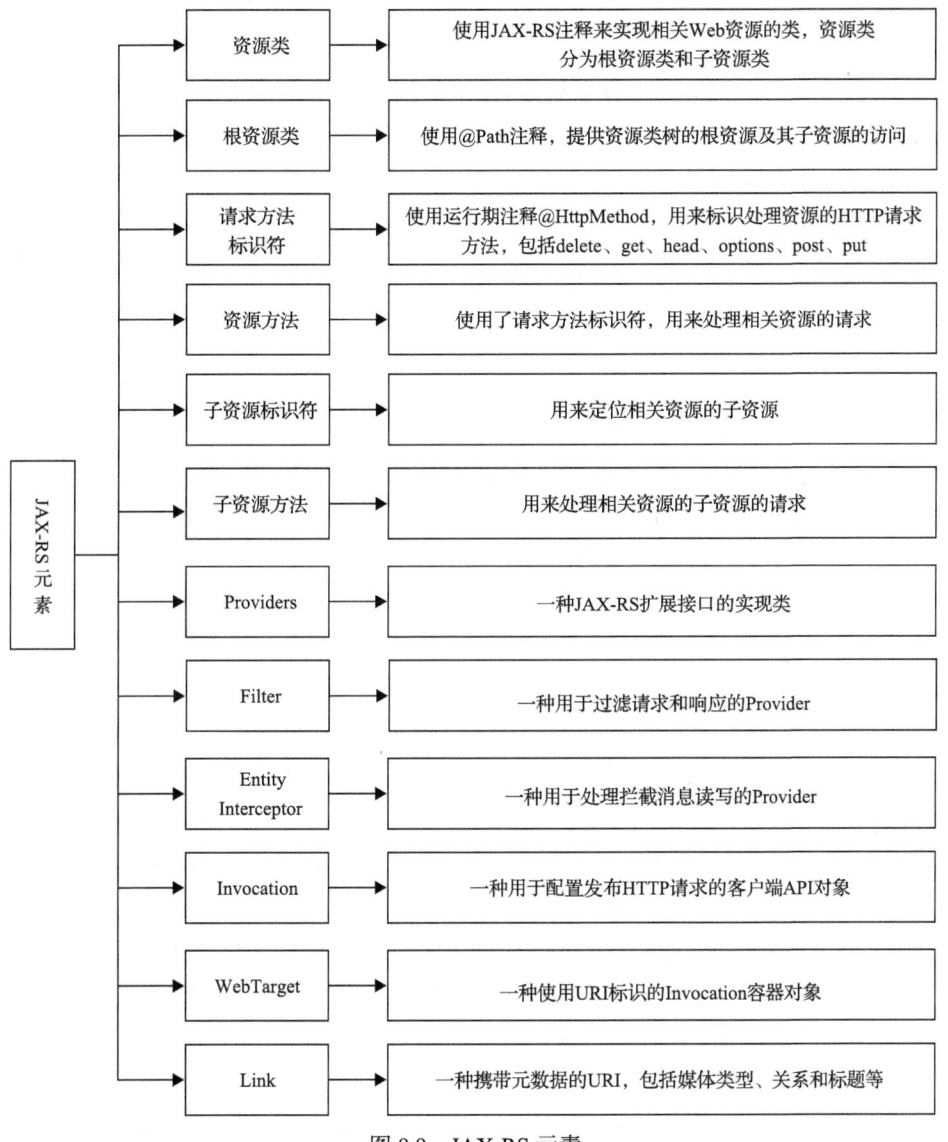

JAX-RS 元素	说明
资源类	使用JAX-RS注释来实现相关Web资源的类，资源类分为根资源类和子资源类
根资源类	使用@Path注释，提供资源类树的根资源及其子资源的访问
请求方法标识符	使用运行期注释@HttpMethod，用来标识处理资源的HTTP请求方法，包括delete、get、head、options、post、put
资源方法	使用了请求方法标识符，用来处理相关资源的请求
子资源标识符	用来定位相关资源的子资源
子资源方法	用来处理相关资源的子资源的请求
Providers	一种JAX-RS扩展接口的实现类
Filter	一种用于过滤请求和响应的Provider
Entity Interceptor	一种用于处理拦截消息读写的Provider
Invocation	一种用于配置发布HTTP请求的客户端API对象
WebTarget	一种使用URI标识的Invocation容器对象
Link	一种携带元数据的URI，包括媒体类型、关系和标题等

图 9.9　JAX-RS 元素

下面以垂直电梯设计计算中的曳引机功率计算服务为例，阐述将曳引机功率计算公式封装为设计计算服务的建模过程。

首先，把所有的垂直电梯设计计算相关的制造资源抽象为一个资源类，并为每个资源分配一个唯一的 URI。

其次，将该类通过 Hibernate 与数据库（Mysql、SqlServer 等）进行映射，方便资源类的数据库操作。

然后，对设计资源进行程序化描述，将其作为 DtFormulaResource 类中的 Public 方法，外界可以调用该方法。

最后，将 HTTP 操作与各个类方法进行绑定，可以通过 GET、POST 等请求方法访问 URI，从而实现制造服务的调用。

部分实现源代码如下：

```
@Path("/formula")
public class DtFormulaResource {
@GET
@Path("/formula010201")
@Produces("text/plain; charset=UTF-8")
public static String formula010201(@QueryParam("Q")double Q,
@QueryParam("V").double V,@QueryParam("alpha")double alpha, @QueryParam("inta")
double inta)throws JSONException{
            double Pd=Q*V*inta/alpha;
            JSONObject temp=new JSONObject();
            temp.put("Pd",Pd);
            return temp.toString();
}
```

其中，@Path("/formula")注释的 Java 类表示根资源，提供了制造资源访问的绝对路径（第 1 行）；DtFormulaResource 定义了电梯设计计算的资源类（第 2 行）；@GET 注释表示获取制造资源的操作（第 3 行），还可以通过@POST、@PUT、@DELETE 分别表示制造资源的新增、更新和删除；@Path("/formula010201")注释子资源方法的访问相对路径（第 4 行）；@Produces 注释的是该资源返回的 MIME 数据类型（第 5 行）；public 方法定义了调用制造资源的方法，@QueryParam 表示获取 URI 路径请求输入参数（第 6～12 行）。

按照上述方法实现垂直电梯设计计算资源的封装，再通过制造服务发布功能，将设计计算资源的基本信息保存于 XML 文档中，就完成了对该资源的描述，从而完成电梯设计计算服务的建模。部分源代码如下：

```
<rest ID="201852510753679"
chiName="曳引机功率计算"
name="tractor power calculation"
URL=http://114.55.84.231:8080/zdftrest/rest/formula/formula010201
```

```
description="该服务可用于垂直电梯曳引机功率的计算"
domain="垂直电梯曳引机功率设计"
comeFrom="电梯"
ContentType="application/json"
queryType="QueryParam"
method="GET">
<inputParams>
    <param inputParamDes="额定载重量"type="String">Q</param>
    <param inputParamDes="额定速度"type="String">V</param>
    <param inputParamDes="扶手带线x荷"type="String">alpha</param>
    <param inputParamDes="扶手带线x荷"type="String">inta</param>
</inputParams>
<outputParams>
    <param outputParamDes="引机功率"type="String">Pd</param>
</outputParams>
</rest>
```

其中，ID 表示制造服务的唯一标识符；URL 表示服务访问的地址；description 表示服务的功能描述；domain 表示服务所属的领域；comeFrom 表示服务的来源；queryType 表示服务的参数来源；〈inputParams〉表示输入参数标签；〈outputParams〉表示输出参数标签；ContentType 表示数据格式；method 表示访问方法。

产业联盟成员可以通过制造服务发布模块，将电梯设计计算过程中所需的资源进行描述和封装，并将其发布到云制造服务平台中，由制造服务库进行统一管理。图 9.10 为制造服务发布流程的界面。主要包括选择服务类型、填写服务信

图 9.10　制造服务发布

息、填写服务输入参数、填写服务返回参数、填写服务 QoS 属性等步骤。

9.4.2 设计计算服务管理

电梯设计计算服务管理包括服务的查询、修改和删除等功能。产业联盟内的每个制造服务提供商只能通过企业管理员权限管理自己发布的电梯设计计算服务，进行服务的查询、修改和删除等操作。图 9.11 为设计计算服务管理的界面[2,3]。

图 9.11 设计计算服务管理

表 9.1～表 9.6 给出了面向电梯产业联盟的云制造服务平台各个系统的设计计算服务列表，包括曳引系统、平衡系统、导向系统、安全保护系统、轿厢系统、电气控制系统等。产业联盟成员企业的设计人员可以利用这些设计计算服务进行电梯产品和零部件的设计计算[3]。

表 9.1 曳引系统设计计算服务列表

标识	名称	服务描述	输入参数	输出参数
010101	基本性能参数设计	设计电梯基本性能参数	P, Q, V, α, H	P, Q, V, α, H
010102	曳引比设计	根据曳引悬挂驱动方案选择	Traction scheme	r
010103	曳引尺寸参数设计	设计曳引相关尺寸参数	$N_{ps}, N_{pr}, D_p, D_2, L_{bj}, H_{bj}$	$N_{ps}, N_{pr}, D_p, D_2, L_{bj}, H_{bj}$
010104	机械传动效率设计	选定传动效率	η	η
010201	曳引机功率计算	$P_d = \dfrac{(1-\alpha)QV}{102\eta}$	Q, V, α, η	P_d
010202	曳引机选型	用户根据相关参数选择曳引机	V, P_d	Tractor
010203	曳引机技术参数查询	根据曳引机型号查询	Tractor type	I_{1max}
010204	曳引机最大工作扭矩计算	$M_{max} = \dfrac{(1.1-\alpha)Qg_n D_1}{2r}$	α, Q, D_1, r	M_{max}

续表

标识	名称	服务描述	输入参数	输出参数
010205	曳引机理论输出扭矩计算	$M_1 = \dfrac{9550N\eta g_n}{n_1}$	N, η, n_1	M_1
010206	曳引机扭矩校核	$M_{1\max}$	$M_{1\max}$	Accept1
010207	曳引轮线速度计算	$v = \dfrac{\pi D_1 n_1}{6000ir}$	D_1, n_1, i, r	v
010208	曳引机速度校核	$92\% \leqslant \dfrac{v}{V} \leqslant 105\%$	v, V	Accept2
010301	包角计算	$\theta = 270 - \arctan\left(\dfrac{L_{bj}}{H_{bj}}\right) - \arccos\dfrac{D_1 - D_2}{2\sqrt{H_{bj}^2 + L_{bj}^2}}$	D_1, D_2, L_{bj}, H_{bj}	θ
010401	曳引钢丝绳选型	钢丝绳产品选型	Traction rope type	Traction rope type
010402	曳引钢丝绳技术参数查询	根据钢丝绳型号获取技术参数	Traction rope type	d, q_s, T_s
010403	绳轮直径比校验	$\dfrac{D_1}{d} \geqslant 40$	D_1, d	Accept3
010404	曳引钢丝绳数量初选	选择钢丝绳数量	n_s	n_s
010405	曳引钢丝绳质量计算	$M_S = n_s q_s H$	n_s, q_s, H	M_S
010406	与曳引轮和滑轮相关的系数计算	$K_p = \left(\dfrac{D_1}{D_p}\right)^4$	D_1, D_p	K_p
010407	导向轮等效数量计算	$N_{equiv(p)} = K_p(N_{ps} + 4N_{pr})$	K_p, N_{ps}, N_{pr}	$N_{equiv(p)}$
010408	曳引轮等效数量查询	根据槽型和角度查询	RGS, γ, β	$N_{equiv(t)}$
010409	滑轮等效数量计算	$N_{equiv} = N_{equiv(p)} + N_{equiv(t)}$	$N_{equiv(p)}, N_{equiv(t)}$	N_{equiv}
010410	悬挂绳许用安全系数计算	$S_f = 10^{\dfrac{2.6834 - \dfrac{695.85 \times 10^6 N_{equiv}}{N_{equiv}}}{}}$	N_{equiv}	S_f
010411	轿厢侧悬挂绳最大质量计算	$M_{SRcar} = H n_s q_s$	n_s, q_s, H	M_{SRcar}
010412	对重侧悬挂绳最大质量计算	$M_{SRcwt} = H n_s q_s$	n_s, q_s, H	M_{SRcwt}
010413	额定载荷轿厢在最低层时钢丝绳所受的最大力计算	$T = \left(\dfrac{P+Q}{r} + M_{SRcar}\right) g_n$	P, Q, r, M_{SRcar}	T
010414	实际钢丝绳安全系数计算	$S_s = \dfrac{n_s T_s}{T}$	n_s, T_s, T	S_s

续表

标识	名称	服务描述	输入参数	输出参数
010415	钢丝绳安全系数校核	$S_s > S_f$	S_s, S_f	Accept4
010501	绳槽实际比压计算（V型槽）	$p_1 = \dfrac{T}{n_s dD_1} \dfrac{4.5}{\sin \dfrac{\gamma}{2}}$	D_1, d, T, γ, n_s	p_1
010502	绳槽实际比压计算（U型槽或带切口的槽）	$p_1 = \dfrac{T}{n_s dD_1} \dfrac{8\cos \dfrac{\beta}{2}}{\pi - \beta - \sin \beta}$	D_1, d, T, β, n_s	p_1
010503	曳引速度计算	$V_c = rV$	r, V	V_c
010504	绳槽许用比压计算	$p_2 = \dfrac{12.5 + 4V_c}{1 + V_c}$	V_c	p_2
010505	绳槽比压校核	$p_1 \leqslant p_2$	p_1, p_2	Accept5
010601	轿厢侧井道上的摩擦力计算	$FR_{car} = f_j P g_n$	f_j, P	FR_{car}
010602	对重侧井道上的摩擦力计算	$FR_{cwt} = f_j M_{cwt} g_n$	f_j, M_{cwt}	FR_{cwt}
010603	工况选择	选取校验的工况	Working condition	Working condition
010604	摩擦系数 μ_1 查询	查询	Working condition1（LC）	μ_1
010605	摩擦系数 μ_2 查询	查询	Working condition2（RC）	μ_2
010606	摩擦系数 μ_3 计算（紧急制动工况）	$\mu_3 = \dfrac{0.1}{1 + \dfrac{V_c}{10}}$	Working condition3, V_c	μ_3
010607	半圆槽当量摩擦系数 f 计算（适用于带切口的半圆槽三种工况）	$f = \mu \dfrac{4\left(\cos \dfrac{\gamma}{2} - \sin \dfrac{\gamma}{2}\right)}{\pi - \beta - \gamma - \sin \beta + \sin \gamma}$	μ, γ, β	f_1, f_2, f_3
010608	V型当量摩擦系数 f 计算（适用于未经硬化处理的槽轿厢装载和紧急制停的工况）	$f = \mu \dfrac{4\left(1 - \sin \dfrac{\gamma}{2}\right)}{\pi - \beta - \sin \beta}$	μ, γ, β	f_1, f_2
010609	V型槽当量摩擦系数 f 计算（适用于经过硬化处理的轿厢装载和紧急制动的工况）	$f = \mu \dfrac{1}{\sin \dfrac{\gamma}{2}}$	μ, γ	f_1, f_2

续表

标识	名称	服务描述	输入参数	输出参数
010610	V型槽当量摩擦系数f计算(适用于硬化或未经硬化处理的槽的滞留工况)	$f = \mu \dfrac{1}{\sin\dfrac{\gamma}{2}}$	μ, γ	f_3
010611	V型槽当量摩擦系数f计算	合并服务	f_1, f_2, f_3	f_1, f_2, f_3
010612	轿厢装载工况轿厢侧拉力计算(轿厢在最低层)	$T_1 = \dfrac{P + 125\%Q}{r} g_n + M_{\text{SRcar}} g_n$	$P, Q, r, M_{\text{SRcar}}$	T_1
010613	轿厢装载工况对重侧拉力计算(轿厢在最低层,无补偿装置)	$T_2 = \dfrac{M_{\text{cwt}}}{r} g_n$	r, M_{cwt}	T_2
010614	轿厢装载工况对重侧拉力计算(轿厢在最低层,有补偿装置,无补偿张紧装置)	$T_2 = \dfrac{M_{\text{cwt}} + M_{\text{CRcwt}}}{r} g_n$	$r, M_{\text{cwt}}, M_{\text{CRcwt}}$	T_2
010615	轿厢装载工况对重侧拉力计算(轿厢在最低层,有补偿装置,有补偿张紧装置)	$T_2 = \dfrac{M_{\text{cwt}} + M_{\text{CRcwt}}}{r} g_n + \dfrac{M_{\text{Comp}}}{2r} g_n$	$r, M_{\text{cwt}}, M_{\text{CRcwt}}, M_{\text{Comp}}$	T_2
010616	轿厢装载工况校验(轿厢在最低层)	$\dfrac{T_1}{T_2} \leqslant e^{f_1 \theta}$	T_1, T_2, f_1, θ	Accept6
010617	轿厢紧急制动工况轿厢侧拉力(轿厢空载在最高层,无补偿链)	$T_3 = \dfrac{(P + M_{\text{Trav}})(g_n - a)}{r} + \dfrac{\text{FR}_{\text{car}}}{r}$	$a, P, r, M_{\text{Trav}}, \text{FR}_{\text{car}}$	T_3
010618	轿厢紧急制动工况轿厢侧拉力(轿厢空载在最高层,有补偿链,无张紧装置)	$T_3 = \dfrac{(P + M_{\text{CRcar}} + M_{\text{Trav}})(g_n - a)}{r} + \dfrac{\text{FR}_{\text{car}}}{r}$	$M_{\text{CRcar}}, P, r, M_{\text{Trav}}, \text{FR}_{\text{car}}, a$	T_3
010619	轿厢紧急制动工况轿厢侧拉力(轿厢空载在最高层,有补偿链,有张紧装置)	$T_3 = \dfrac{(P + M_{\text{CRcar}} + M_{\text{Trav}} + M_{\text{Comp}})(g_n - a)}{r} + \dfrac{\text{FR}_{\text{car}}}{r}$	$M_{\text{CRcar}}, P, r, M_{\text{Trav}}, \text{FR}_{\text{car}}, a, M_{\text{Comp}}$	T_3
010620	轿厢紧急制动工况对重侧拉力(轿厢空载在最高层)	$T_4 = \dfrac{M_{\text{cwt}}(g_n + a)}{r} + M_{\text{SRcwt}}(g_n + ra) - \dfrac{\text{FR}_{\text{cwt}}}{r}$	$M_{\text{cwt}}, r, M_{\text{SRcwt}}, \text{FR}_{\text{cwt}}, a$	T_4
010621	轿厢紧急制动工况校验(轿厢空载在	$\dfrac{T_3}{T_4} \leqslant e^{f_3 \theta}$	T_3, T_4, f_3, θ	Accept7

续表

标识	名称	服务描述	输入参数	输出参数
	最高层)			
010622	轿厢紧急制动工况轿厢侧拉力(轿厢额定载荷在最低层)	$T_{33} = \dfrac{P(g_n + a)}{r} + M_{SRcar}(g_n + ra) - \dfrac{FR_{car}}{r}$	$P, a, r, FR_{car},$ M_{SRcar}	T_{33}
010623	轿厢紧急制动工况对重侧拉力(轿厢额定载荷在最低层,无补偿链)	$T_{44} = \dfrac{M_{cwt}(g_n - a)}{r} + \dfrac{FR_{cwt}}{r}$	a, r, M_{cwt}, FR_{cwt}	T_{44}
010624	轿厢紧急制动工况对重侧拉力(轿厢额定载荷在最低层,有补偿链,无张紧装置)	$T_{44} = \dfrac{(M_{CRcwt} + M_{cwt})(g_n - a)}{r} + \dfrac{FR_{cwt}}{r}$	$a, r, M_{cwt}, FR_{cwt},$ M_{CRcwt}	T_{44}
010625	轿厢紧急制动工况对重侧拉力(轿厢额定载荷在最低层,有补偿链,有张紧装置)	$T_{44} = \dfrac{FR_{cwt}}{r} + \dfrac{(M_{CRcwt} + M_{cwt} + M_{Comp})(g_n - a)}{r}$	$a, r. M_{cwt}, FR_{cwt},$ M_{CRcwt}, M_{Comp}	T_{44}
010626	轿厢紧急制动工况校验(轿厢额定载荷在最低层)	$\dfrac{T_{33}}{T_{44}} \leqslant e^{f_3 \theta}$	$T_{33}, T_{44}, f_3, \theta$	Accept8
010627	轿厢滞留工况轿厢侧拉力计算(对重压在缓冲器上,即轿厢在最高层,无补偿链)	$T_5 = \dfrac{P + M_{Trav}}{r}$	P, r, M_{Trav}	T_5
010628	轿厢滞留工况轿厢侧拉力计算(对重压在缓冲器上,即轿厢在最高层,有补偿链,无张紧装置)	$T_5 = \dfrac{P + M_{CRcar} + M_{Trav}}{r}$	$P, r, M_{Trav},$ M_{CRcar}	T_5
010629	轿厢滞留工况轿厢侧拉力计算(对重压在缓冲器上,即轿厢在最高层,有补偿链,有张紧装置)	$T_5 = \dfrac{P + M_{CRcar} + M_{Trav} + M_{Comp}}{r}$	$P, r, M_{Trav},$ M_{CRcar}, M_{Comp}	T_5
010630	轿厢滞留工况对重侧拉力计算(对重压在缓冲器上)	$T_6 = M_{SRcwt}$	M_{SRcwt}	T_6
010631	轿厢滞留工况校验	$\dfrac{T_5}{T_6} \geqslant e^{f_2 \theta}$	T_5, T_6, f_2, θ	Accept9

表 9.2 平衡系统计算服务列表

标识	名称	服务描述	输入参数	输出参数
020101	对重质量计算	$M_{\text{cwt}} = P + \alpha Q$	P, α, Q	M_{cwt}
020201	随行电缆质量计算	$M_{\text{Trav}} = n_t q_t H$	n_t, q_t, H	M_{Trav}
020301	补偿链数量选择	输入补偿链根数	n_c	n_c
020302	补偿链(绳)单位质量计算	$q_c = \dfrac{4 n_s q_s r - n_t q_t}{4 n_c}$	n_s, q_s, r, n_t, n_c	q_c
020303	补偿链选型	根据单位质量选型	q_c	CompChain
020304	补偿绳选型	根据单位质量选型	q_c	CompRope
020305	补偿绳技术参数查询	根据型号查询	CompRope	d_c
020306	补偿绳张紧轮选型	$D_c \geqslant 30 d_c$	d_c	Tensioner
020307	补偿绳张紧装置质量计算	$M_{\text{comp}} = 2 n_s q_s \cdot \left[\dfrac{(2.2 f_b H)^2}{g_n} - \dfrac{H}{2} \right]$	f_b, H, n_s, q_s	M_{comp}
020308	对重侧补偿链(绳)质量计算	$M_{\text{CRcwt}} = r M_S - \dfrac{1}{4} M_{\text{Trav}}$	r, M_S, M_{Trav}	M_{CRcwt}
020309	轿厢侧补偿链(绳)质量计算	$M_{\text{CRcar}} = r M_S - \dfrac{1}{4} M_{\text{Trav}}$	r, M_S, M_{Trav}	M_{CRcar}
020310	随行电缆选型	查询	Travlingcable	Travlingcable
020311	随行电缆根数	查询	n_t	n_t
020312	随行电缆参单位质量查询	查询	Travlingcable	q_t

表 9.3 导向系统计算服务列表

标识	名称	服务描述	输入参数	输出参数
30101	导轨选型	用户选择导轨型号	Guiderail	Guiderail
030102	导向系统基本参数获取	用户输入	l, n_d, M	l, n_d, M
030103	导轨最大变形量确定	根据国标 GB/T 7588.2—2020 确定	δ_{perm}	δ_{perm}
030104	导轨参数查询	根据型号查询参数	Guiderail	$b_1, W_x, W_y, I_x, I_y, A_5, R_m, A, i_{\text{dg}}$
030201	导靴选型	产品选型	V, A	Guideshoe
030301	工况输入	输入需要校验的工况	Norml Conditon, Safety Condition	Norml Conditon, Safety Condition
030302	安全系数(安全钳动作)	安全系数查询	A_5, Safety Conditon	S_{t1}

续表

标识	名称	服务描述	输入参数	输出参数
030303	安全系数(正常工况)	安全系数查询	A_5, Normal Conditon	S_{t2}
030304	导轨许用应力（安全钳动作）	$\sigma_{perm1} = \dfrac{R_m}{S_{t1}}$	R_m, S_{t1}	σ_{perm1}
030305	导轨许用应力(正常工况)	$\sigma_{perm2} = \dfrac{R_m}{S_{t2}}$	R_m, S_{t2}	σ_{perm2}
030306	轿厢安全钳动作冲击系数查询	查询	Safety Condition, SaftyGear1	k_1
030307	正常工况时冲击系数查询	查询	Norml Conditon	k_2
030308	附加部件冲击系数确定	根据实际情况确定	k_3	k_3
030309	轿厢产生的压弯力	$F_k = \dfrac{k_1(P+Q)g_n}{n_d}$	k_1, P, Q, n_d	F_k
030310	导轨压弯长度计算	$l_k = l$	l	l_k
030311	导轨细长比计算	$\lambda = \dfrac{l_k}{i_{dg}}$	l_k, i_{dg}	λ
030312	370MPa 导轨细长比参数计算	四个不同的公式（《电梯制造与安装安全规范 第2部分：电梯部件的设计原则、计算和检验》(GB/T 7588.2—2020))	λ	ω_{370}
030313	520MPa 导轨细长比参数计算	四个不同的公式（《电梯制造与安装安全规范 第2部分：电梯部件的设计原则、计算和检验》(GB/T 7588.2—2020))	λ	ω_{520}
030314	导轨细长比参数计算	$\omega = \omega_{370} + \dfrac{\omega_{520} - \omega_{370}}{520 - 370}(R_m - 370)$	$\omega_{370}, \omega_{520}, R_m$	ω
030315	压弯应力计算	$\sigma_k = \dfrac{(F_k + k_3 M)\omega}{A}$	F_k, k_3, M, ω, A	σ_k
030316	轿厢悬挂方式选择	根据井道空间选择轿厢悬挂方式	$x_P, y_P, x_C, y_C, x_S, y_S$	$x_P, y_P, x_C, y_C, x_S, y_S$
030317	安全钳动作时轿厢额定载荷分布尺寸(相对于 x 轴)	$x_Q = x_C + \dfrac{L_{car}}{8}, y_Q = y_C$	x_C, y_C, L_{car}	x_Q, y_Q
030318	安全钳动作时轿厢额定载荷分布(相对于 y 轴)	$x_Q = x_C, y_Q = y_C + \dfrac{W_{car}}{8}$	x_C, y_C, W_{car}	x_Q, y_Q
030319	导向力作用于 y 轴上的力	$F_x = k_1 g_n \dfrac{Q x_Q + P x_P}{n_d H_{dx}}$	$x_Q, x_P, P, Q, k_1, n_d, H_{dx}$	F_x

续表

标识	名称	服务描述	输入参数	输出参数
030320	导向力作用于 y 轴上的弯矩	$M_y = \dfrac{3F_x l}{16}$	F_x, l	M_y
030321	导向力作用于 y 轴上的弯曲应力	$\sigma_y = \dfrac{M_y}{W_y}$	M_y, W_y	σ_y
030322	导向力作用于 x 轴上的力	$F_y = 2k_1 g_n$ $\cdot \dfrac{Qy_Q + Py_P}{n_d \cdot H_{dx}}$	$y_Q, y_P, P, Q,$ k_1, n_d, H_{dx}	F_y
030323	导向力作用于 x 轴上的弯矩	$M_x = \dfrac{3F_y l}{16}$	F_y, l	M_x
030324	导向力作用于 x 轴上的弯曲应力	$\sigma_x = \dfrac{M_x}{W_x}$	M_x, W_x	σ_x
030325	弯曲应力合力	$\sigma_m = \sigma_x + \sigma_y$	σ_x, σ_y	σ_m
030326	弯曲应力校验	$\sigma_m \leqslant \sigma_{perm1}$	σ_m, σ_{perm1}	Accept32
030327	弯曲和压缩应力合力校验（选一个）	$\sigma_m + \dfrac{F_k + k_3 \cdot M}{A} \leqslant \sigma_{perm1}$	$\sigma_m, F_k, A, M, k_3,$ σ_{perm1}	Accept33
030328	压弯和弯曲应力合力校验（选一个）	$\sigma_k + 0.9\sigma_m \leqslant \sigma_{perm1}$	$\sigma_m, \sigma_k, \sigma_{perm1}$	Accept34
030329	翼缘弯曲应力（适用于滚轮导靴）	$\sigma_F = \dfrac{1.85 F_x}{c^2}$	F_x, c	σ_F
030330	翼缘弯曲应力（滑动导靴）	$\sigma_F = \dfrac{F_x(h_1 - b_1 - f)}{c^2 \left[l_s + 2(h_1 - f)\right]}$	$F_x, b_1, f, c,$ h_1, l_s	σ_F
030331	翼缘弯曲应力校验	$\sigma_F \leqslant \sigma_{perm1}$	σ_F, σ_{perm1}	Accept35
030332	x 轴扰度	$\delta_x = 0.7 \dfrac{F_x l^3}{48 E I_y} + \delta_{str-x}$	$F_x, l, E, I_y, \delta_{str-x}$	δ_x
030333	y 轴扰度	$\delta_y = 0.7 \dfrac{F_y l^3}{48 E I_x} + \delta_{str-y}$	$F_y, l, I_x, E, \delta_{str-y}$	δ_y
030334	x 轴扰度校验	$\delta_x \leqslant \delta_{perm}$	δ_x, δ_{perm}	Accept36
030335	y 轴扰度校验	$\delta_y \leqslant \delta_{perm}$	δ_y, δ_{perm}	Accept37
03033601	作用于地坎的力（额定自重小于 2500kg）	$F_S = 0.4 g_n Q$	$Q,$ forklift	F_S
03033602	作用于地坎的力（额定自重大于 2500kg）	$F_S = 0.6 g_n Q$	$Q,$ forklift	F_S

续表

标识	名称	服务描述	输入参数	输出参数
03033603	作用于地坎的力(叉车装载的额定自重大于2500kg)	$F_S = 0.85 g_n Q$	Q, forklift	F_S
030337	作用于y轴上的弯曲应力（正常使用-运行工况）	$F_{x1} = k_2 g_n \cdot \dfrac{Q(x_Q - x_S) + P(x_P - x_S)}{n_d H_{dx}}$	$k_2, Q, x_Q, P, x_P,$ x_S, n_d, H_{dx}	F_{x1}
030338	导向力作用于y轴上的弯矩（正常使用-运行工况）	$M_{y1} = \dfrac{3 F_{x1} l}{16}$	F_{x1}, l	M_{y1}
030339	导向力作用于y轴上的弯曲应力（正常使用-运行工况）	$\sigma_{y1} = \dfrac{M_{y1}}{W_y}$	M_{y1}, W_y	σ_{y1}
030340	作用于x轴上的弯曲应力（正常使用-运行工况）	$F_{y1} = 2 k_2 g_n \cdot \dfrac{Q(y_Q - y_S) + P(y_P - y_S)}{n_d H_{dx}}$	$k_2, Q, y_Q, y_S, P,$ y_P, y_S, n_d, H_{dx}	F_{y1}
030341	导向力作用于x轴上的弯矩（正常使用-运行工况）	$M_{x1} = \dfrac{3 F_{y1} l}{16}$	F_{y1}, l	M_{x1}
030342	导向力作用于x轴上的弯曲应力（正常使用-运行工况）	$\sigma_{x1} = \dfrac{M_{x1}}{W_x}$	M_{x1}, W_x	σ_{x1}
030343	弯曲应力合力（正常使用-运行工况）	$\sigma_{m1} = \sigma_{x1} + \sigma_{y1}$	σ_{x1}, σ_{y1}	σ_{m1}
030344	弯曲应力校验(正常使用-运行工况)	$\sigma_{m1} \leqslant \sigma_{perm2}$	$\sigma_{m1}, \sigma_{perm2}$	Accept38
030345	弯曲和压缩应力合力校验（正常使用-运行工况）	$\sigma_{m1} + \dfrac{F_k + k_3 M}{A} \leqslant \sigma_{perm2}$	$\sigma_{m1}, F_k, A, k_3,$ M, σ_{perm2}	Accept39
030346	翼缘弯曲应力(适用于滚轮导靴)（正常使用-运行工况）	$\sigma_{F1} = \dfrac{1.85 F_{x1}}{c^2}$	F_{x1}, c	σ_{F1}
030347	翼缘弯曲应力(滑动导靴)（正常使用-运行工况）	$\sigma_{F1} = \dfrac{F_{x1}(h_1 - b - f)}{c^2 [l_s + 2(h_1 - f)]}$	$F_{x1}, h_1, b, f, c, l_s$	σ_{F1}
030348	翼缘弯曲应力校验（正常使用-运行工况）	$\sigma_{F1} \leqslant \sigma_{perm2}$	$\sigma_{F1}, \sigma_{perm2}$	Accept40
030349	x轴扰度（正常使用-运行工况）	$\delta_{x1} = 0.7 \dfrac{F_{x1} l^3}{48 E I_y} + \delta_{str-x}$	$F_{x1}, l, E, I_y, \delta_{str-x}$	δ_{x1}
030350	y轴扰度（正常使用-运行工况）	$\delta_{y1} = 0.7 \dfrac{F_{y1} l^3}{48 E I_x} + \delta_{str-y}$	$F_{y1}, l, E, I_x, \delta_{str-y}$	δ_{y1}

标识	名称	服务描述	输入参数	输出参数
030351	x 轴扰度校验 (正常使用-运行工况)	$\delta_{x1} \leqslant \delta_{\text{perm}}$	$\delta_{x1}, \delta_{\text{perm}}$	Accept41
030352	y 轴扰度校验 (正常使用-运行工况)	$\delta_{y1} \leqslant \delta_{\text{perm}}$	$\delta_{y1}, \delta_{\text{perm}}$	Accept42
030353	作用于 y 轴上的弯曲应力 (正常使用-装载工况)	$F_{x2} = g_n P$ $\cdot \dfrac{(x_P - x_S) + F_S(x_i - x_S)}{n_d H_{dx}}$	$P, F_S, x_P, x_S,$ x_i, x_S, n_d, H_{dx}	F_{x2}
030354	导向力作用于 y 轴上的弯矩(正常使用-装载工况)	$M_{y2} = \dfrac{3F_{x2}l}{16}$	F_{x2}, l	M_{y2}
030355	导向力作用于 y 轴上的弯曲应力(正常使用-装载工况)	$\sigma_{y2} = \dfrac{M_{y2}}{W_y}$	M_{y2}, W_y	σ_{y2}
030356	作用于 x 轴上的弯曲应力 (正常使用-装载工况)	$F_{y2} = 2g_n P$ $\cdot \dfrac{(y_P - y_S) + F_S(y_i - y_S)}{n_d H_{dx}}$	$P, y_P, y_S, F_S,$ y_i, y_S, n_d, H_{dx}	F_{y2}
030357	导向力作用于 x 轴上的弯矩(正常使用-装载工况)	$M_{x2} = \dfrac{3F_{y2}l}{16}$	F_{y2}, l	M_{x2}
030358	导向力作用于 x 轴上的弯曲应力(正常使用-装载工况)	$\sigma_{x2} = \dfrac{M_{x2}}{W_x}$	M_{x2}, W_x	σ_{x2}
030359	弯曲应力合力 (正常使用-装载工况)	$\sigma_{m2} = \sigma_{x2} + \sigma_{y2}$	σ_{x2}, σ_{y2}	σ_{m2}
030360	弯曲应力校验 (正常使用-装载工况)	$\sigma_{m2} \leqslant \sigma_{\text{perm2}}$	$\sigma_{m2}, \sigma_{\text{perm2}}$	Accept43
030361	弯曲和压缩应力合力校验 (正常使用-装载工况)	$\sigma_{m2} + \dfrac{F_k + k_3 M}{A} \leqslant \sigma_{\text{perm2}}$	$\sigma_{m2}, F_k, k_3,$ $M, A, \sigma_{\text{perm2}}$	Accept44
030362	翼缘弯曲应力(适用于滚轮导靴)(正常使用-装载工况)	$\sigma_{F2} = \dfrac{1.85 F_{x2}}{c^2}$	c, F_{x2}	σ_{F2}
030363	翼缘弯曲应力(滑动导靴)(正常使用-装载工况)	$\sigma_{F2} = \dfrac{F_{x2}(h_1 - b - f)}{c^2 \left[l_s + 2(h_1 - f) \right]}$	$F_{x2}, h_1, b, f, c, l_s$	σ_{F2}
030364	翼缘弯曲应力校验 (正常使用-装载工况)	$\sigma_{F2} \leqslant \sigma_{\text{perm2}}$	$\sigma_{F2}, \sigma_{\text{perm2}}$	Accept45
030365	x 轴扰度 (正常使用-装载工况)	$\delta_{x2} = 0.7 \dfrac{F_{x2} l^3}{48 E I_y} + \delta_{\text{str-}x}$	$F_{x2}, l, E, I_y, \delta_{\text{str-}x}$	δ_{x2}

标识	名称	服务描述	输入参数	输出参数
030366	y 轴扰度 （正常使用-装载工况）	$\delta_{y2} = 0.7 \dfrac{F_{y2}l^3}{48EI_x} + \delta_{\text{str-}y}$	$F_{y2}, l, E, I_x, \delta_{\text{str-}y}$	δ_{y2}
030367	x 轴扰度校验 （正常使用-装载工况）	$\delta_{x2} \leqslant \delta_{\text{perm}}$	$\delta_{x2}, \delta_{\text{perm}}$	Accept46
030368	y 轴扰度校验 （正常使用-装载工况）	$\delta_{y2} \leqslant \delta_{\text{perm}}$	$\delta_{y2}, \delta_{\text{perm}}$	Accept47

表 9.4 安全保护系统计算服务列表

标识	名称	服务描述	输入参数	输出参数
040101	允许总质量计算	$W_{\text{total}} = (2.5 - 4)(P + Q)$	P, Q	W_{total}
040201	轿厢安全钳型号	电梯额定速度 $V > 0.63$ m/s，轿厢渐进式；$V \leqslant 0.63$ m/s，轿厢渐进式或瞬时式；若有多套安全钳，轿厢必须采用渐进式选型产品	W_{total}, V, b_1	SaftyGear1
040202	对重安全钳型号	电梯额定速度 $V \geqslant 1$ m/s，对重渐进式；$V < 1$，对重渐进或瞬时式选型产品	W_{total}, V, b_1	SaftyGear2
040301	轿厢限速器最大动作速度计算	$V_{\text{max}1} = 1.25V + \dfrac{0.25}{V}$	V	$V_{\text{max}1}$
040302	轿厢限速器最小动作速度计算	$V_{\text{min}} = 1.15V$	V	V_{min}
040303	轿厢限速器动作速度设计	$V_{\text{max}1} \geqslant V_{\text{xsq}1} \geqslant V_{\text{min}}$	$V_{\text{max}1}, V_{\text{min}}$	$V_{\text{xsq}1}$ 的范围
040304	轿厢限速器选型	根据额定速度初选	V	Speed Governor1, $F_{\text{T}1}, d_{\text{xsq}1}$
040305	轿厢限速器钢丝绳选型	选型	$d_{\text{xsq}1}$	$F_{\text{xsq}1}$
040306	轿厢限速器钢丝绳 根数选择	输入	$n_{\text{xsq}1}$	$n_{\text{xsq}1}$
040307	轿厢限速器钢丝绳安全 系数计算	$S_{\text{xsq}1} = \dfrac{n_{\text{xsq}1}F_{\text{xsq}1}}{F_{\text{T}1}}$	$F_{\text{xsq}1}, n_{\text{xsq}1}, F_{\text{T}1}$	$S_{\text{xsq}1}$
040308	轿厢限速器钢丝绳安全 系数校核	$S_{\text{xsq}1} \geqslant 8$	$S_{\text{xsq}1}$	Accept10
040309	轿厢限速器张紧装置选型	张紧装置选型	$d_{\text{xsq}1}$	TensionDevice1
040310	对重限速器动作速度设计	$V_{\text{max}1} \leqslant V_{\text{xsq}2} \leqslant 110\% V_{\text{max}1}$	$V_{\text{max}1}$	$V_{\text{xsq}2}$

续表

标识	名称	服务描述	输入参数	输出参数
040311	对重限速器选型	根据额定速度初选	V	SpeedGovernor2, F_{T2}, d_{xsq2}
040312	对重限速器钢丝绳选型	根据限速器绳轮直径选型钢丝绳	d_{xsq2}	F_{xsq2}
040313	对重限速器钢丝绳根数选择	根据电梯钢丝绳根数选择	n_{xsq2}	n_{xsq2}
040314	对重限速器钢丝绳安全系数计算	$S_{xsq2} = \dfrac{F_{xsq2} n_{xsq2}}{F_{T2}}$	$F_{xsq2}, n_{xsq2}, F_{T2}$	S_{xsq2}
040315	对重限速器钢丝绳安全系数校核	$S_{xsq2} \geqslant 8$	S_{xsq2}	Accept 11
040316	对重限速器张紧装置选型	根据限速器绳轮直径选型张紧装置	d_{xsq2}	TensionDevice2
040401	上下超速保护装置选型（夹绳器）	夹绳器选型	V, W_{total}	RopeGripper
040402	上下超速保护装置选型（制动夹轨器）	制动夹轨器选型	V, W_{total}	RailClamp
040403	上下超速保护装置选型（制动器）	制动器选型	V, W_{total}	Brake
040501	蓄能型缓冲器行程计算	$S_{hcq} = 0.135 V^2$	适用于 V 小于 1	S_{hcq}
040502	耗能型缓冲器行程计算	$S_{hcq} = 0.067 V^2$	V	S_{hcq}
040503	轿厢缓冲器选型	产品选型	$P, Q, V, W_{total}, S_{hcq}$	Buffer1
040504	对重缓冲器选型	产品选型	$M_{cwt}, V, W_{total}, S_{hcq}$	Buffer2

表 9.5 轿厢系统计算服务列表

标识	名称	服务描述	输入参数	输出参数
050201	轿厢有效面积计算	$S_{car} = W_{car} L_{car}$	W_{car}, L_{car}	S_{car}
050202	轿厢最大有效面积查询（额定载重小于等于2500kg）	查询 GB/T 7588.1—2020	Q	S_{max}
050203	非标轿厢最大有效面积查询（额定载重小于等于2500kg）	线性插值	Q	S_{max}
050204	轿厢最大有效面积计算（额定载重大于 2500kg）	$S_{max} = \dfrac{Q - 2500}{100}$	Q	S_{max}
050205	轿厢有效面积校核	$S_{car} \leqslant S_{max}$	S_{car}, S_{max}	Accept12

续表

标识	名称	服务描述	输入参数	输出参数
050301	轿厢通风孔最小有效面积计算	$S_{air} = S_{car} \times 1\%$	S_{car}	S_{air}
050302	轿厢上部通风孔有效面积计算 S_{sair}	$S_{sair} = S_{jb} + S_{jm}$	S_{jb}, S_{jm}	S_{sair}
050303	轿厢上部通风孔有效面积校核	$S_{sair} \geqslant S_{air}$	S_{sair}, S_{air}	Accept13
050304	轿厢下部通风孔有效面积计算 S_{xair}	$S_{xair} = S_{tj} + S_{jm}$	S_{tj}, S_{jm}	S_{xair}
050305	轿厢下部通风孔有效面积校核	$S_{xair} \geqslant S_{air}$	S_{xair}, S_{air}	Accept14
050401	轿顶护栏参数设计	获得护栏尺寸参数	L_h, H_h	L_h, H_h
050402	护栏选型	获得护栏型号	Guardrail	Guardrail
050403	轿顶护栏材料参数获取	获得材料性能参数	Guardrail	$E_h, I_y, W_{xh}, [\sigma]_h$
050404	后横挡水平方向集中载荷计算	$F_h = 300 L_h$	L_h	F_h
050405	后横挡受力弯矩计算	$M_h = \dfrac{3 F_h (L_h/2)}{16}$	F_h, L_h	M_h
050406	后横挡弯曲应力计算	$\sigma_h = \dfrac{M_h}{W_{xh}}$	M_h, W_{xh}	σ_h
050407	后横挡弯曲应力校核	$\sigma_h \leqslant [\sigma]_h$	$\sigma_h, [\sigma]_h$	Accept15
050408	后横挡扰度计算	$\delta_x = 0.7 \dfrac{F_h L_h}{48 E_h I_y}$	F_h, L_h, E_h, I_y	δ_x
050409	后横挡扰度校核	$\delta_x \leqslant 30$	δ_x	Accept16
050410	后竖杆水平方向集中载荷计算	$F_{h2} = \dfrac{F_h}{2}$	F_h	F_{h2}
050411	后竖杆受力弯矩计算	$M_{h2} = \dfrac{3 F_{h2} H_h}{16}$	F_{h2}, H_h	M_{h2}
050412	后竖杆弯曲应力计算	$\sigma_{h2} = \dfrac{M_{h2}}{W_{xh}}$	M_{h2}, W_{xh}	σ_{h2}
050413	后竖杆弯曲应力校核	$\sigma_{h2} \leqslant [\sigma]_h$	$\sigma_{h2}, [\sigma]_h$	Accept17
050414	后竖杆扰度计算	$\delta_{x2} = 0.7 \dfrac{F_2 L_h}{48 E_h I_y}$	F_2, L_h, E_h, I_y	δ_{x2}
050415	后竖杆扰度校核	$\delta_{x2} \leqslant 30$	δ_{x2}	Accept18
050501	上梁型号选择	选择上梁型号	Upperbeam	Upperbeam

续表

标识	名称	服务描述	输入参数	输出参数
050502	轿厢架上梁参数查询	技术参数查询	Upperbeam	$I_{x1}, W_{x1}, L_1,$ $[\sigma]_{S1}, A_{S1}, E_1$
050503	上梁所受最大曳引力计算	$F_1 = (P+Q)(g_n + a)$	P, Q, a	F_1
050504	上梁承受的最大弯矩计算	$M_{\max 1} = \dfrac{F_1 L_1}{4}$	F_1, L_1	$M_{\max 1}$
050505	上梁承受的最大弯曲应力计算	$\sigma_1 = \dfrac{M_{\max 1}}{W_{x1}}$	$M_{\max 1}, W_{x1}$	σ_1
050506	上梁剪应力计算	$\tau_1 = \dfrac{F_1}{2A_{S1}}$	F_1, A_{S1}	τ_1
050507	上梁合应力计算	$\sigma_{\max 1} = \sqrt{\sigma_1^2 + 4\tau_1^2}$	σ_1, τ_1	$\sigma_{\max 1}$
050508	上梁应力校核	$\dfrac{\sigma_{S1}}{\sigma_{\max 1}} \geqslant 4$	$\sigma_{\max 1}, \sigma_{S1}$	Accept19
050509	上梁许用挠度计算	$[\delta_1] = L_1/1000$	L_1	$[\delta_1]$
050510	上梁最大挠度计算	$f_{\max 1} = \dfrac{F_1 L_1^3}{48 E_1 I_{x1}}$	F_1, L_1, I_{x1}, E_1	$f_{\max 1}$
050511	上梁挠度校验	$f_{\max 1} \leqslant [\delta_1]$	$f_{\max 1}, [\delta_1]$	Accept20
050601	下梁选型	选择下梁型号	Underbeam	Underbeam
050602	轿厢架下梁参数查询	技术参数查询	Underbeam	$I_{x2}, W_{x2}, L_2,$ $[\sigma]_{S2}, A_{S2}, E_2$
050603	轿厢自重和额定载荷的5/8均布在下梁	$q_2 = \dfrac{5(P+Q)g_n}{8L_2}$	P, Q, L_2	q_2
050604	轿厢自重和125%额定载荷的5/8均布在下梁	$q_2 = 5g_n \dfrac{(P+1.25Q)}{8L_2}$	P, Q, L_2	q_2
050605	下梁最大正应力计算1	$\sigma_{\max 2-1} = \dfrac{q_2 L_2^2}{8 W_{x2}}$	q_2, L_2, W_{x2}	$\sigma_{\max 2-1}$
050606	下梁最大挠度计算1	$f_{\max 2-1} = \dfrac{5 q_2 L_2^4}{384 E I_{x2}}$	F, L_2, I_{x2}, E	$f_{\max 2-1}$
050607	补偿链和随行电缆形成的集中载荷	$F_{x1} = g_n (M_{CR} + M_{Trav})$	M_{CR}, M_{Trav}	F_{x1}
050608	下梁最大正应力计算2	$\sigma_{\max 2-2} = \dfrac{F_{x1} L_2}{4 W_{x2}}$	F_{x1}, L_2, W_{x2}	$\sigma_{\max 2-2}$
050609	下梁最大挠度计算2	$f_{\max 2-2} = \dfrac{F_2 L_2^3}{48 E I_{x2}}$	F_2, E, L_2, I_{x2}	$f_{\max 2-2}$

标识	名称	服务描述	输入参数	输出参数
050610	下梁许用扰度计算	$[\delta_2] = L_2/1000$	L_2	$[\delta_2]$
050611	下梁最大正应力计算	$\sigma_{\max 2} = \sigma_{\max 2\text{-}1} + \sigma_{\max 2\text{-}2}$	$\sigma_{\max 2\text{-}1}, \sigma_{\max 2\text{-}2}$	$\sigma_{\max 2}$
50612	下梁最大扰度计算	$f_{\max 2} = f_{\max 2\text{-}1} + f_{\max 2\text{-}2}$	$f_{\max 2\text{-}1}, f_{\max 2\text{-}2}$	$f_{\max 2}$
050613	下梁应力校核	$\dfrac{[\sigma]_{S2}}{\sigma_{\max 2}} > 1$	$\sigma_{\max 2}, [\sigma]_{S2}$	Accept21
050614	下梁扰度校核	$f_{\max 2} \leqslant [\delta_2]$	$f_{\max 2}, [\delta_2]$	Accept22
050615	下梁承载力计算(轿厢蹲底)	$F_{xl1} = (P + 1.25Q)g_n$	P, Q	F_{xl1}
050616	下梁最大弯曲应力计算(蹲底)	$\sigma_{2f} = \dfrac{F_{xl1}L_2}{4W_{x2}}$	F_{xl1}, L_2, W_{x2}	σ_{2f}
050617	下梁最大剪应力计算(蹲底)	$\tau_2 = \dfrac{F_{xl1}}{2A_{S2}}$	F_{xl1}, A_{S2}	τ_2
050618	下梁合应力计算(蹲底)	$\sigma_{\max 2f} = \sqrt{\sigma_{2f}^2 + 4\tau_2^2}$	σ_{2f}, τ_2	$\sigma_{\max 2f}$
050619	下梁最大扰度计算(蹲底)	$f_{\max 2\text{-}2} = \dfrac{F_2 L_2^3}{48E_2 I_{x2}}$	F_2, L_2, E_2, I_{x2}	$f_{\max 2\text{-}2}$
050620	下梁许用应力校核(蹲底)	$\dfrac{[\sigma]_{S2}}{\sigma_{\max 2}} > 2$	$[\sigma]_{S2}, \sigma_{\max 2}$	Accept23
050621	下梁最大扰度校核(蹲底)	$f_{\max 2f} \leqslant [\delta_2]$	$f_{\max 2f}, [\delta_2]$	Accept24
050701	立梁选型	选择立梁	Stile	Stile
050702	轿厢架立梁参数查询	技术参数查询	Stile	$I_{x3}, W_{x3}, L_3, [\sigma]_{S3}, A_{S3}, E_3$
050703	立柱总力矩计算	$M_0 = \dfrac{Qg_n W_{car}}{8}$	Q, W_{car}	M_0
050704	上下导靴距离	输入上下导靴距离	H_{dx}	H_{dx}
050705	立柱的力矩计算	$M_{ll} = \dfrac{M_0 L_3}{4H_{dx}}$	M_0, L_3, H_{dx}	M_{ll}
050706	立柱抗弯应力计算	$\sigma_{ll1} = \dfrac{M_{ll}}{W_{x3}}$	M_{ll}, W_{x3}	σ_{ll1}
050707	立柱抗拉应力计算	$\sigma_{ll2} = \dfrac{(P+Q)g_n}{2A_{S3}}$	P, Q, A_{S3}	σ_{ll2}
050708	立柱复合应力计算	$\sigma_{ll} = \sigma_{ll1} + \sigma_{ll2}$	$\sigma_{ll1}, \sigma_{ll2}$	σ_{ll}
050709	立柱复合应力校验	$\dfrac{\sigma_{S3}}{\sigma_{ll}} > 3$	σ_{S3}, σ_{ll}	Accept25

标识	名称	服务描述	输入参数	输出参数
		井道、机房		
060101	机房地面受力计算	$F_{jd} = F_a + F_j + F_q$ $+ F_g + F_l + F_o$	$F_a, F_j, F_q, F_g, F_l, F_o$	F_{jd}
060102	机房地面许用应力	$\sigma_{jd} = \dfrac{4F_{jd}}{A_{jd}}$	F_{jd}, A_{jd}	σ_{jd}
060201	轿厢缓冲器支座的底坑受力计算	$F_{dkcar} = \dfrac{4(P+Q)g_n}{n_{hcq}}$	n_{hcq}, P, Q	F_{dkcar}
060202	对重缓冲器支座的底坑受力计算	$F_{dkcwt} = \dfrac{4M_{cwt}g_n}{n_{hcq}}$	n_{hcq}, M_{cwt}	F_{dkcwt}
060301	电梯结构参数获取	获取结构参数	H_a, H_b, H_c, H_8 H_d, H_e, RB, H_1 H_9, H_k, H_7, H_{10} H_{dz}, H_{dzj}	H_a, H_b, H_c, H_8 H_d, H_e, RB, H_1 H_9, H_k, H_7, H_{10} H_{dz}, H_{dzj}
060302	轿厢导轨最小制导行程计算	$H_2 = 0.1 + 0.035V^2$	V	H_2
060303	轿顶最高面积与井道顶最低部件的距离	$H_3 = 1.0 + 0.035V^2$	V	H_3
060304	轿顶导靴顶面与井道顶最低部件的距离	$H_4 = 0.3 + 0.035V^2$	V	H_4
060305	轿顶最高部件顶面与井道顶最低部件的距离	$H_5 = 0.1 + 0.035V^2$	V	H_5
060306	顶层最小高度计算（国标 GB/T 7588.1—2020）	$OH_{min1} = H_c + RB$ $+ H_1 + H_2$	H_c, RB, H_1, H_2	OH_{min1}
060307	顶层最小高度计算（国标 GB/T 7588.1—2020）	$OH_{min2} = H_d + RB$ $+ H_1 + H_3$	H_d, RB, H_1, H_3	OH_{min2}
06030801	顶层最小高度计算（国标 GB/T 7588.1—2020）	$OH_{min3} = H_a + RB$ $+ H_1 + H_4$	H_a, RB, H_1, H_4	OH_{min3}
06030802	顶层最小高度计算（国标 GB/T 7588.1—2020）	$OH_{min3} = H_b + RB$ $+ H_1 + H_5$	H_b, RB, H_1, H_5	OH_{min3}
060309	顶层最小高度计算（国标 GB/T 7588.1—2020）	$OH_{min4} = H_d + RB$ $+ H_1 + 600$	H_d, RB, H_1	OH_{min4}
060310	对重压在缓冲器上的顶层最小高度设计	$OH_{min}=Max(OH_{min1}, OH_{min2},$ $OH_{min3}, OH_{min4})$	$OH_{min1}, OH_{min2},$ OH_{min3}, OH_{min4}	OH_{min}
060311	顶层最小高度计算	$OH_{mindc} = Max(OH_{mincar},$ $OH_{mincwt})$	OH_{mincar}, OH_{mincwt}	OH_{mindc}

标识	名称	服务描述	输入参数	输出参数
060401	最小底坑深度计算（GB 7588.1—2020）	$OD_{\min 1} = H_k + RB + H_1 + 500$	H_k, RB, H_1	$OD_{\min 1}$
06040201	底坑底与轿厢底部部件距离	$H_{temp2} = \text{Max}(H_8, H_9)$	H_8, H_9	H_{temp2}
06040202	最小底坑深度计算（GB 7588.1—2020）	$OD_{\min 2} = RB + H_1 + H_{temp2} + 100$	RB, H_1, H_{temp2}	$OD_{\min 2}$
06040203	最小底坑深度计算（GB 7588.1—2020）	$OD_{\min 2} = RB + H_1 + H_{temp2} + 500$	RB, H_1, H_{temp2}	$OD_{\min 2}$
060403	最小底坑深度选择	$OD_{\min} = \text{Max}(OD_{\min 1}, OD_{\min 2})$	$OD_{\min 1}$, $OD_{\min 2}$	$OD_{\min}$
060501	对重导轨最小制导行程计算	$H_6 = 0.1 + 0.035V^2$	V	H_6
060502	井道净高计算	$H_{jd} = OH_{\min}$	$OH_{\min}$	H_{jd}
060503	对重行程计算	$H_{dzxc} = H_{dz} + H_0 + 2 \times RB + H_{dzj} + H + H_1 + H_6$	H_{dz}, H_0, RB, H_{dzj}, H, H_1, H_6	H_{dzxc}
060504	对重行程校验	$H_{jd} \geq H_{dzxc}$	H_{jd}, H_{dzxc}	Accept27
门系统
070101	门系统基本参数获取	获得基本门系统尺寸参数	JJ, t, M_k	JJ, t, M_k
070102	开门运行区间计算	$S_1 = \dfrac{JJ}{2} + 25$	JJ	S_1
070103	开关门平均速度计算	$V_1 = \dfrac{S_1}{1000t}$	S_1, t	V_1
070104	门动能计算	$E_k = M_k V_1^2$	M_k, V_1	E_k
070105	门动能校核	$E_k \leq 10$	E_k	Accept26
承重梁计算
080101	承重梁静载荷计算	$R_S = (Q_Y + Q_L)g_n$	Q_Y, Q_L	R_S
080102	承重梁动载荷计算	$R_D = 2(P + Q + M_{cwt} + M_{Trav} + M_{CR} + M_S)$	P, Q, M_{cwt}, M_{Trav}, M_{CR}, M_S	R_D
080103	单根承重梁所受载荷	$R_{czl} = \dfrac{R_S + R_D}{2}$	R_S, R_D	R_{czl}
080201	承重梁材料选择	选择材料	Material	Material
080202	承重梁材料性能参数查询	剪切、弯曲许用应力，弹性模量	Material	$[\tau_{czl}]$, $[\sigma_w]$, E_{czl}

续表

标识	名称	服务描述	输入参数	输出参数
080203	承重梁许用扰度计算	$[\delta_{cz1}] = \dfrac{L}{1500}$	L	$[\delta_{cz1}]$
080301	承重梁基本参数获取（直接安装）	$L = a + b, a \geqslant b$	Forceparameters figure 1	L, a, b
080302	承重梁截面最大剪力计算	$\|Q\|_{\max 1} = \dfrac{R_{cz1} a}{L}$	R_{cz1}, a, L	$\|Q\|_{\max 1}$
080303	承重梁最大弯矩计算	$\|M\|_{\max 1} = \dfrac{R_{cz1} ab}{L}$	R_{cz1}, a, b, L	$\|M\|_{\max 1}$
080304	承重梁截面模量计算	$W_{cz11} = \dfrac{\|M\|_{\max 1}}{[\sigma_w]}$	$\|M\|_{\max 1}, [\sigma_w]$	W_{cz11}
080305	承重梁工字钢型号选型	$W_{cz11} \leqslant W_1$	W_{cz11}	Accept32
080306	最大剪应力计算	$\tau_{\max 1} = \dfrac{\|Q\|_{\max 1}}{(I/S)_1 d_1}$	$\|Q\|_{\max 1}, \left(\dfrac{I}{S}\right)_1, d_1$	$\tau_{\max 1}$
080307	最大剪应力校核	$\tau_{\max 1} \leqslant [\tau_{cz1}]$	$[\tau_{cz1}], \tau_{\max 1}$	Accept28
080308	最大扰度计算	$\delta_{cz1 \max 1} = \dfrac{-R_{cz1} b(L^2 - b^2)^{\frac{3}{2}}}{9\sqrt{3} L E_{cz1} I_z}$	$R_{cz1}, b, L, E_{cz1}, I_z$	$\delta_{cz1 \max 1}$
080309	扰度校核	$\delta_{cz1 \max 1} \leqslant [\delta_{cz1}]$	$\delta_{cz1 \max 1}, [\delta_{cz1}]$	Accept29
080401	承重梁基本参数获取（支架安装）	$L = a + b, a \geqslant b, \dfrac{a_1}{b_1} \leqslant \dfrac{a}{b}$	Forceparameters figure 2	L, a, b, a_1, b_1
080402	承重梁截面最大剪力计算（支架安装）	$\|Q\|_{\max 2} = \dfrac{R_{cz1} a}{L}$	R_{cz1}, a, L	$\|Q\|_{\max 2}$
080403	承重梁最大弯矩计算（支架安装）	$\|M\|_{\max 2} = \dfrac{R_{cz1}(a - a_1)b}{L}$	R_{cz1}, a, a_1, b, L	$\|M\|_{\max 2}$
080404	承重梁截面模量计算（支架安装）	$W_{cz12} = \dfrac{\|M\|_{\max 2}}{[\sigma_w]}$	$\|M\|_{\max 2}, [\sigma_w]$	W_{cz12}
080405	承重梁工字钢型号选型	$W_{cz12} \leqslant W_2$	W_{cz12}	Accept33
080406	最大剪应力计算	$\tau_{\max 2} = \dfrac{\|Q\|_{\max 2}}{(I/S)_2 d_2}$	$\|Q\|_{\max 2}, d_2, (I/S)_2$	$\tau_{\max 2}$
080407	最大剪应力校核	$\tau_{\max 2} \leqslant [\tau_{cz1}]$	$[\tau_{cz1}], \tau_{\max 2}$	Accept30
080408	C点长度计算	$x_c = \sqrt{\dfrac{L^2 - (a - a_1)^2}{3}}$	L, a, a_1	x_c

标识	名称	服务描述	输入参数	输出参数
080409	C 点产生的最大扰度计算	$\delta_{czl\,maxc} = p \cdot (a-a_1) \cdot \dfrac{[L^2-(a-a_1)^2]^{\frac{3}{2}}}{18\sqrt{3}E_{czl}I_z^2 L}$	$p, a, a_1, L, I_z, E_{czl}$	$\delta_{czl\,maxc}$
080410	D 点长度计算	$x_d = \sqrt{\dfrac{L^2-(b-b_1)^2}{3}}$	L, b, b_1	x_d
080411	D 点产生的最大扰度计算	$\delta_{czl\,maxd} = p(b-b_1) \cdot \dfrac{[L^2-(b-b_1)^2]^{\frac{3}{2}}}{18\sqrt{3}E_{czl}I_z^2 L}$	$p, b, b_1, L, I_z, E_{czl}$	$\delta_{czl\,maxd}$
080412	C 点载荷在 D 点产生的扰度	$\delta_{czl\,maxcd} = p(a-a_1) \cdot (a-a_1-x_d) \cdot \dfrac{\|(L-x_d)^2-L^2+(a-a_1)^2\|}{12E_{czl}I_z L}$	$p, a, a_1, L, I_z, E_{czl}$	$\delta_{czl\,maxcd}$
080413	D 点载荷在 C 点产生的扰度	$\delta_{czl\,maxdc} = p(b-b_1) \cdot (L-x_c) \cdot \dfrac{\|(L-x_c)^2-L^2+(b-b_1)^2\|}{12E_{czl}I_z L}$	$p, b, b_1, x_c, L, I_z, E_{czl}$	$\delta_{czl\,maxdc}$
080414	C 点总扰度	$\delta_c = \delta_{czl\,maxc} + \delta_{czl\,maxdc}$	$\delta_{czl\,maxdc}, \delta_{czl\,maxc}$	δ_c
080415	D 点总扰度	$\delta_d = \delta_{czl\,maxd} + \delta_{czl\,maxcd}$	$\delta_{czl\,maxd}, \delta_{czl\,maxcd}$	δ_d
080416	承重梁总扰度选取	$\delta_{czl\,max2} = \max(\delta_c + \delta_d)$	δ_c, δ_d	$\delta_{czl\,max2}$
080417	承重梁总扰度校验	$\delta_{czl\,max2} \leqslant [\delta_{czl}]$	$\delta_{czl\,max2}, [\delta_{czl}]$	Accept31

表 9.6　电气控制系统计算服务列表

标识	名称	服务描述	输入参数	输出参数
090101	变频器选型	根据曳引机电流选择	I_{max}	Convertor
090201	微机控制系统选择	根据曳引机功率选择	P_d	Microprocessor Control System
090202	接触器最小电流计算	$I_{jcq} = 1.7 I_{max}$	I_{max}	I_{jcq}
090203	接触器选型	根据最小电流选择	I_{jcq}	Contactor
090301	主控制变压器最小功率计算	$W_{byq} = W_{jcq} + W_{bzdy}$	W_{jcq}, W_{bzdy}	W_{byq}
090302	主控制变压器选型	选型	W_{byq}	Main transformer

续表

标识	名称	服务描述	输入参数	输出参数
090303	门机控制变压器选型	选型	W_{mj}	Door transformer
090304	照明控制变压器选型	选型	W_{zm}	Lamp transformer
090401	开关电源最小功率计算	$W_{kgdy} = W_{wj} + W_{zsd} + W_{xsb}$	W_{wj}, W_{zsd}, W_{xsb}	W_{kgdy}
090402	开关电源选定		W_{kgdy}	Power supply transformer
090403	抱闸电源选定		I_{bz}	brake power supply
090501	断路器选型		I_{dlq}	Circuit breaker

9.4.3 设计计算服务应用

设计计算服务系统提供新建设计报告、设计报告管理、配置设计计算功能，通过良好的交互界面实现垂直梯产品的设计计算。

垂直梯设计计算服务系统负责垂直梯整机及机房井道等相关结构的设计计算，主要包括基本信息录入、机房、曳引机设计计算、钢丝绳、曳引轮、盘车、井道底坑、导轨、补偿装置、轿厢架、轿厢、垂直梯设计报告管理等12个模块的设计计算。设计完成后系统自动生成设计计算报告，用户根据权限可以对各自的设计计算报告进行管理。

在新建垂直梯设计模块，系统要求填写垂直梯设计基本信息，垂直梯名称根据右侧示例填写，一般按照企业代码垂直梯用途命名，垂直梯代码应按照包含额定载重量、额定速度、电机型号等规则填写。图9.12为垂直梯设计基本信息的界面。

图9.12 垂直梯设计基本信息

1) 基本信息录入

基本参数录入模块允许用户输入垂直梯设计的基本参数,输入完成后单击"保存信息"按钮保存数据至数据库,如图 9.13 所示。

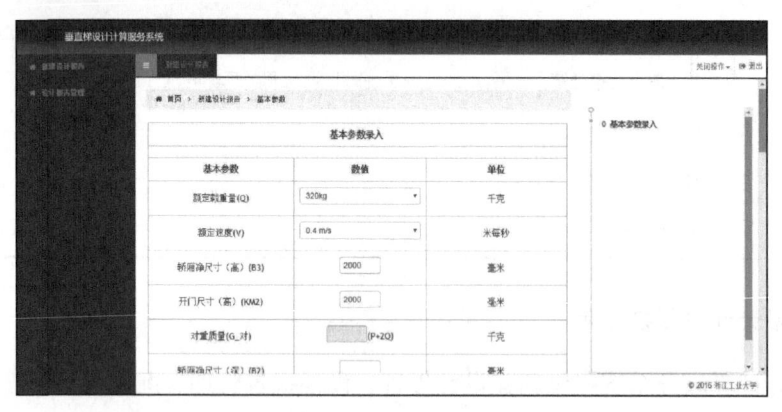

图 9.13 基本参数录入界面

2) 机房

机房模块主要计算机房所受到的总力和机房地面受到的压力。根据输入参数计算得到结果并输出,同时与相关标准进行校核,给出设计合格与不合格的结论,如图 9.14 所示。

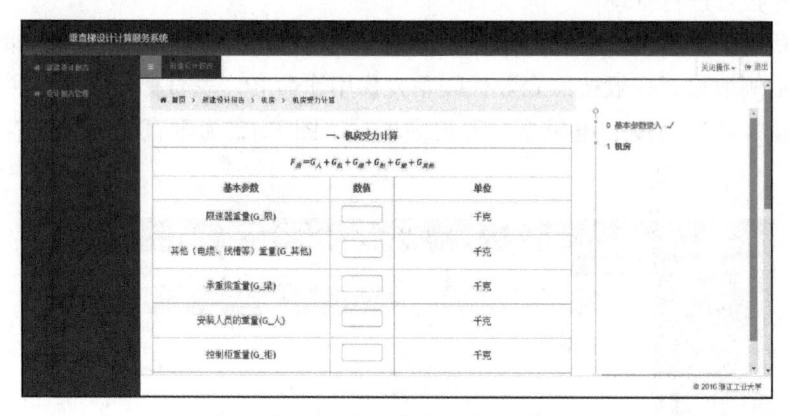

图 9.14 机房设计计算界面

3) 曳引机

曳引机模块包括电动机功率计算和曳引条件计算,其中电动机功率计算根据电动机功率值计算结果,自动完成电动机选型;曳引条件计算主要是对曳引机的曳引能力进行计算,包括当量摩擦系数、不同工况条件下轿厢侧和对重侧悬挂绳的拉力、对重侧井道上的摩擦力以及实际提升高度。图 9.15 为曳引机设计计算的界面。

第9章 面向电梯产业联盟的云制造服务平台

图9.15 曳引机设计计算界面

4) 钢丝绳

钢丝绳模块包括安全系数计算、钢丝绳受力计算,以及钢丝绳根数校核计算,把结果与相关标准进行校核。图9.16为钢丝绳设计计算的界面。

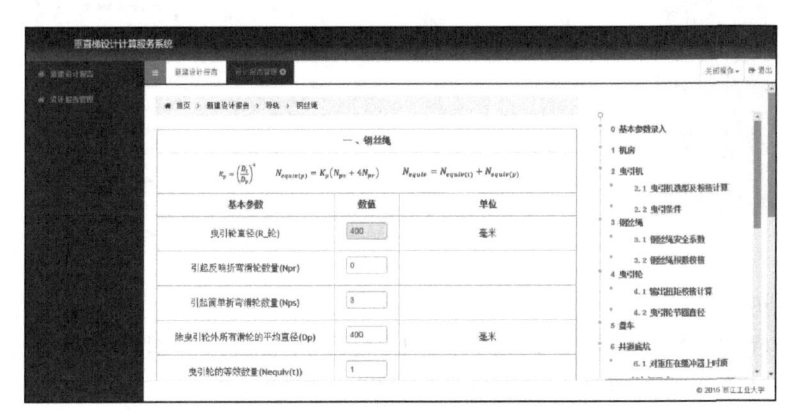

图9.16 钢丝绳设计计算界面

5) 曳引轮

曳引轮模块包括电梯正常运行时曳引轮最大工作扭矩、曳引轮输出转矩、曳引轮实际节圆半径、线速度、(半圆槽/半圆带切口槽、V型槽、U型槽)绳槽所受到的比压等计算。图9.17为曳引轮设计计算的界面。

6) 盘车

盘车模块通过对盘车力的计算来设计盘车的结构大小。图9.18为盘车设计计算的界面,电梯满载时,根据曳引轮两边的重量差、盘车轮外缘直径、盘车轮小齿轮分度圆直径计算盘车力。计算结果参照国标和安全规范进行校核。

图 9.17　曳引轮设计计算界面

图 9.18　盘车设计计算界面

7) 井道底坑

井道底坑模块包括对重压在缓冲器上时顶部空间尺寸、对重导轨空行程、底坑深度等计算。图 9.19 为井道底坑设计计算的界面。

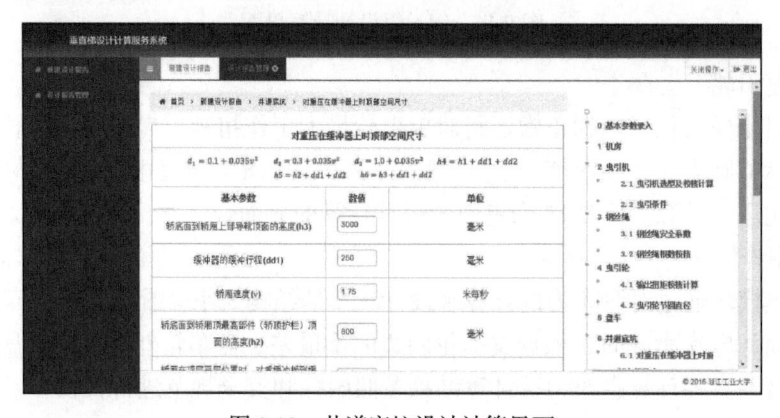

图 9.19　井道底坑设计计算界面

8) 导轨

导轨模块包括导轨基本参数计算，不同条件下导轨受到的压弯应力、弯曲应力等，图 9.20 为导轨设计计算的界面。系统根据轿厢重心 P 相对导轨直角坐标系的坐标(横)、悬挂点 S 相对导轨直角坐标系的坐标(纵)、轿厢重心 P 相对轿厢中心 C 的相对坐标(横)、轿厢重心 P 相对导轨直角坐标系的坐标(纵)、轿厢中心 C 相对导轨直角坐标系的坐标(横)、悬挂点 S 相对导轨直角坐标系的坐标(横)、轿厢中心 C 相对导轨直角坐标系的坐标(纵)、X 方向轿厢尺寸(即轿厢深度)、轿厢中心 C 与额定载荷 Q 在 X 和 Y 方向的距离(纵)、Y 方向轿厢尺寸(即轿厢宽度)、轿厢中心 C 与额定载荷 Q 在 X 和 Y 方向的距离(横)、轿厢重心 P 相对轿厢中心 C 的相对坐标(纵)等，完成导轨设计计算。

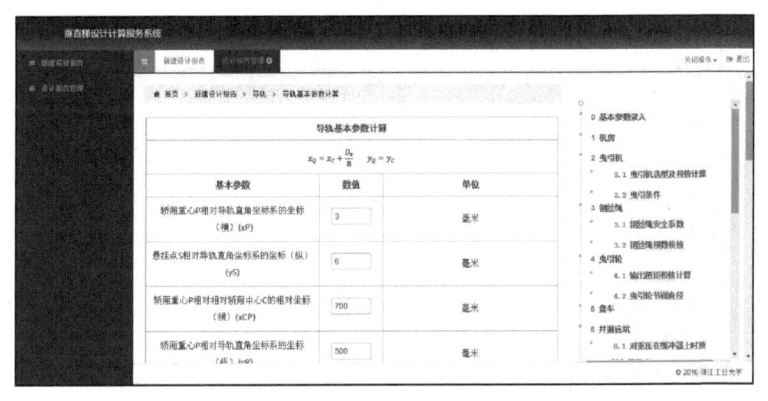

图 9.20 导轨设计计算界面

9) 补偿装置

补偿装置模块主要针对补偿装置的重量进行计算。图 9.21 为补偿装置设计计算的界面。输入参数包括轿厢自重、额定载重量、平衡系数、轿厢上端钢丝绳总长度、电梯的总行程、补偿绳的单位长度重量、随行电缆的单位长度重量、曳引绳的单位长度重量，轿厢自重、额定载重量、平衡系数在前面录入时已经输入；系统输出包括轿厢侧不考虑轿厢自重和载荷时钢丝绳张力、对重侧不计对重重量时钢丝绳张力、两侧钢丝绳张力差、当轿厢在最高层站时两侧张力差、当轿厢在井道中间高度时两侧张力差、当轿厢在最低层站时两侧张力差、对重修正重量等参数。

10) 轿厢架

轿厢架模块包括上梁、下梁、立梁受力计算。图 9.22 为轿厢架设计计算的界面。输入参数包括轿厢自重、额定载重量、上梁材料弹性模量、上梁截面惯性矩、电梯起动允许最大加速度、上梁截面积、安全钳动作工况安全系数、上梁材料的屈服强度、正常工况安全系数、上下梁的跨度、上梁截面抗弯模量等；系统输出包括上下梁许用挠度、正常工况下许用屈服强度、安全钳动作工况许用屈服强度、上梁所受最大曳引力、最大弯矩、最大屈服强度、剪应力等参数。

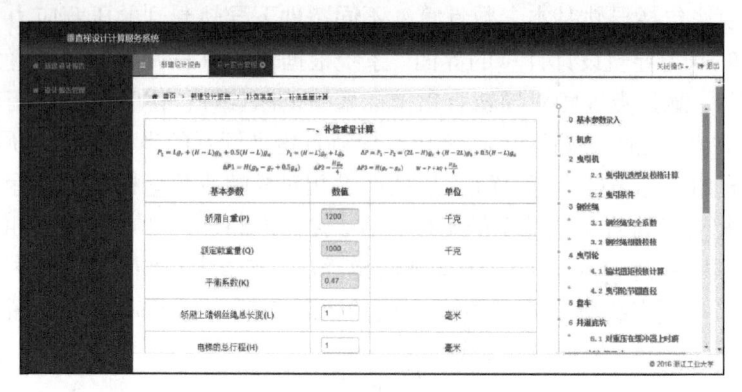

图 9.21　补偿装置设计计算界面

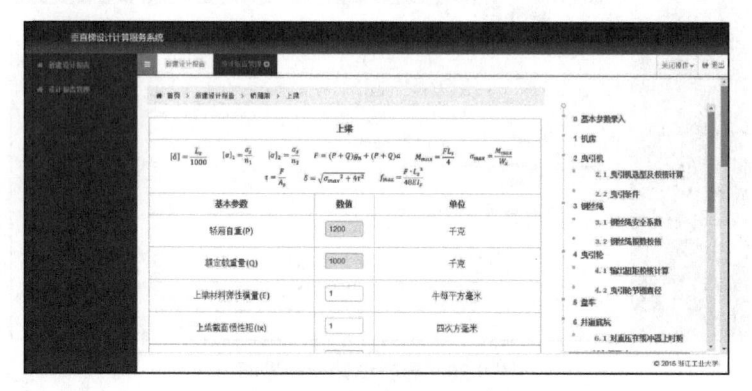

图 9.22　轿厢架设计计算界面

11) 轿厢

轿厢模块包括轿厢有效面积计算、护栏挡板相关计算、开关门相关计算、导靴相关计算等。图 9.23 为轿厢设计计算的界面。输入参数包括轿厢内宽、轿厢内

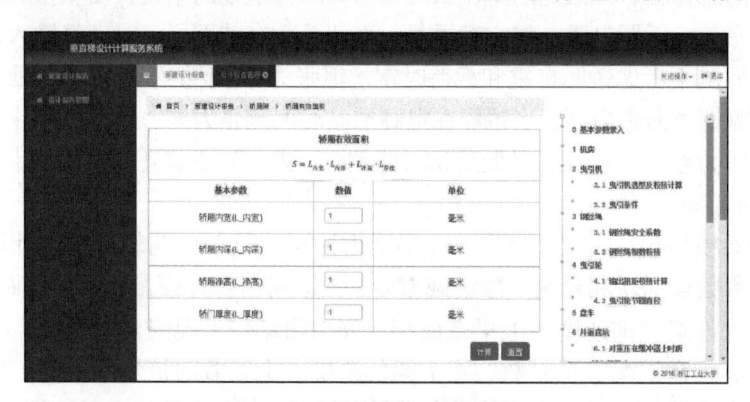

图 9.23　轿厢设计计算界面

深、轿厢净高、轿门厚度等；系统输出为轿厢有效面积。

12）垂直梯设计报告管理

设计报告管理模块负责对电梯设计计算报告及数据进行管理。用户根据权限可以对各自的设计报告进行管理，包括浏览、查看、编辑和删除等。

9.5 制造服务组合模块

服务组合自适应技术有助于提高制造服务动态环境下的适应能力。平台通过制造服务动态组合技术，允许用户动态绑定制造服务；通过自适应算法自动调整，保证制造业务系统正常运作。产业联盟内的企业用户可以通过云制造服务平台，构建基于平台公共制造资源的电梯产品个性化定制设计系统。服务组合自适应模块包括服务需求定制、服务复杂网络管理和服务动态匹配。

9.5.1 服务需求定制

电梯企业用户通过可视化的定制页面，完成特征的选取，对定制需求进行形式化表述，然后通过定制算法对用户选取的特征进行校验，得到满足特征约束关系的定制特征模型，进而通过映射关系得到符合各自企业实际的电梯设计计算云服务系统。图9.24为电梯设计计算云服务系统定制流程。

步骤1：根据不同的制造需求，确定相应粒度的制造需求特征模型。

步骤2：选取所需要的特征，得到特征集合(Fset)，作为用户的原始需求输入。

步骤3：搜索相应粒度的目标特征模型库(Tcase)，检查是否存在相同的特征模型，若存在，则进入步骤6；否则，进入步骤4。

步骤4：基于特征之间的关系和约束规则，对得到的特征集合进行验证，若满足约束条件，则可以得到一个符合规约的定制特征模型，进入步骤6；否则，进入步骤5。

步骤5：在定制的过程中，由于特征的选取依赖于用户，可能存在多选、漏选和错选等情况，在这些情况下将得不到符合规约的定制特征模型，从而导致定制过程失败。因此，寻找当前特征集合与目标特征模型库的相似案例，当相似度超过设定的阈值 C 时，推荐一个相似度最高的特征模型，进入步骤6。若没有找到符合要求的特征模型，则定制失败。

步骤6：对于得到的符合规约的特征模型，根据特征模型与服务流程之间映射关系自动得到所需的电梯设计计算服务流程，完成电梯设计计算云服务系统定制。

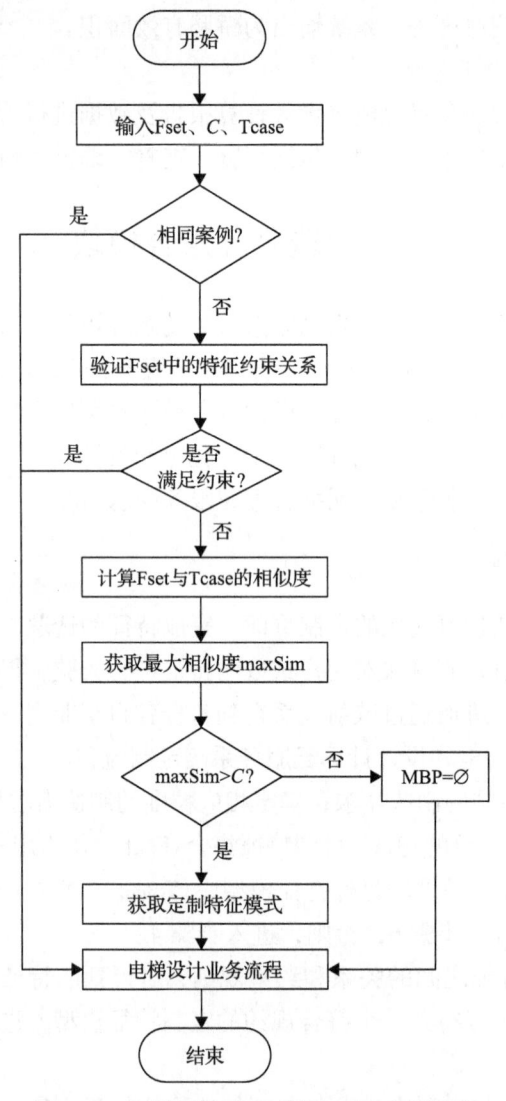

图 9.24 电梯设计计算云服务系统定制流程

MBP 表示电梯设计业务流程活动集合

垂直电梯设计计算服务系统的定制可以通过制造服务流程定制模块实现,如图 9.25 所示。首先,依据构建的垂直电梯设计全局特征模型,得到多粒度特征模型。然后,在左侧特征树中勾选所需要的特征,通过定制算法校验特征约束关系,得到所需的电梯设计服务流程,显示在右侧可视化区域中。图中给出了两个粒度较小的电梯设计计算服务流程定制过程:电梯补偿设计服务流程定制和电梯曳引力设计服务流程定制。以电梯补偿设计服务流程定制为例,用户选择的特征为{电梯补偿设计,补偿装置,补偿链,补偿链型号,补偿链单位质量计算},是一个满

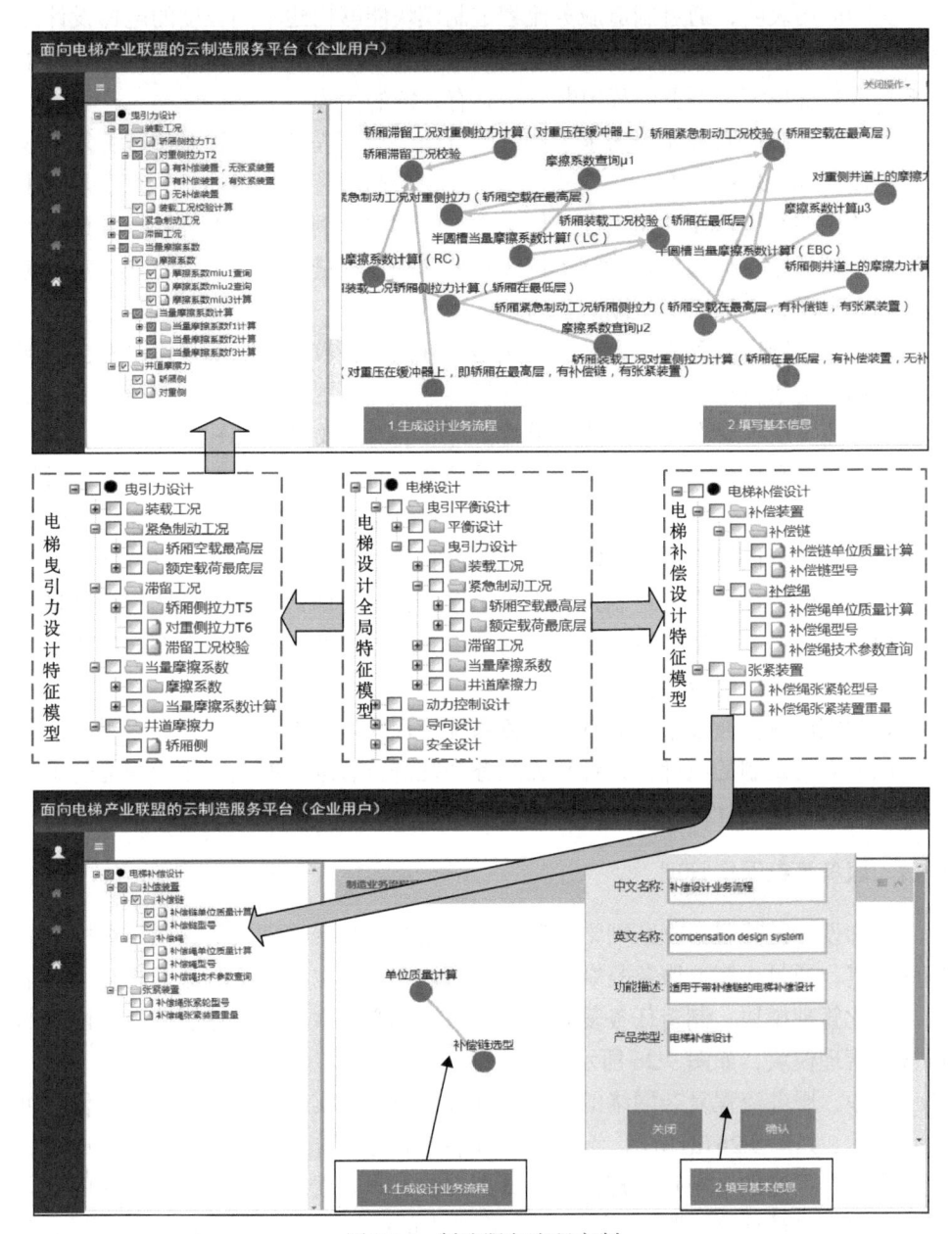

第 9 章　面向电梯产业联盟的云制造服务平台　　　　　　　　　·227·

图 9.25　制造服务流程定制

足规约的特征集合，则在右侧可视化区域生成定制得到的服务流程。该服务流程包含单位质量计算和补偿链选型两个业务活动。接着，填写基本的流程信息，完成流程的定制。同理，以同样的方法即可完成电梯曳引力设计服务流程定制。

实际应用表明，通过制造服务流程定制模块能够构建不同粒度的电梯设计计算云服务系统，满足产业联盟内不同用户的电梯设计服务流程需求，而且这种基于多粒度特征模型的服务流程定制方法具有一定的优势。

第一，在制造服务流程需求表达手段方面，特征提供了一种对领域可复用成分进行建模和管理的基本单元，构建的特征模型简单直观，将抽象的需求与需求之间的约束关系进行显性化表述，便于用户的理解。例如，在电梯补偿设计特征模型中，补偿链特征包含补偿链单位质量计算和补偿链型号两个子特征，对电梯企业用户来说，更加通俗易懂。

第二，在制造服务流程需求层次化建模方面，多粒度特征模型可以根据不同粒度的用户需求自动地展示相应的特征模型，通过可视化交互，不仅简化了定制的过程，还实现了层次化需求的复用，提高了定制的效率。以图 9.25 为例，按照传统的方法若只构建一个垂直电梯整机设计全局特征模型，在电梯补偿设计时特征树会过于冗余。事实上，电梯补偿设计特征模型只包含 34 个特征，而垂直电梯整机设计全局特征模型包含 437 个特征，这将导致两方面的问题：一方面，由于不必要展现的特征过多，定制过程中易出错；另一方面，需要验证的特征数量增大，致使验证过程烦琐，降低了定制的效率。多粒度特征模型可以有效避免以上问题，具有一定的优越性。

定制完成后，通过平台的制造业务系统管理模块，平台运营者可以对产业联盟内的所有已定制的电梯设计计算云服务系统进行管理，而企业用户只能管理该企业定制的电梯设计计算云服务系统。

9.5.2 服务复杂网络管理

电梯设计计算服务复杂网络管理功能为云制造平台管理人员提供了可视化的辅助工具，通过云制造服务复杂网络管理模块实现，主要包括服务流程复杂网络的可视化管理模块、制造任务复杂网络的可视化管理模块和制造服务复杂网络的可视化管理模块，如图 9.26 所示。

其中，服务流程复杂网络的可视化管理模块可以实现电梯设计服务流程的可视化显示，如图 9.26(a) 所示，包含 321 个标准的垂直电梯设计业务活动；通过制造任务复杂网络的可视化管理模块，管理人员可以查看联盟成员已经定制的不同粒度的电梯设计计算云服务系统，并显示其当前运行状态，如图 9.26(b) 所示；通过制造服务复杂网络的可视化管理模块，管理人员可以查看云制造服务平台中电梯设计计算服务之间的依赖关系、电梯设计计算服务当前的状态、历史调用次数和负载等情况，为电梯设计计算服务的动态管理与调度提供辅助支持，如图 9.26(c) 所示。

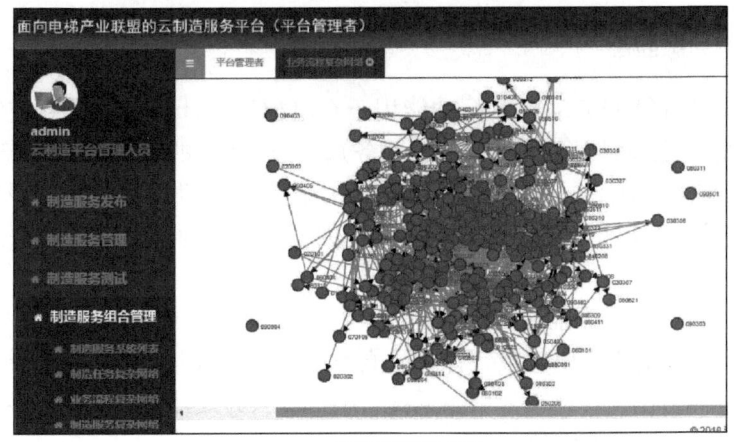

第 9 章　面向电梯产业联盟的云制造服务平台　　·229·

(a) 服务流程复杂网络

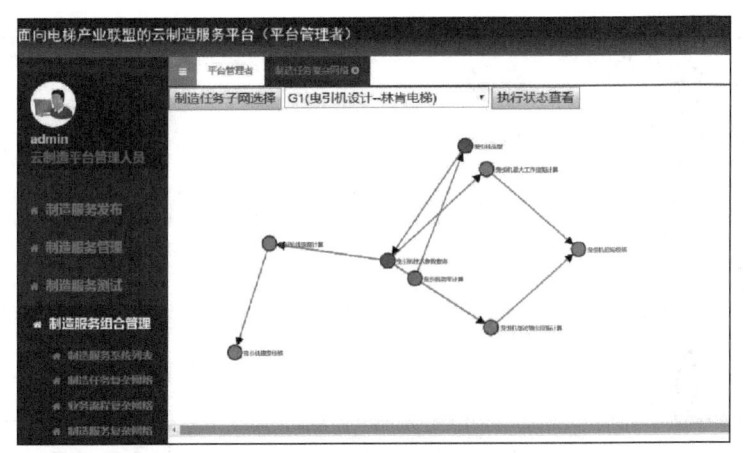

(b) 制造任务复杂网络

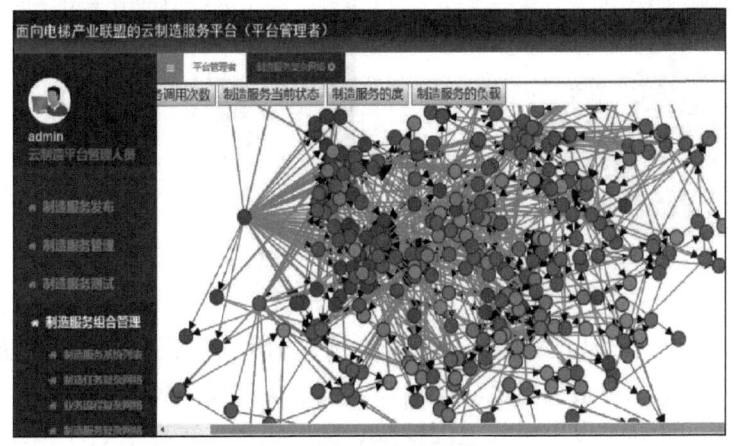

(c) 制造服务复杂网络

图 9.26　云制造服务复杂网络管理

9.5.3 服务动态匹配

电梯设计计算服务动态匹配功能用于在电梯设计计算云服务系统定制过程中，动态地绑定设计计算服务（制造服务），完成相应的设计计算任务（制造任务）。具体而言，对于每一个设计计算过程中的业务活动，执行时从服务库中动态匹配出合适的设计计算服务。当动态变更发生时，通过自适应算法进行自动调整。

图 9.27 给出了某企业定制的电梯设计计算云服务系统，该企业用户定制了多个粒度大小不同的垂直电梯设计计算云服务系统，包括电梯曳引机设计计算云服务系统、电梯整机设计计算云服务系统、电梯曳引力设计计算云服务系统、电梯补偿设计计算云服务系统等。

图 9.27　电梯设计计算云服务系统

以电梯曳引机设计计算云服务系统为例，当用户需要进行曳引机设计时，进入该系统。该系统包括曳引机功率计算、曳引机选型、曳引机技术参数查询、曳引机线速度计算、曳引机线速度校核、曳引机最大输出扭矩计算等设计业务活动。

图 9.28 给出了曳引机选型设计计算服务动态匹配的实现。输入所需的参数之后，调用合适的设计计算服务完成曳引机的选型。若当前的设计计算服务发生变更（例如，A 公司曳引机选型服务响应时间过长或服务失效），系统会通过自适应算法进行自动调整，重新绑定新的设计计算服务（例如，B 公司曳引机选型服务），保证动态环境下电梯设计计算云服务系统的正常运行。

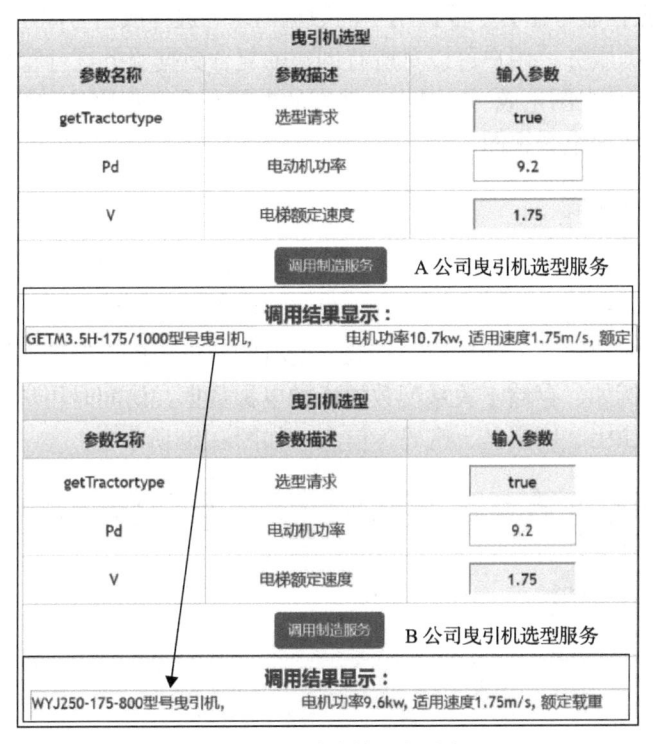

图 9.28 电梯设计计算服务动态匹配

综上所述，电梯制造服务管理、电梯制造服务组合自适应功能实现了电梯产业联盟内设计计算资源的有效整合，能够为不同企业提供不同粒度的电梯设计计算云服务系统，并保证动态环境下系统的自适应运行，满足了产业联盟内电梯企业的动态复杂设计需求；同时，解决了电梯设计计算过程中设计效率低下的问题，提高了电梯行业整体产品设计能力和制造资源共享水平。

9.6 制造数据服务模块

电梯数据服务模块主要包括数据服务生成、数据服务依赖图、数据服务组合和数据视图表达等业务功能。

(1) 原子数据服务生成。根据用户输入的数据源连接信息,系统会自动根据数据源属性间的依赖关系,抽取出原子数据服务并封装注册到系统,用户可以对所有原子数据服务和数据源进行管理。

(2) 服务依赖图可视化。用户可以对电梯数据源之间等价的属性进行连接操作,在电梯原子数据服务依赖图中显示全局的电梯数据服务依赖情况。

(3) 复合数据服务组合。根据用户的数据需求,选择或组合原子数据服务,自动创建复合数据服务,用户可以对所有创建的复合数据服务进行管理。

(4) 数据组合视图生成。根据用户选择的电梯复合数据服务和约束条件,系统自动生成电梯数据组合视图。

9.6.1 数据服务生成

数据服务生成功能允许电梯数据提供者通过本系统将其拥有的数据资源以数据服务的形式对外进行发布。只需要提供必要的数据源连接信息,就可以根据系统引导快速完成数据服务的抽取与封装,所有的数据服务会自动注册在系统中进行统一管理。例如,存储于关系型数据库的电梯数据,访问时用户需要提供数据库的驱动器、URL、用户名、密码等信息,如图 9.29 所示[4]。

图 9.29 跨域数据源连接

系统能够解析数据源的元信息,包括表的字段和对应的备注信息。根据属性间和表之间的依赖关系,自动构建出数据依赖图,使用数据服务抽取算法对数据源进行划分,得到原子数据服务详细信息。根据原子数据服务依赖关系,系统自动建立数据服务依赖图(图 9.30)。所有抽取出的原子数据服务会自动通过数据服务封装框架生成,数据服务发布者可以将编译得到的工程部署至其指定的节点上,以保证数据服务的可靠性和安全性。

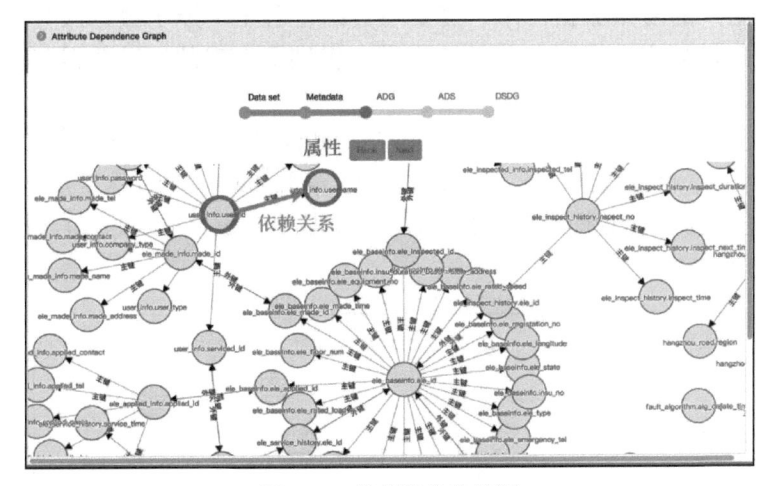

图 9.30 数据服务依赖图

9.6.2 数据服务依赖图

数据服务依赖图可视化功能主要涉及电梯原子数据服务依赖关系的查看、添加与管理。电梯数据服务依赖图给出了全局原子数据服务之间的依赖关系,如图 9.31 所示。

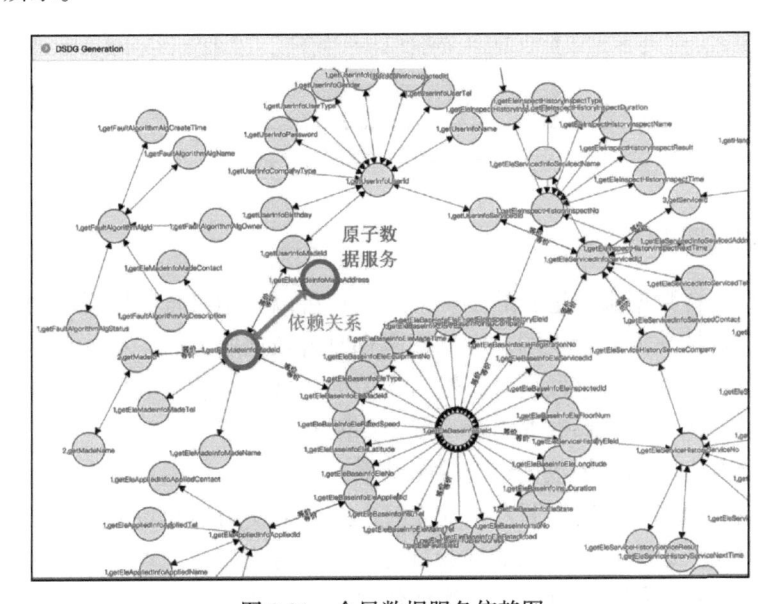

图 9.31 全局数据服务依赖图

9.6.3 数据服务组合

对于用户的复杂数据需求，需要通过组合若干个原子数据服务来组成满足需求的电梯复合数据服务。系统为用户提供了直观的原子数据服务组合操作界面。

在完成所有字段的选取后，在数据需求表里核对所选取的字段信息，如果存在误选的字段，可以取消勾选。确认完毕后，单击 Save 按钮。然后系统会使用数据服务组合算法，在数据需求表下方为用户生成满足数据需求的复合数据服务，如图 9.32 所示。

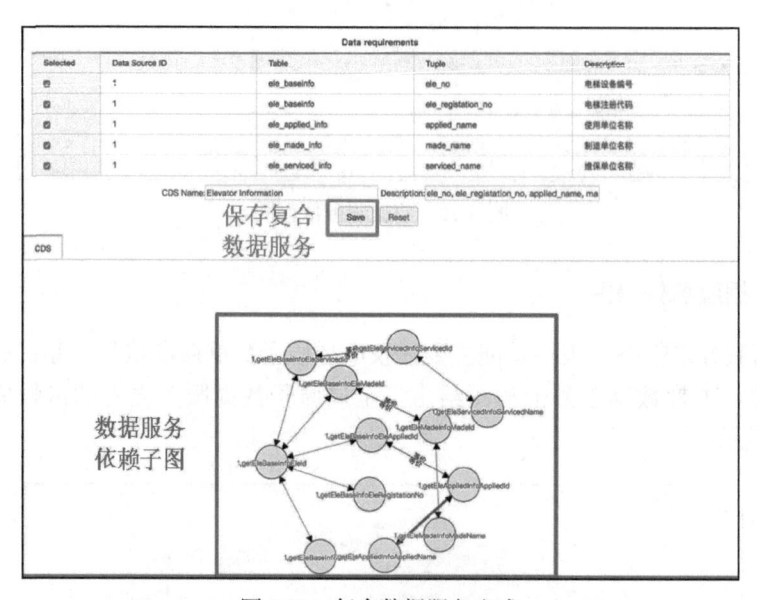

图 9.32 复合数据服务生成

9.6.4 数据视图表达

在电梯复合数据服务组合的基础上，用户可以调用符合数据需求的复合数据服务来生成电梯数据组合视图。在选择电梯复合数据服务后，系统会显示出该复合数据服务包含的所有字段信息，输入字段的条件值，使用数据组合视图生成算法在下方自动构建出电梯数据组合视图，如图 9.33 所示。

系统会对生成的电梯数据组合视图结果进行缓存，当用户再次调用时可以实现快速响应。而当电梯数据源发生变化时，系统会使用第 8 章所提出的更新数据实时获取算法获取电梯数据源的增量日志，解析得到变更内容，再对相关电梯数据组合视图进行定位更新操作，以保证数据视图的新鲜度。

图 9.33　电梯数据组合视图生成

参 考 文 献

[1] 柯旭东. 面向产业联盟的云制造服务平台框架研究及其应用[D]. 杭州: 浙江工业大学, 2017.

[2] 朱昌明. 电梯和自动扶梯原理、结构、安装、测试[M]. 上海: 上海交通大学出版社, 1995.

[3] 章振杰. 基于复杂网络的云制造服务组合动态自适应方法研究[D]. 杭州: 浙江工业大学, 2019.

[4] 黄浪游. 云环境下数据服务若干关键技术研究[D]. 杭州: 浙江工业大学, 2019.